Power BI: do BI até os dashboards

Cristiano Malaspina

Editora Senac São Paulo – São Paulo – 2024

ADMINISTRAÇÃO REGIONAL DO SENAC NO ESTADO DE SÃO PAULO

Presidente do Conselho Regional: Abram Szajman
Diretor do Departamento Regional: Luiz Francisco de A. Salgado
Superintendente Universitário e de Desenvolvimento: Luiz Carlos Dourado

EDITORA SENAC SÃO PAULO

Conselho Editorial: Luiz Francisco de A. Salgado
　　　　　　　　　Luiz Carlos Dourado
　　　　　　　　　Darcio Sayad Maia
　　　　　　　　　Lucila Mara Sbrana Sciotti
　　　　　　　　　Luís Américo Tousi Botelho

Gerente/Publisher: Luís Américo Tousi Botelho
Coordenação Editorial: Verônica Pirani de Oliveira
Prospecção: Andreza Fernandes dos Passos de Paula
　　　　　　Dolores Crisci Manzano
　　　　　　Paloma Marques Santos
Administrativo: Marina P. Alves
Comercial: Aldair Novais Pereira
Comunicação e Eventos: Tania Mayumi Doyama Natal

Edição de Texto: Janaina Lira
Preparação de Texto: Ana Lúcia M. Reis
Coordenação de Revisão de Texto: Marcelo Nardeli
Revisão de Texto: Caique Zen Osaka
Coordenação de Arte e Projeto Gráfico: Antonio Carlos De Angelis
Editoração Eletrônica e Capa: Natália da Silva Nakashima
Imagem da Capa: Adobe Stock
Impressão e Acabamento: Visão Gráfica

Nenhuma parte desta publicação poderá ser reproduzida, guardada pelo sistema "retrieval" ou transmitida de qualquer modo ou por qualquer outro meio, seja este eletrônico, mecânico, de fotocópia, de gravação, ou outros, sem prévia autorização, por escrito, da Editora Senac São Paulo.

Proibida a reprodução sem autorização expressa.
Todos os direitos desta edição reservados à
Editora Senac São Paulo
Av. Engenheiro Eusébio Stevaux, 823 – Prédio Editora
Jurubatuba – CEP 04696-000 – São Paulo – SP
Tel. (11) 2187-4450
editora@sp.senac.br
https://www.editorasenacsp.com.br

© Editora Senac São Paulo, 2024

Sumário

Apresentação 7
    O que é a Série Informática 9
    Estrutura do livro 9
    Utilizando o material da Série Informática 9

1   Fundamentos 11
    Como chegamos ao banco de dados? 13
    O que é business intelligence? 14
    O que é um data warehouse? 15
    Relacionamentos 18

2   Introdução ao Power BI 23
    Evolução do Power BI 25
    As especificidades do Power BI 25

3   Power Query: tratamento de dados 33
    Importação dos dados de planilha 35
    Conhecimento dos tipos de dados 39
    Definição dos relacionamentos entre tabelas 40
    Painéis de visualização 43
    Visualizações 44
    Criação de seu primeiro dashboard 46
    Importação de dados de diferentes tipos de arquivo 49
    Importação e transformação de colunas em linhas 56
    Criação da tabela *Calendario* no Power Query 61
    Mesclagem, formatação e cálculo de idade 74
    Importação de dados de uma API 81
    Importação de dados de um arquivo CSV 87
    Importação de dados de um sistema de gerenciamento de banco de dados (SGBD) 93

4   Linguagem DAX 101
    Criação de medidas com arquivos XLSX 103
    Construção de um dashboard 111
    Criação de medidas com vários tipos de arquivos 126
    Criação de tabela *Calendario* via função DAX 131

	Criação de medidas básicas de cálculo	134
	Cálculo da porcentagem (%) de representatividade	138
	Criação de uma medida para ranqueamento de vendas	140
	Criação de uma medida de sub-ranqueamento	142
	Variação ano a ano	145
	Faturamento do trimestre anterior	148
	Faturamento do semestre anterior	151
	Coluna *Semestre*	152
	Variação de semestre para semestre e de trimestre para trimestre	153
	Meta e porcentagem de atingimento	154
	Criação de uma projeção de vendas	159
	Monitoramento de resultados acumulados × projeção	164
	Classificação de desempenho de vendas por vendedor	165
	Quantificação das classificações de vendas	167
	Criação de contêiner de medidas	169
5	Desenvolvimento de dashboards	175
	Começo pelo básico: plano de fundo	177
	Aba *Consolidado* do dashboard	177
	Aba *Produtos* do dashboard	202
	Aba *Vendedor* do dashboard	210
6	Power BI Service	223
	Introdução ao Power BI Service	225
	Relatórios, conjuntos de dados e painéis no Power BI Service	227
	Publicação de relatório	228
	Compartilhamento e colaboração no Power BI Service	230
	Compartilhamento no PowerPoint: imagem	236
	Compartilhamento no PowerPoint: relatório dinâmico	238
7	Agendamento automático da base de dados	245
	Gateway do Power BI Service	247
Referências		259
Sobre o autor		261
Índice geral		263

Apresentação

O QUE É A SÉRIE INFORMÁTICA

A Série Informática foi criada para você aprender informática sozinho, sem professor! Com ela, é possível estudar, sem dificuldade, os softwares mais utilizados pelo mercado. O texto de cada volume é complementado por arquivos eletrônicos disponibilizados pela Editora Senac São Paulo.

Para aproveitar o material da Série Informática é necessário ter em mãos o livro, um equipamento que atenda às configurações necessárias e o software a ser estudado.

Neste volume, apresentamos informações básicas para a operação do Microsoft Power BI. O livro é composto de atividades que lhe permitem estudá-lo passo a passo. Leia-as com atenção e siga todas as instruções. Se encontrar algum problema durante uma atividade, recomece-a. Isso vai ajudar você a esclarecer dúvidas e suplantar dificuldades.

ESTRUTURA DO LIVRO

Este livro está dividido em capítulos, os quais contêm uma série de atividades práticas e informações teóricas sobre o software.

Para obter o melhor rendimento possível em seu estudo, evitando dúvidas ou erros, é importante que você:

- leia com atenção todos os itens do livro, pois sempre encontrará informações úteis para a execução das atividades;
- faça apenas o que estiver indicado no item e só execute uma sequência após ter lido as instruções.

UTILIZANDO O MATERIAL DA SÉRIE INFORMÁTICA

É muito simples utilizar o material da Série Informática: inicie sempre pelo capítulo 1, leia atentamente as instruções e execute passo a passo os procedimentos solicitados.

Para a execução das atividades dos capítulos, disponibilizamos os arquivos necessários em nosso site. Ao fazer o download, você terá os arquivos originais e os arquivos finalizados para poder comparar ou tirar dúvidas, se necessário. Para obter e utilizar os arquivos das atividades, siga as instruções:

1. Faça o download da pasta no endereço:

   http://www.editorasenacsp.com.br/informatica/powerbi/powerbi.zip

2. Ao ser exibida uma caixa de diálogo em seu navegador, clique no botão *Salvar*.

3. Faça o download em uma pasta com o nome *Power BI* na área de trabalho (ou em um local de sua preferência).

4. Descompacte os arquivos nessa pasta. Com isso, você terá a pasta *Curso Power BI*, composta por:

- Pastas dos capítulos contendo a subpasta *Arquivos utilizados*, com as bases que serão utilizadas separadas por atividades.

- Pasta *Exercícios resolvidos*, com as atividades prontas que poderão ser utilizadas para a conferência do trabalho produzido.

Agora que você já sabe como utilizar este material, inicie o estudo do Power BI partindo do capítulo 1. E não se esqueça: leia com muita atenção e siga corretamente todos os passos, a fim de obter o melhor rendimento possível em seu aprendizado.

Bons estudos!

1
Fundamentos

OBJETIVOS

» Apresentar o que é banco de dados e SGBD

» Apresentar o que é business intelligence

» Introduzir tecnologias de BI: data warehouse

» Conhecer as tabelas *Fato* e *Dimensão*

» Entender o que é modelagem de dados

» Introduzir o que são relacionamentos

Como chegamos ao banco de dados?

Ao longo da história, a mudança sempre foi uma constante na vida do ser humano, e particularmente desde a era moderna. A evolução é o resultado concreto da mudança – seja por meio da criação de ferramentas para a sobrevivência, seja pela modificação do ambiente ou do dia a dia. A criação de ferramentas possibilitou contínuas alterações e adaptações no cotidiano, levando o ser humano ao desenvolvimento e à evolução. As modificações e mudanças, bem como a necessidade de adaptação a novos ambientes e cenários, têm nos acompanhado até hoje. Dominar o que nos auxilia nessas mudanças é, portanto, primordial para nossa sobrevivência.

Analisando sob esse prisma, é possível, então, vincular a definição de administração com as frequentes renovações organizacionais, pois administrar é o processo de planejar, organizar, dirigir e controlar o uso de recursos a fim de alcançar objetivos corporativos que, por sua vez, são cada vez mais digitais, praticamente banindo das rotinas as antigas anotações analógicas e totalmente descentralizadas, substituídas por sistemas altamente digitais e centralizados. Foi nesse contexto que começaram a nascer os sistemas de informações gerenciais, nos quais o conjunto de dados centralizados corporativos começa a criar possibilidades para que sejam respondidas questões como:

- Qual foi o faturamento das vendas neste mês? É possível ver esse faturamento por localidade? Por vendedor? Por dia?
- Qual é o total das despesas?

Com informações desse tipo, é criado o banco de dados. Ele concentra todo o DNA da empresa, pois é um conjunto de registros dispostos em determinada estrutura que possibilita a organização da informação.

Existem vários tipos de banco de dados; entre eles, os principais são o banco de dados relacional e o não relacional. Aqui, vamos nos ater ao banco de dados relacional, pois é o ambiente das nossas atividades neste livro.

O banco de dados relacional organiza os dados em tabelas que se relacionam entre si para que as duplicidades dos dados sejam minimizadas. Cada tabela restringe as características de um objeto, ou seja, se tivermos uma tabela *Cliente*, teremos somente dados pertinentes a esse objeto, e não a outro objeto, por exemplo, produto.

A estrutura também conta com os campos e com os relacionamentos. Os campos são as informações específicas de cada registro, como nome do cliente, endereço, telefone, entre outras. Os relacionamentos, por sua vez, são as associações entre as tabelas para que sejam recuperadas as informações de cada uma, possibilitando o fluxo natural dos dados.

O banco de dados, no entanto, não é o único ator nesse cenário tão importante atualmente, pois, por definição, ele é equivalente a somente os dados registrados por meio dos sistemas de informações gerenciais. Para uma manipulação eficiente desses dados entram em cena os sistemas de gerenciamento de banco de dados (SGBD). Alguns exemplos de SGBD são SQL Server, Oracle, MySQL e PostgreSQL.

A tarefa principal de um SGBD, conforme já dito, é a manipulação dos dados. Mas o que seria manipulação? Ela reflete basicamente quatro processos fundamentais:

- Criação de registros:
    - Esse processo é responsável pela inclusão de dados no SGBD, isto é, toda informação cadastrada pelo usuário deverá ser inserida nas tabelas que foram criadas previamente, por exemplo, um cadastro de produto.
- Leitura de registros:
    - Esse processo é responsável pela busca/leitura de dados solicitados pelo usuário, podendo ser de cadastro, movimentação, etc.
- Atualização de registros:
    - Esse processo é responsável pela atualização de dados que estão no SGBD. Geralmente, trata-se de uma atualização cadastral de produto, cliente, etc.
- Exclusão de registros:
    - Esse processo é responsável pela exclusão de dados que estão no SGBD. Esse procedimento deverá contar com uma segurança extra, pois, por exemplo, quando se exclui um produto, essa ação fará que todo o histórico do item seja perdido.

O que é business intelligence?

O mercado é cada vez mais rigoroso. Nele, uma empresa não tem como concorrentes somente empresas da mesma região ou do mesmo país; por causa da globalização, seus concorrentes estão localizados no mundo todo. Esse fenômeno, nunca visto antes na história empresarial, exige rápida tomada de decisão, agilidade na adoção de novas práticas e modelos de gestão e tecnologias corporativas que tornem possível subsidiar, por meio da análise de dados, a entrega de valor ao cliente.

Para melhor entender os aspectos envolvidos, o business intelligence (BI), ou simplesmente "inteligência de negócios", satisfaz a todo o processo e planejamento estratégico corporativo, bem como os apoia.

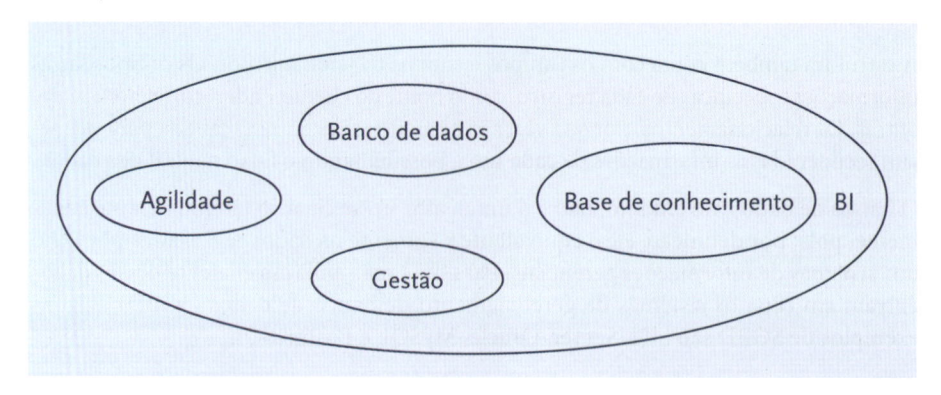

É importante salientar que o BI não é uma ferramenta, e sim um processo aplicado em uma organização e que tem o poder de trazer inúmeros benefícios, como:

- Antecipar mudanças no mercado.
- Aprender com sucessos e falhas.
- Analisar melhor possíveis aquisições.
- Rever as próprias práticas de negócio.

Para uma tomada de decisão mais assertiva na empresa, é necessário que o BI respeite algumas etapas no processo:

Coleta: etapa fundamental que consiste no processo de reunir informações ou dados de diversas fontes (planilhas, interface de programação de aplicativos [APIs], arquivos de texto, etc.) para uma análise mais aprofundada. A qualidade e a quantidade de informações coletadas são fatores essenciais para que as análises sejam realizadas de maneira mais eficiente e gerem insights úteis para a tomada de decisões.

Integração: consiste na transformação dos dados coletados, isto é, promove a conexão e o acesso a diferentes fontes de dados em um único ambiente de análise. Isso permite que as empresas obtenham uma visão de seus dados e identifiquem padrões e tendências que não seriam visíveis em arquivos de dados isolados.

Análise: significa examinar cuidadosamente dados integrados de várias fontes a fim de identificar padrões, tendências e insights úteis para a tomada de decisões. É um processo relevante dentro do BI que envolve a avaliação sistemática de informações para obter compreensão e conhecimento sobre as operações de uma empresa.

Compartilhamento: por meio de relatórios, gráficos, painéis e outras visualizações de dados, a apresentação de informações relevantes permite que as empresas comuniquem insights importantes de maneira clara e acessível a toda a organização, facilitando a tomada de decisões informadas em todos os níveis, como gestão e direção.

O QUE É UM DATA WAREHOUSE?

Um data warehouse é um repositório central de informações que podem ser analisadas para auxiliar na tomada de decisões. Os dados nascem de sistemas transacionais, ou seja, bancos de dados relacionais que têm como objetivo principal priorizar técnicas estruturadas para manter a integridade e a qualidade dos dados armazenados em modelagem do tipo Online Transaction Processing (OLTP),[1] cujo foco está no nível operacional, e que seguem para o data warehouse, onde geralmente são estruturados em uma modelagem do tipo Online Analytical Processing (OLAP), que se concentra no nível estratégico.

A característica principal de um data warehouse, que o difere de um banco de dados transacional, é a organização de suas tabelas em *Fato* e *Dimensão*.

---

1 Mais sobre OLTP, ver em https://www.oracle.com/br/database/what-is-oltp/.

Fato: o que realmente ocorre dentro de uma empresa, ou seja, o acontecimento em si. Exemplo: uma venda, contendo dados como a data, o produto, o cliente, etc. Outra informação importante para ser registrada nesse momento é que toda tabela *Fato* tem seus registros duplicados, pois um vendedor pode e deve ter vendido mais de um produto.

Dimensão: armazena o que podemos dizer que, posteriormente, serão os filtros nos dashboards,[2] ou o que, por definição primitiva, serão as tabelas de cadastro, que orbitarão ao redor da tabela *Fato*, alimentando-a com as informações do vendedor, do cliente, do produto, do local da venda, entre outras. Por se tratar de uma tabela de cadastro, entende-se que esse tipo de tabela só deverá conter registros únicos, pois não é provável que haja mais de um vendedor com o nome "Joaquim Meirelles", por exemplo.

Dessa forma, como foi esclarecido, essas tabelas vão se relacionar e, assim, possibilitar a diminuição de problemas como duplicidade de dados, bem como evitar contratempos relacionados ao escalonamento dos dados.

Entretanto, não é saudável para sua modelagem que tal relacionamento não siga qualquer tipo de padrão. Dessa forma, foram criados alguns tipos de modelagem; de todos os existentes, neste livro vamos nos concentrar em dois deles: star schema (esquema em estrela) e snowflake (floco de neve).

Conhecimento dos tipos de modelagem

Modelo star schema (sistemas OLAP): assemelha-se a uma estrela, na qual a tabela *Fato* (também conhecida como *Fatos*) fica centralizada em relação às demais tabelas (*Dimensão*) que estarão a ela ligadas.

A tabela *Fato* contém as medidas numéricas que representam o desempenho de um negócio (valor de faturamento, lucros, datas, entre outras). Já as tabelas *Dimensão* são compostas por atributos que ajudam a descrever as informações presentes na tabela *Fato*, como informações sobre clientes, produtos, tempo, geografia, entre outras.

---

[2] Um dashboard do Power BI é uma tela que conta uma história por meio de visualizações. Restrito a uma única página, um dashboard bem projetado contém apenas os elementos mais importantes da história. Para obterem detalhes, os leitores podem exibir relatórios (ver https://learn.microsoft.com/pt-br/power-bi/create-reports/service-dashboards).

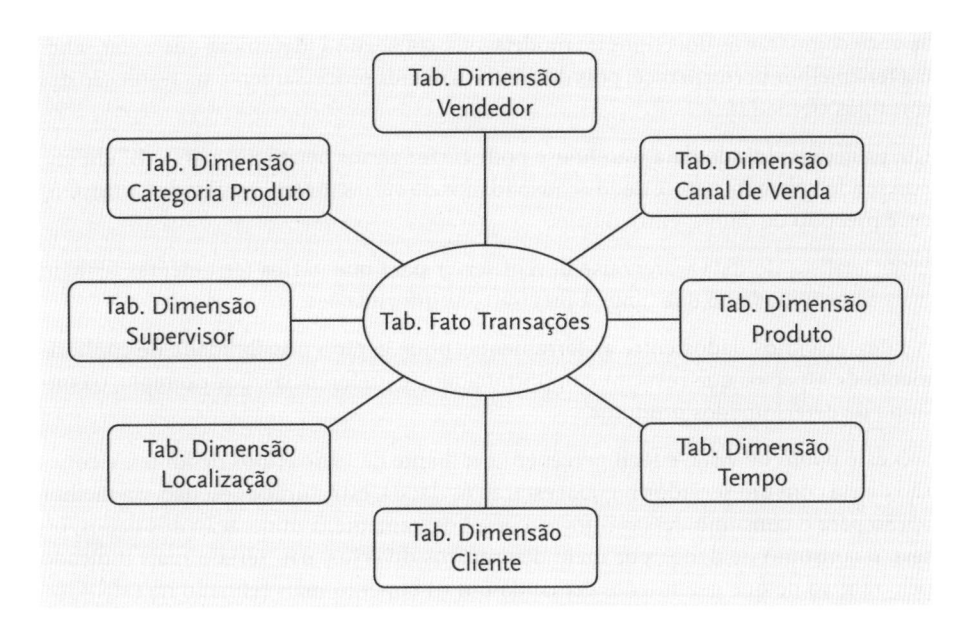

```
                    ┌──────────────┐
                    │ Tab. Dimensão│
                    │   Vendedor   │
                    └──────────────┘
┌──────────────┐                        ┌──────────────┐
│ Tab. Dimensão│                        │ Tab. Dimensão│
│Categoria Produto│                     │Canal de Venda│
└──────────────┘                        └──────────────┘

┌──────────────┐      ╭─────────────╮   ┌──────────────┐
│ Tab. Dimensão│──────│Tab. Fato    │───│ Tab. Dimensão│
│  Supervisor  │      │ Transações  │   │    Produto   │
└──────────────┘      ╰─────────────╯   └──────────────┘

┌──────────────┐                        ┌──────────────┐
│ Tab. Dimensão│                        │ Tab. Dimensão│
│  Localização │                        │    Tempo     │
└──────────────┘                        └──────────────┘
                    ┌──────────────┐
                    │ Tab. Dimensão│
                    │    Cliente   │
                    └──────────────┘
```

Modelo snowflake (sistemas OLAP): a estrutura desse tipo de modelagem é semelhante a um floco de neve. Nela, a tabela *Fato* também aparece centralizada. No entanto, existem ligações entre tabelas *Dimensão* e outras tabelas *Dimensão*.

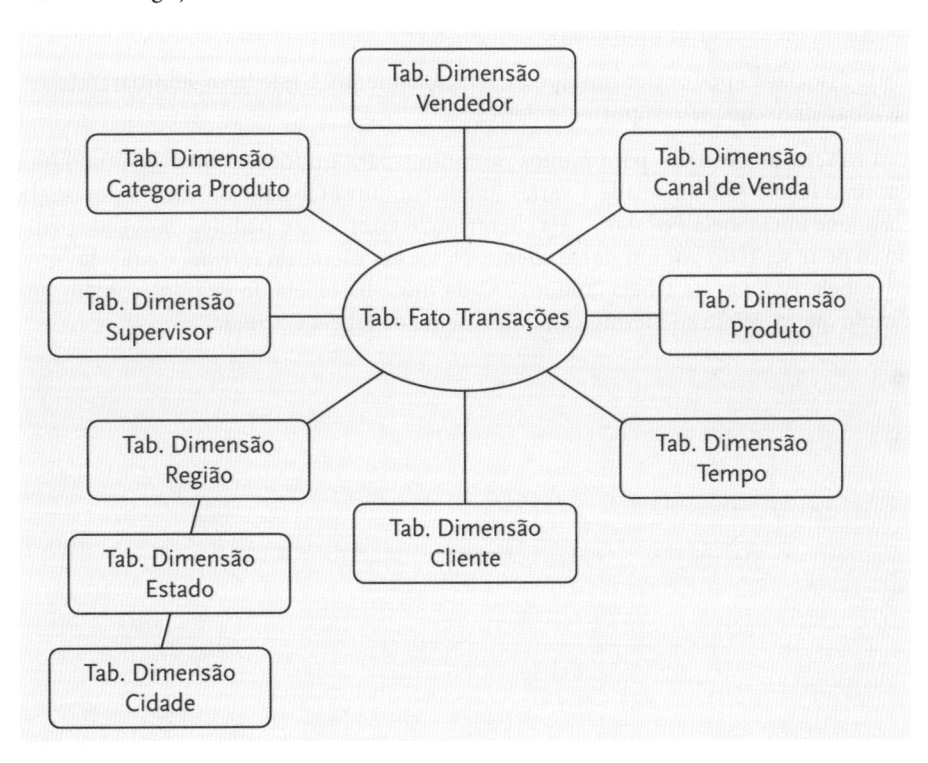

```
                    ┌──────────────┐
                    │ Tab. Dimensão│
                    │   Vendedor   │
                    └──────────────┘
┌──────────────┐                        ┌──────────────┐
│ Tab. Dimensão│                        │ Tab. Dimensão│
│Categoria Produto│                     │Canal de Venda│
└──────────────┘                        └──────────────┘

┌──────────────┐      ╭─────────────╮   ┌──────────────┐
│ Tab. Dimensão│──────│Tab. Fato    │───│ Tab. Dimensão│
│  Supervisor  │      │ Transações  │   │    Produto   │
└──────────────┘      ╰─────────────╯   └──────────────┘

┌──────────────┐                        ┌──────────────┐
│ Tab. Dimensão│                        │ Tab. Dimensão│
│    Região    │                        │    Tempo     │
└──────────────┘                        └──────────────┘
       │            ┌──────────────┐
┌──────────────┐    │ Tab. Dimensão│
│ Tab. Dimensão│    │    Cliente   │
│    Estado    │    └──────────────┘
└──────────────┘
       │
┌──────────────┐
│ Tab. Dimensão│
│    Cidade    │
└──────────────┘
```

Se você comparar os dois tipos de modelagem, conseguirá identificar que a star schema terá melhor performance, pois demandará menos processamento na resolução das consultas efetuadas.

Um projeto incluindo data warehouse pode trazer vários benefícios para o BI em que está sendo aplicado, como: dados consolidados de várias fontes, qualidade, consistência e precisão de dados, entre outros.

Essas análises do data warehouse devem servir para que outras ferramentas tenham mais assertividade no que tange à precisão das informações.

A integração dos dados entre as ferramentas pode gerar a possibilidade de conhecimento de aspectos que revelam comportamentos e preferências, por exemplo, o consumo de determinados produtos.

Sob esse ponto de vista, é fácil perceber que, diante de vários tipos de fontes, a conexão direta com um servidor no qual estarão os dados, estruturados ou não, é a melhor opção para o consumo dessas informações. Logicamente, a mineração dos dados, ou seja, o consumo de dados por meio de arquivos diversos, não seria o mais indicado pelo motivo de que geralmente demanda um tratamento mais refinado na estrutura. E quanto mais tratamento, menos desempenho.

Relacionamentos

Relacionamentos nada mais são que associações entre as tabelas com o objetivo de recuperar ou acessar as informações.

Cada associação pode criar um tipo de relacionamento. Neste livro, abordaremos relacionamentos que têm suporte no Power BI.

Um relacionamento um para muitos ou muitos para um ocorre quando uma linha em uma tabela está associada a várias linhas em outra tabela. Considere uma tabela *Clientes* e uma tabela *Pedidos*. Cada cliente pode fazer vários pedidos, mas cada pedido só pode ser feito por um único cliente. Nesse caso, a tabela *Clientes* é a tabela "um" e a tabela *Pedidos* é a tabela "muitos". Cada linha na tabela de pedidos contém um campo que se refere ao mesmo campo existente na tabela *Clientes*.

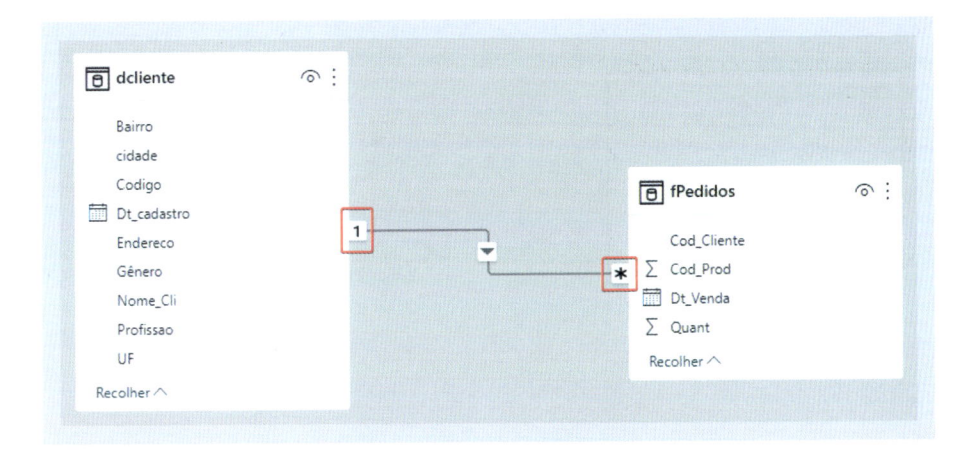

Um relacionamento um para um se manifesta quando um registro em uma tabela está relacionado a apenas um registro em outra tabela e vice-versa. É como uma chave que só pode ser encaixada em uma fechadura. Por exemplo, um funcionário tem apenas um número de identificação, e cada número de identificação está associado a apenas um funcionário.

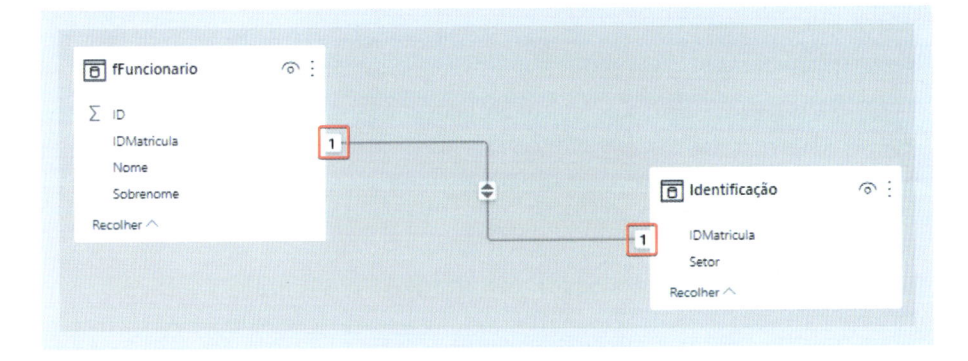

Um relacionamento muitos para muitos ocorre quando vários registros em uma tabela podem estar relacionados a vários registros em outra tabela. É como uma festa na qual várias pessoas podem ter várias conexões com outras pessoas. Por exemplo, vários alunos podem estar matriculados em várias disciplinas, e várias disciplinas podem ter vários alunos matriculados nelas. Para representar esse tipo de relacionamento em um banco de dados, é necessário criar uma tabela intermediária que associe os registros das duas tabelas principais. Nesse momento é importante observar que essa é uma associação delicada, que, por isso, demanda um cuidado adicional na homologação dos dados, pois pode gerar uma duplicação nos valores informados.

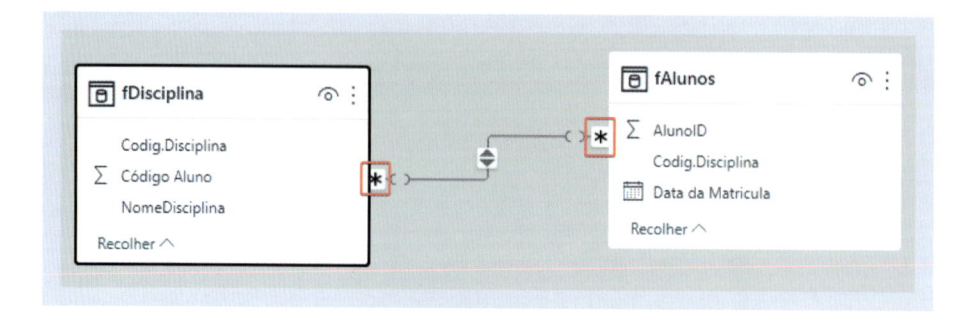

fDisciplina		fAlunos
Codig.Disciplina		AlunoID
Código Aluno		Codig.Disciplina
NomeDisciplina		Data da Matricula

Anotações

Anotações

2

Introdução ao Power BI

OBJETIVOS

» Apresentar o Microsoft Power BI, sua evolução e especificidades

» Aprender a instalar o Microsoft Power BI

Evolução do Power BI

Após aprender sobre análise de dados, é importante saber quais softwares podem ajudar nessa tarefa tão essencial nos dias de hoje. Vale ressaltar que um bom profissional não é formado por uma única ferramenta, mas sim por sua capacidade de encontrar soluções e aplicar diferentes recursos de acordo com a demanda. Neste capítulo, vamos explorar um software que é líder mundial em análise de grandes volumes de dados: o Power BI.

Embora o Power BI tenha sido lançado em 2015, as tentativas de implementação de ferramentas de BI no Microsoft Office começaram alguns anos antes, em 2013, e uma das maiores dessas ferramentas foi o Microsoft Excel, que incorporou a família Power. A seguir, apresentamos uma breve descrição de cada suplemento:

Power Pivot: é um suplemento do Excel que ajuda na análise de grandes volumes de dados. Com ele, é possível incorporar informações de várias fontes e criar gráficos e relatórios fáceis de entender, o que ajuda na obtenção de insights importantes e na tomada de decisões mais precisas.

Power View: é um suplemento do Excel que facilita a criação de relatórios com base em gráficos, tabelas analíticas e mapas interativos. Permite que os usuários explorem e analisem dados de maneira fácil e intuitiva, auxiliando na tomada de decisão.

Power Map: é uma ferramenta útil para analisar dados geográficos, incluindo mapas de regiões, pontos e calor, fornecendo insights poderosos sobre padrões, tendências e oportunidades em diferentes regiões.

Power Query: é uma ferramenta do Excel e do Power BI que ajuda na importação e na transformação de dados de fontes diversas. Com ele, é possível agregar, limpar e organizar dados de maneira simplificada, sem a necessidade de conhecimentos de programação, o que economiza tempo e torna a análise de dados mais precisa.

Os suplementos mencionados, no entanto, não atingiram o nível de utilização desejado pela Microsoft. Por sua vez, o Power BI, que sucedeu essas ferramentas, é líder de mercado, segundo o Gartner Group. Isso tem resultado em uma demanda incansável das empresas por profissionais capazes de utilizar essa ferramenta.

As especificidades do Power BI

O Power BI é uma ferramenta completa que se divide em duas grandes plataformas: Power BI Desktop e Power BI Service.

Power BI Desktop

O Power BI Desktop é uma ferramenta de BI de autoatendimento, isto é, ela permite que usuários de negócios criem relatórios e visualizem dados sem precisar de suporte de TI ou de especialistas em dados. A ferramenta é responsável pelo desenvolvimento do dashboard, um painel com vários tipos de visuais que apresentam informações importantes (sobre finanças, vendas e recursos humanos, por exemplo) para a tomada de decisões de uma empresa. No entanto, em cada etapa do desenvolvimento, são necessários recursos diferentes, sendo os mais importantes o Power Query e as funções DAX.

O Power Query, conforme mencionado, é responsável pelas conexões e pelo tratamento de dados, para que estes possam estar aptos para as análises, já que nem sempre os dados trabalhados são compatíveis com o que é demandado pelo Power BI.

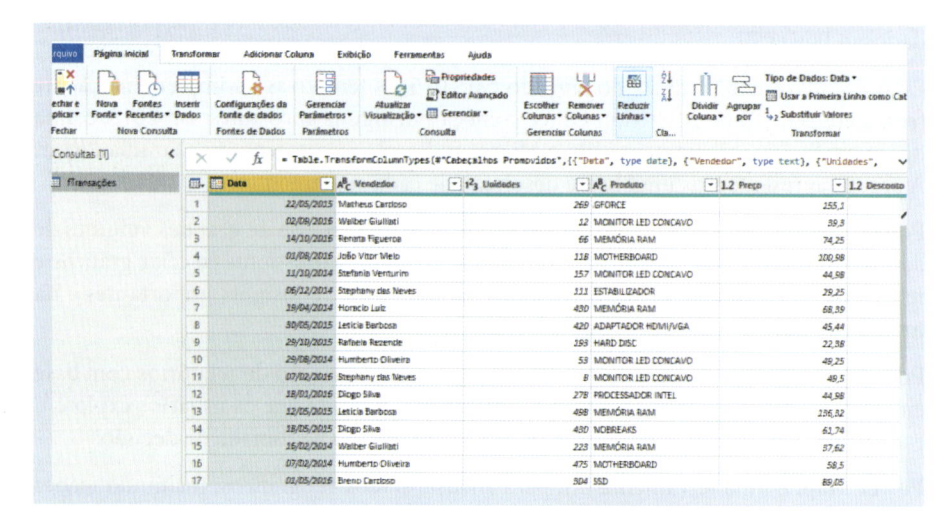

Nesse ambiente é possível realizar diversos tratamentos nos dados, como exclusão e inclusão de colunas condicionais, verificação de tipos de dados e configurações de parâmetros. Caso o usuário necessite de um tratamento específico que não esteja disponível nas guias do Power Query, é possível utilizar a linguagem M (linguagem nativa do Power Query)[1] para codificar sua solução. No entanto, é importante ter conhecimento em lógica de programação para adotar essa opção.

Outra ferramenta de destaque no Power BI são as funções data analysis expression (DAX),[2] que permitem cálculos e análises de dados mais avançados e precisos. As funções DAX são semelhantes às fórmulas do Excel, mas são projetadas para trabalhar com grandes quantidades de dados e oferecem mais flexibilidade e recursos. Elas são categorizadas de acordo com suas especificidades, incluindo funções de data e hora, financeiras, lógicas, matemáticas, de texto e de inteligência temporal. Além dessas categorias, existem outras que indicam a forma e a ação diante de determinadas situações, que serão abordadas mais detalhadamente no capítulo 4.

---

1 Ver https://learn.microsoft.com/pt-br/powerquery-m/.

2 Ver https://learn.microsoft.com/pt-br/dax/dax-overview.

Instalação

O Power BI Desktop precisa ser instalado no computador, como qualquer outro software. No entanto, é importante verificar alguns pontos para fazer esse procedimento sem problemas.

O primeiro ponto é verificar se há permissão para instalar o software no computador desejado. Algumas pessoas usam computadores cedidos pela empresa; portanto, as ações permitidas ao usuário são controladas pela equipe de tecnologia da informação (TI), o que exige uma liberação prévia ou até mesmo a ajuda dessa equipe para instalar o software.

O segundo ponto que requer atenção é o idioma do software. Ao acessar o site de instalação, verifique cuidadosamente o idioma.

A maneira mais precisa para instalar o software é:

1. Acesse o link https://powerbi.microsoft.com/pt-br/.
2. Clique na opção *Produtos*, logo depois em *Power BI* e em *Área de Trabalho*.
3. Na página do Power BI Desktop que abrir, clique em *Veja as opções de download e idioma*.
4. Nessa página, escolha o idioma desejado e clique em *Download* ou em *Baixar*.
5. Por fim, indique qual é a arquitetura do computador no qual será instalado o software – lembrando que computadores novos são 64 bits (X64).
6. Clique em *Next* para iniciar o download.

7. O arquivo baixado, por padrão, estará na pasta *Download*. Localize-o e dê um duplo clique sobre ele para começar a instalação.

8. Siga o fluxo da instalação, no qual serão solicitadas a você algumas intervenções, conforme esta sequência de telas:

A tela a seguir trará o início do assistente de instalação e solicitará a apresentação da arquitetura e do idioma.

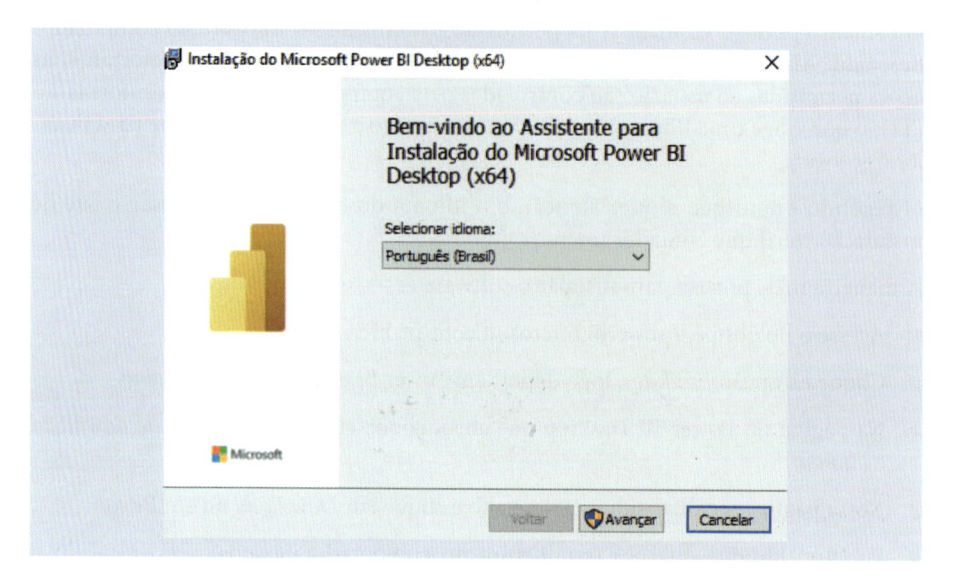

9. Clique em avançar.

A seguir, as informações iniciais da instalação.

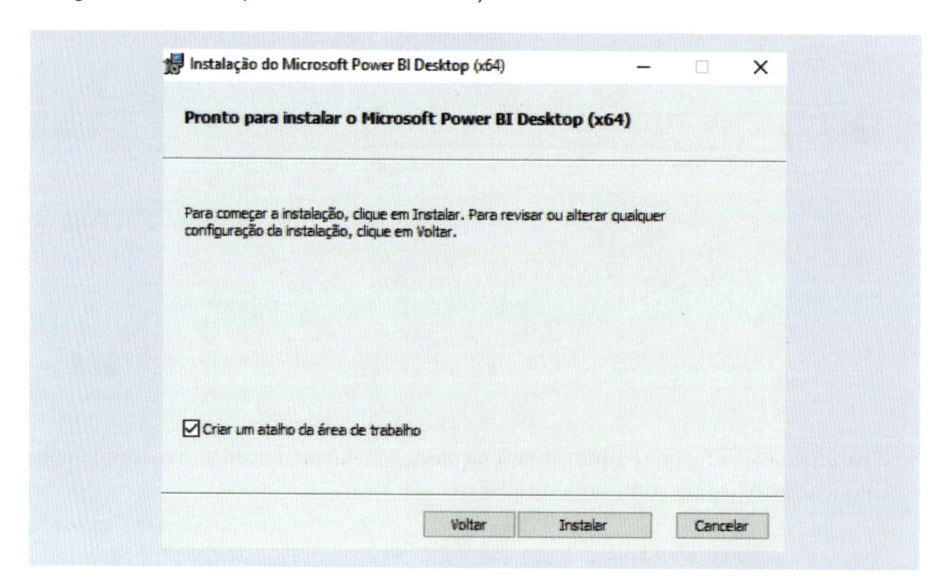

10. Clique em *Instalar*.

A seguir, as informações sobre a coleta de dados de seu computador.

11. Clique em *Avançar*.

A seguir, a tela com os termos de licença.

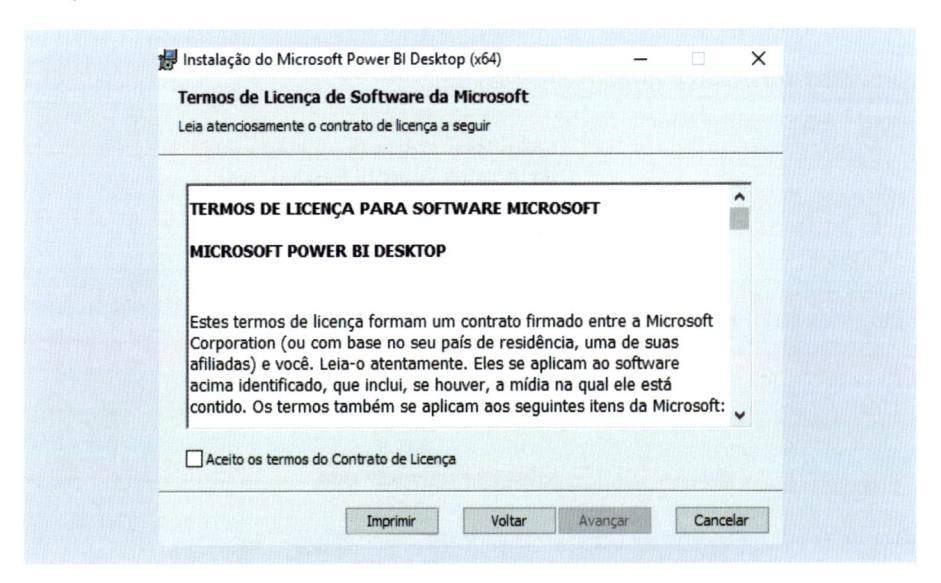

12. Clique em *Aceito os termos do Contrato de Licença* e, posteriormente, clique em *Avançar*.

A seguir, a tela de apresentação da pasta na qual será instalado o Power BI. Essa tela poderá ser alterada, caso necessário.

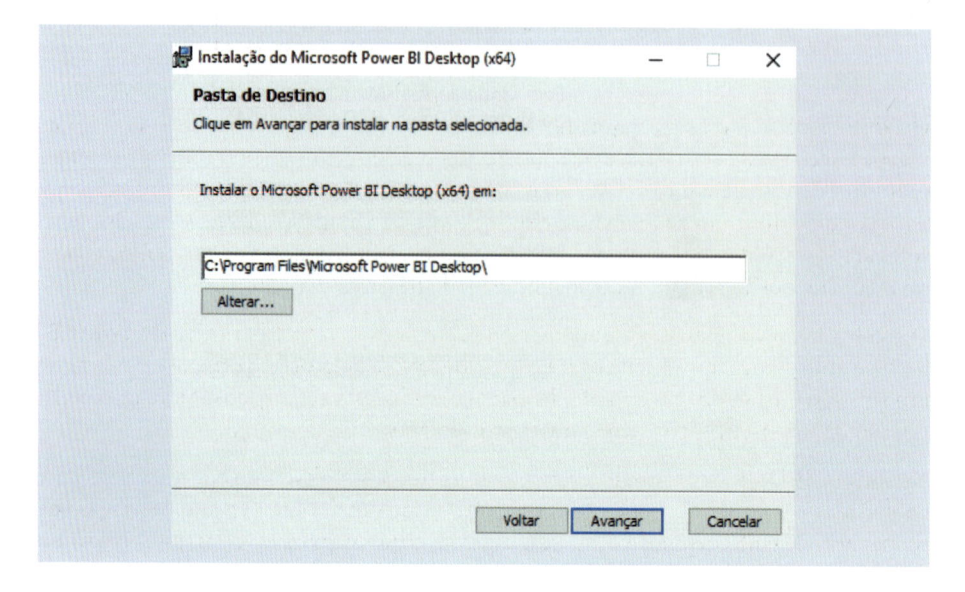

13. Clique em *Avançar*.

A seguir, a tela de conclusão da instalação.

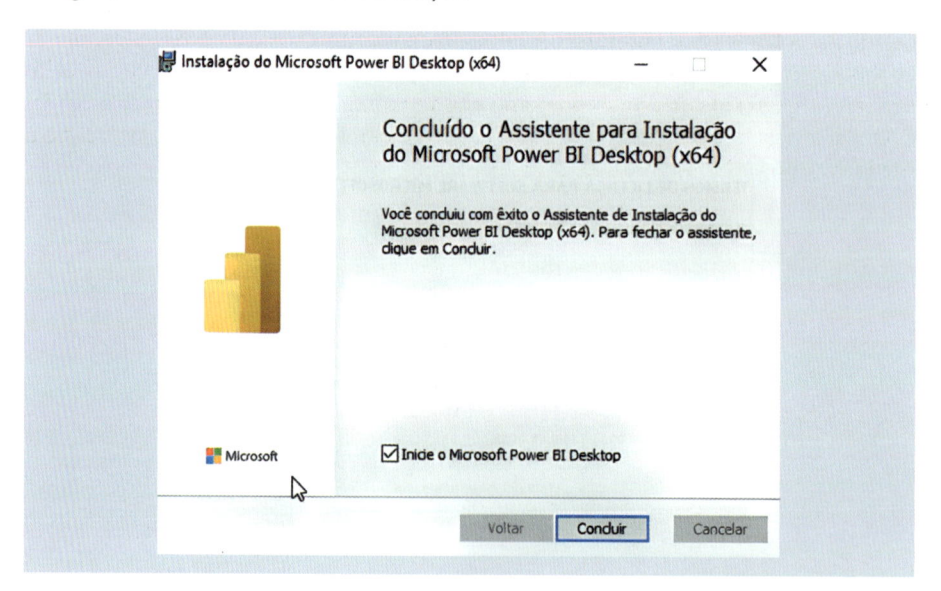

14. Clique em *Concluir*.

Vale destacar que não é preciso ter a ajuda de um especialista para realizar essa tarefa, já que o próprio Power BI executará todo o processo, restando ao usuário apenas clicar nos botões *Avançar* quando solicitado.

Power BI Service

O Power BI Service é a plataforma on-line do software, que oferece acesso a informações importantes e recursos de suporte, incluindo fóruns da comunidade e cursos gratuitos. Sua principal função é permitir o compartilhamento de dashboards, pois, para compartilhar um relatório usando o Power BI Desktop, o usuário precisa ter o software instalado, o que pode dificultar o acesso e comprometer a experiência de uso do relatório, que ficará limitado ao ambiente de desenvolvimento.

Dessa forma, o compartilhamento de projetos é mais eficiente por meio do Power BI Service, que possui ferramentas para a distribuição de relatórios sem a necessidade de um software instalado. No entanto, há particularidades a serem consideradas, como a criação de um usuário para acessar o portal do Power BI.

No Power BI Desktop, é possível aproveitar as funcionalidades do software sem uma conta, mas no Power BI Service é necessário criar uma conta gratuita ou paga, que requer um e-mail corporativo ou educacional – não é possível criar uma conta no Power BI Service com e-mails particulares.

As contas gratuitas têm recursos restritos, limitando a exploração de conteúdos e não permitindo compartilhamentos públicos ou com pessoas específicas. Já as contas pagas são divididas em duas categorias: Pro e Premium. As contas do tipo Pro permitem colaboração, publicação e compartilhamento de dashboards, enquanto as contas Premium oferecem controle avançado de administração e implantação, além de maior capacidade de armazenamento e compatibilidade com inteligência artificial (IA). Para mais informações sobre essas contas, incluindo valores e recursos, acesse o site https://powerbi.microsoft.com/pt-br/pricing/.

Anotações

Power BI:
do BI até os dashboards

SÉRIE INFORMÁTICA

MISTO
Papel | Apoiando o manejo florestal responsável
FSC® C172712

Dados Internacionais de Catalogação na Publicação (CIP)
(Simone M. P. Vieira - CRB 8ª/4771)

Malaspina, Cristiano
    Power BI: do BI até os dashboards / Cristiano Malaspina. – São Paulo : Editora Senac São Paulo, 2024. (Série Informática)

    ISBN 978-85-396-4519-0 (Impresso/2024)
    e-ISBN 978-85-396-4530-5 (ePub/2024)
    e-ISBN 978-85-396-4529-9 (PDF/2024)

    1. Power BI   2. Banco de dados   3. Power Query   4. Linguagem DAX   5. Dashboards   I. Título.   II. Série

24-2169r
CDD – 004
BISAC COM018000
COM021030

Índice para catálogo sistemático:

1. Processamento de dados   004

3
Power Query: tratamento de dados

OBJETIVOS

» Apresentar o Power Query e sua importância
» Conhecer o processo de importação de dados
» Entender os tipos de dados
» Criar relacionamento entre as tabelas
» Desenvolver diversos tipos de tratamento de dados
» Construir dashboards

Importação dos dados de planilha

Após compreender os principais conceitos de banco de dados e Power BI, você terá a oportunidade de desenvolver exercícios com objetivos específicos.

Começando pela importação de um arquivo, esse tipo de conexão é muito utilizado pelo sistema de gerenciamento integrado Enterprise Resource Planning (ERP), e os arquivos no formato texto (TXT) e planilhas (CSV) são os mais comuns. Esses arquivos são leves, pois não contêm formatações ou informações desnecessárias em seus metadados. Eles são frequentemente empregados por usuários que criam as próprias visões no Excel.

Cabe ressaltar que, nesse tipo de conexão, o Power Query geralmente requer vários tipos de tratamento, em razão das características mencionadas. Às vezes, o arquivo não possui uma formatação adequada, pois costuma ser um comando no sistema de gerenciamento de banco de dados (SGBD); outras vezes, é um arquivo criado para atender às necessidades de facilidade de compreensão do usuário. Em ambos os casos, não é comum observar as regras de construção de um banco de dados normalizado.

Existem diretrizes chamadas de "formas normais" que guiam o desenvolvimento de tabelas em bancos de dados a fim de evitar informações redundantes e garantir a integridade referencial dos dados. No entanto, como esse não é o foco deste livro, vamos nos concentrar no fato de que um arquivo que contém todas as colunas em uma única tabela geralmente não privilegia o desempenho em relação a um arquivo que tenha seus dados normalizados, ou seja, modelados em tabelas *Fato* e *Dimensão*.

A seguir, há um exemplo de tabela com problema de normalização de dados.

Data	Vendedor	Unidades	Produto	Preço	Desconto	Estado
22/05/2015	Matheus Cardoso	269	GFORCE	155,1	0,766493	Amapá
02/09/2016	Walber Giulliati	12	MONITOR LED CONCAVO	39,3	0,804493	Bahia
14/10/2016	Renata Figueroa	66	MEMÓRIA RAM	74,25	0,098298	Mato Grosso
01/08/2016	João Vitor Melo	118	MOTHERBOARD	100,98	0,734508	Paraná
11/10/2014	Stefania Venturim	157	MONITOR LED CONCAVO	44,98	0,526532	Rio de Janeiro
06/12/2014	Stephany das Neves	111	ESTABILIZADOR	29,25	0,554171	Santa Catarina
19/04/2014	Horacio Luiz	430	MEMÓRIA RAM	68,39	0,098569	São Paulo
30/05/2015	Leticia Barbosa	420	ADAPTADOR HDMI/VGA	45,44	0,273921	Amapá
29/10/2015	Rafaela Rezende	193	HARD DISC	22,38	0,983015	Bahia
29/08/2014	Humberto Oliveira	53	MONITOR LED CONCAVO	49,25	0,538391	Mato Grosso
07/02/2016	Stephany das Neves	8	MONITOR LED CONCAVO	49,5	0,843195	Paraná
18/01/2016	Diogo Silva	278	PROCESSADOR INTEL	44,98	0,937398	Rio de Janeiro
12/05/2015	Leticia Barbosa	498	MEMÓRIA RAM	136,32	0,817512	Santa Catarina
18/05/2015	Diogo Silva	430	NOBREAKS	61,74	0,23777	São Paulo
16/02/2014	Walber Giulliati	223	MEMÓRIA RAM	37,62	0,714952	Amapá
07/02/2014	Humberto Oliveira	475	MOTHERBOARD	58,5	0,379304	Bahia
01/05/2016	Breno Cardoso	304	SSD	89,05	0,28147	Mato Grosso
25/04/2015	Humberto Oliveira	268	NOBREAKS	81,26	0,236525	Paraná
15/01/2014	Fernando Martins	167	ESTABILIZADOR	155,9	0,169169	Rio de Janeiro
10/10/2016	Frederico Silva	239	PROCESSADOR INTEL	38,9	0,589895	Santa Catarina
06/09/2016	Elison Duarte	201	CAMERA GOPRO	19,95	0,096866	São Paulo

Na figura apresentada, nota-se que todos os dados estão alocados na mesma planilha do Excel. Embora isso facilite o desenvolvimento de relatórios e medidas, o Power BI ainda terá que carregar todos os dados, mesmo que a maioria deles não seja utilizada no relatório. Isso pode resultar em problemas de desempenho em um curto período, em especial para bases que podem escalar rapidamente.

Já na próxima figura, podemos observar que os dados estão distribuídos em diferentes planilhas, o que apresenta vantagens e desvantagens. A desvantagem é que essa disposição dos dados criará tabelas distintas no Power BI, exigindo conhecimentos de modelagem e dificultando o estabelecimento de medidas. Por outro lado, a vantagem é que seu relatório estará modelado, o que garantirá um melhor desempenho. É fundamental considerar esses pontos.

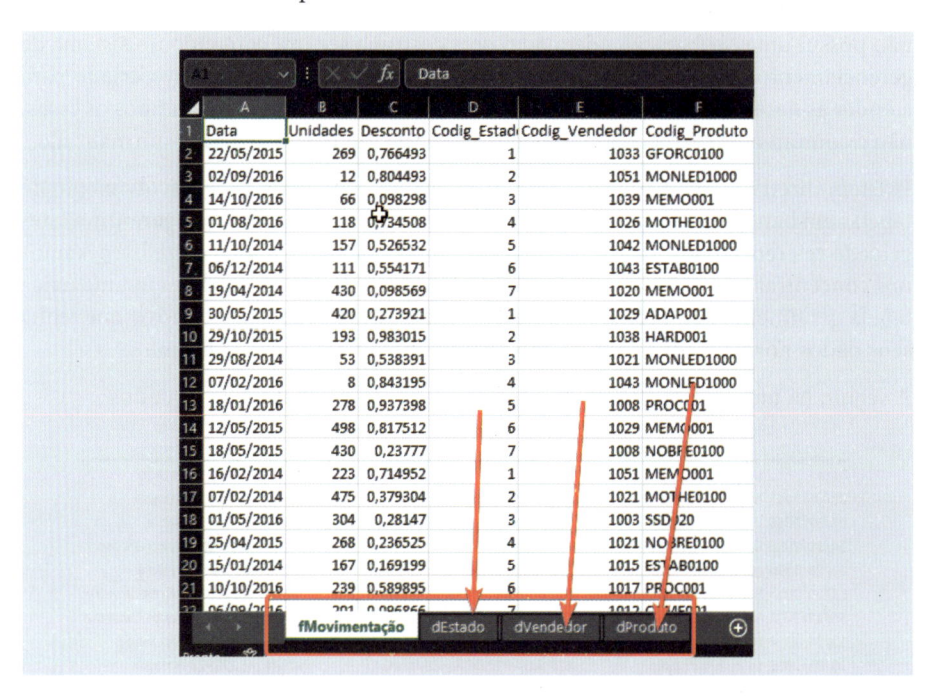

Ao importar dados no Power BI, especialmente de arquivos diversos, será exibida uma tela com as opções *Carregar* e *Transformar dados*. Selecionar *Carregar* carregará automaticamente o arquivo sem abrir o Power Query para possíveis edições de dados, ao passo que selecionar *Transformar dados* carregará a tabela no Power Query para permitir edições de dados.

1. Inicie o Power BI e clique na opção *Obter dados*.

2. Na caixa de diálogo, clique na primeira opção (*Pasta de Trabalho do Excel*) e, em seguida, no botão *Conectar*.

3. Navegue até a pasta dos arquivos dos exercícios do \Curso Power BI\Capítulo 3 – Importação e tratamento de dados no Power Query\Arquivos utilizados\Atividade 1 e selecione o arquivo *dados-normalizados.xlsx*.

4. Marque as opções *dEstado*, *dProduto*, *dVendedor* e *fMovimentação* e clique no botão *Transformar Dados* para que, por meio do Power Query, sejam feitas edições nas tabelas importadas, tais como nome da tabela e verificação de tipos de dados, entre outras funcionalidades.

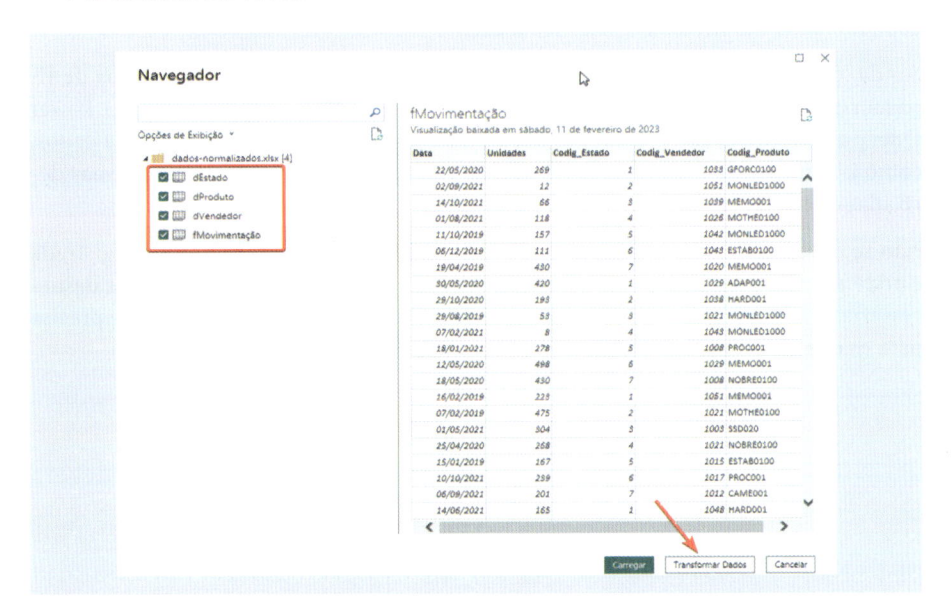

> **Observação:** A primeira letra identifica o tipo de tabela: (d) para tabelas *Dimensão* e (f) para tabelas *Fato*. Essa nomenclatura não é obrigatória, mas reflete uma boa prática que adotaremos neste livro.

O resultado deverá ser este exibido na imagem a seguir.

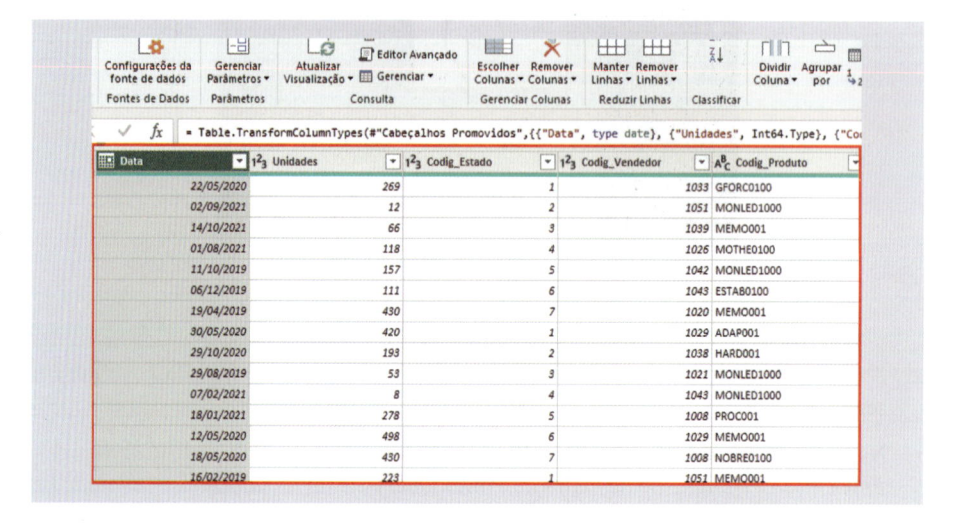

Data	Unidades	Codig_Estado	Codig_Vendedor	Codig_Produto
22/05/2020	269	1	1033	GFORC0100
02/09/2021	12	2	1051	MONLED1000
14/10/2021	66	3	1039	MEMO001
01/08/2021	118	4	1026	MOTHE0100
11/10/2019	157	5	1042	MONLED1000
06/12/2019	111	6	1043	ESTAB0100
19/04/2019	430	7	1020	MEMO001
30/05/2020	420	1	1029	ADAP001
29/10/2020	193	2	1038	HARD001
29/08/2019	53	3	1021	MONLED1000
07/02/2021	8	4	1043	MONLED1000
18/01/2021	278	5	1008	PROC001
12/05/2020	498	6	1029	MEMO001
18/05/2020	430	7	1008	NOBRE0100
16/02/2019	223	1	1051	MEMO001

Nessa imagem, o Power Query está apresentando os dados para análises e eventuais tratamentos.

O tratamento de dados é uma etapa fundamental e crítica no processo de criação de relatórios no Power BI. É necessário corrigir erros a fim de assegurar a precisão e a confiabilidade das medidas e das visualizações.

Ainda, é essencial verificar os tipos de dados para identificar possíveis erros de tipagem que podem prejudicar a precisão das medidas e das visualizações. O Power Query oferece diversas ferramentas para ajudar na limpeza e no tratamento de dados, como a remoção de duplicatas, a divisão de colunas e a criação de novas colunas derivadas de outras já existentes.

Não se deve esquecer, porém, que cada etapa realizada no Power Query é registrada e pode afetar o desempenho do relatório. Assim, é recomendável evitar etapas desnecessárias e garantir que o tratamento de dados seja feito de maneira eficiente e precisa para que as visualizações sejam confiáveis e eficazes.

Conhecimento dos tipos de dados

Para a verificação dos dados, observe na *Guia Inicial*, no grupo *Transformar*, o tipo do dado que é exibido para essa coluna. No exemplo a seguir, é apresentado o tipo *Data*.

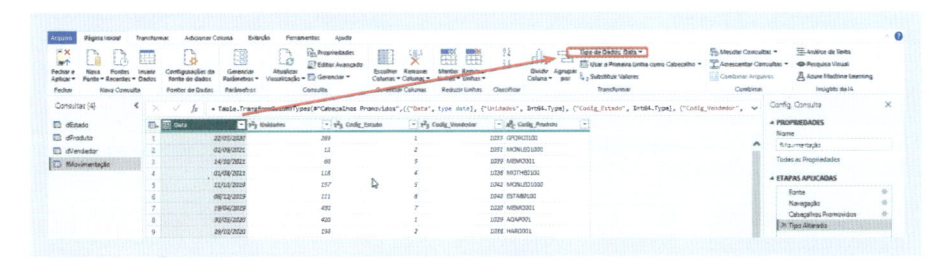

A mesma informação pode ser observada no ícone que é apresentado à esquerda do nome da coluna.

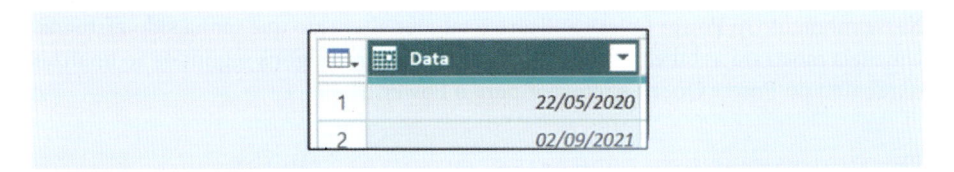

Os tipos mais comuns são:

- 123: Inteiro
- 1.2: Decimal
- ABC: Texto
- Desenho de calendário: Data
- 123ABC: Sem tipo

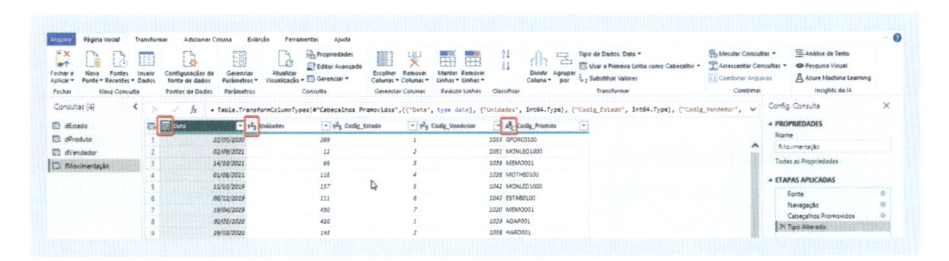

1. Clique em *Fechar e aplicar*, que está na guia *Página Inicial*.

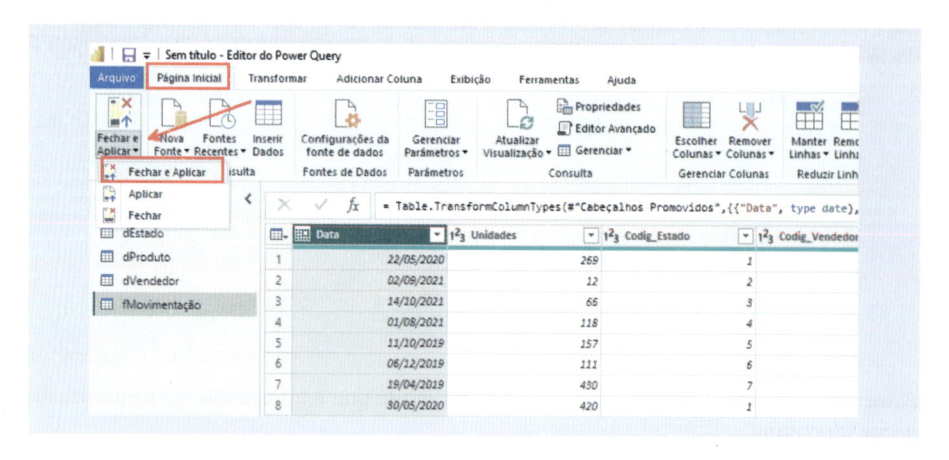

Nesse momento, o Power Query aplicará qualquer alteração que tenha sido efetuada. Uma tela mostrará as tabelas sendo atualizadas. Aguarde alguns segundos ao finalizar o trabalho no Power Query e retornar para o Power BI.

Definição dos relacionamentos entre tabelas

Um relacionamento entre tabelas é uma conexão lógica entre duas ou mais tabelas em um banco de dados relacional. É uma forma de estabelecer uma ligação entre os dados armazenados em diferentes tabelas, permitindo que as informações sejam acessadas e manipuladas de maneira mais eficiente e precisa. Deve ser a primeira ação efetuada, caso contrário poderão ocorrer problemas na criação de visuais na exibição de relatórios – inicialmente, todas as tabelas estão sem qualquer ligação entre elas. Além disso, relacionamentos bem definidos ajudam a melhorar o desempenho dos relatórios, já que o Power BI precisará processar menos dados para gerar as visualizações.

1. Clique no ícone de relacionamentos, conforme a figura.

2. As tabelas serão apresentadas lado a lado; é necessário recorrer à barra de rolagem para observar todas elas. Procure organizá-las em uma única tela clicando nos cabeçalhos de cada uma e arrastando-as para que fiquem próximas umas das outras. Acessando a barra de rolagem, garanta que nenhuma tabela foi negligenciada.

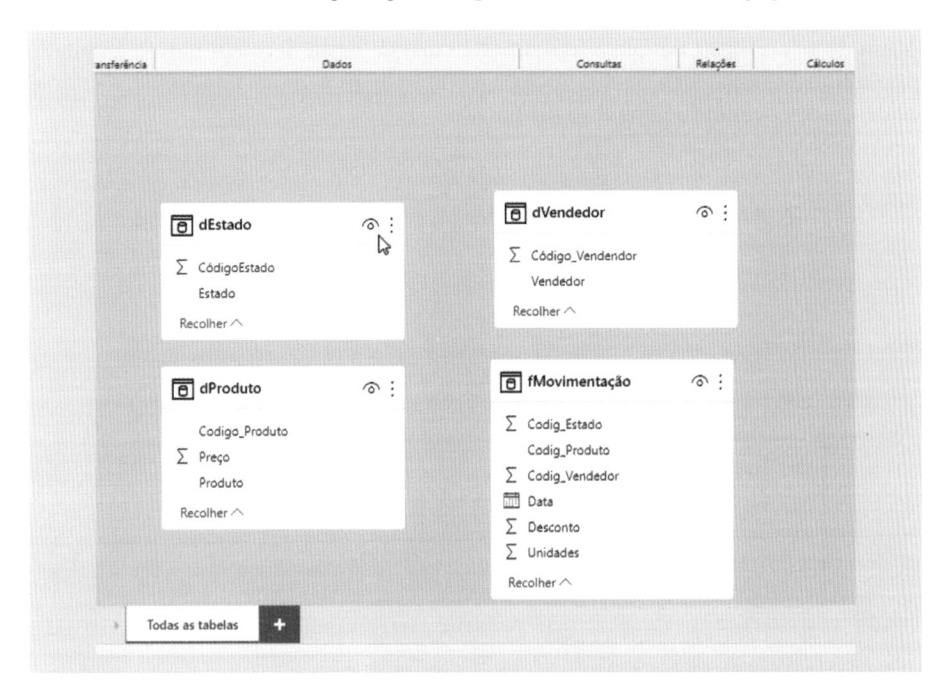

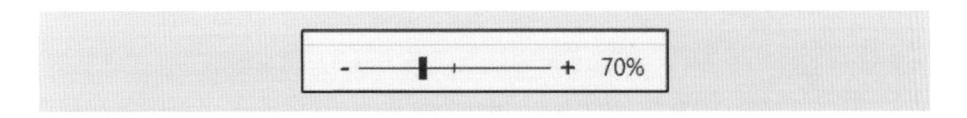

Observação: Utilize o zoom para melhorar a visualização de suas tabelas.

A partir desse momento, precisamos estabelecer os relacionamentos para que seja possível ao Power BI consultar as informações que estão em todas as tabelas. Tenha em mente que um relacionamento de tabelas no Power BI se baseia em uma tabela principal (tabela ativa) e em outra tabela que contém informações complementares (tabela de referência).

Esse campo de referência é chamado de chave primária, que é a coluna que identifica de maneira única cada registro na tabela. É importante que esse campo esteja presente em ambas as tabelas que serão relacionadas. Com o relacionamento estabelecido, poderemos utilizar as informações da tabela de referência para enriquecer as análises e as visualizações da tabela principal.

Existem várias formas de executar esse procedimento. A mais fácil delas será clicar e arrastar.

3. Clique em cima do campo *CódigoEstado* na tabela *dEstado*, mantenha clicado e arraste para cima do campo *Codig_Estado* na tabela *fMovimentação*.

A fim de se certificar de que a ligação está correta, basta deixar o mouse apontado para a linha do relacionamento. Você observará que os campos relacionados estarão evidenciados com um retângulo acinzentado.

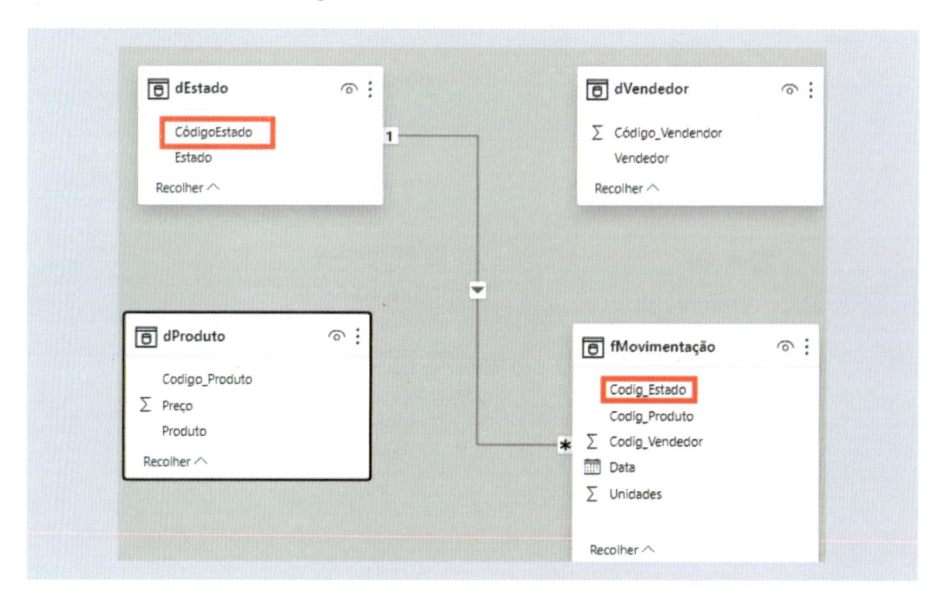

4. Repita as operações do item anterior com os campos: *Codigo_Produto* e *Código_Vendedor*, em seus respectivos campos da tabela *fMovimentação*. Ao término da criação de seus relacionamentos, eles ficarão da maneira indicada a seguir.

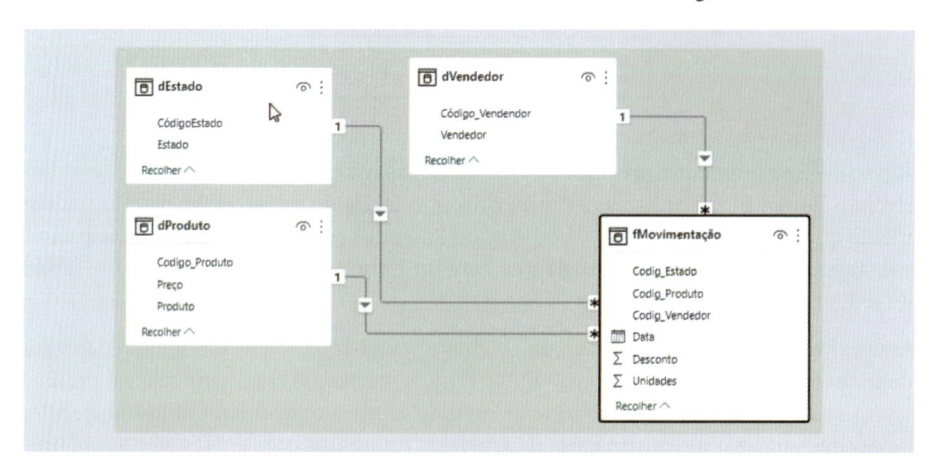

Você também pode conferir os relacionamentos pelo botão de comando *Gerenciar relações*.

Painéis de visualização

A cada opção que você trabalhar na construção de seu projeto, o Power BI apresentará diferentes painéis com recursos que poderão ser utilizados. Você pode ocultar ou exibir esses painéis clicando nos botões a seguir.

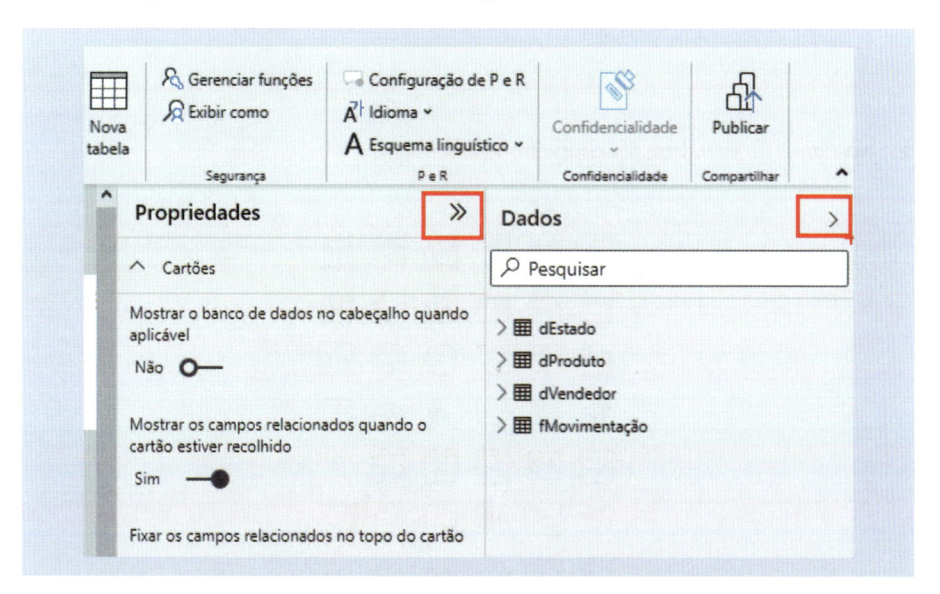

Visualizações

1. Clique no ícone *Exibição de relatório*, que está do lado esquerdo de sua tela, para que você possa montar seu primeiro visual.

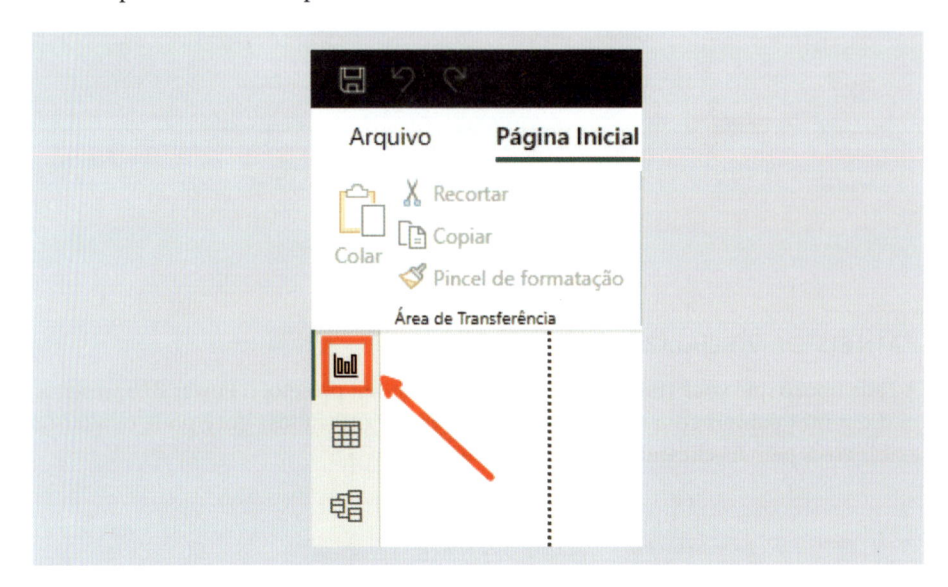

2. No *Painel de visualização*, clique no visual *Matriz*.

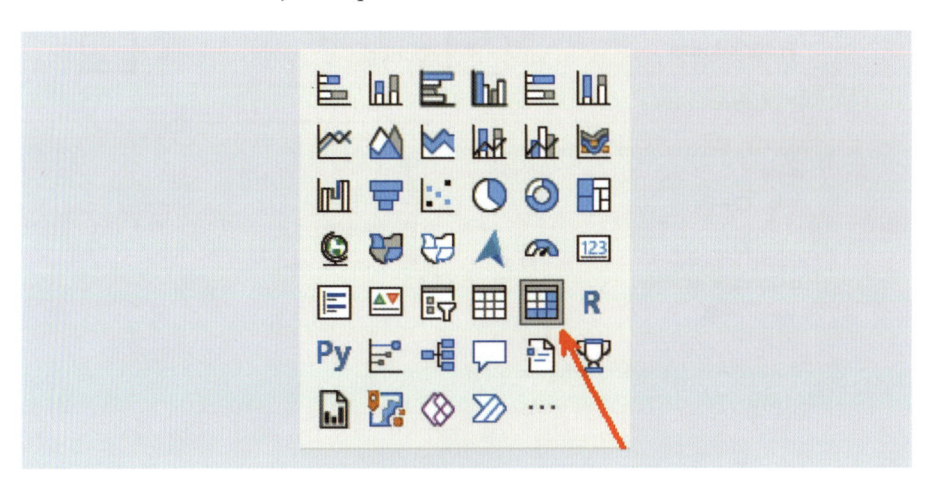

Note que o Power BI criou uma área para que sejam inseridas informações nela. Fazendo uma analogia com o Excel, seria como se você tivesse criado uma tabela *Dinâmica* e agora estivesse inserindo os campos em cada quadrante de configuração.

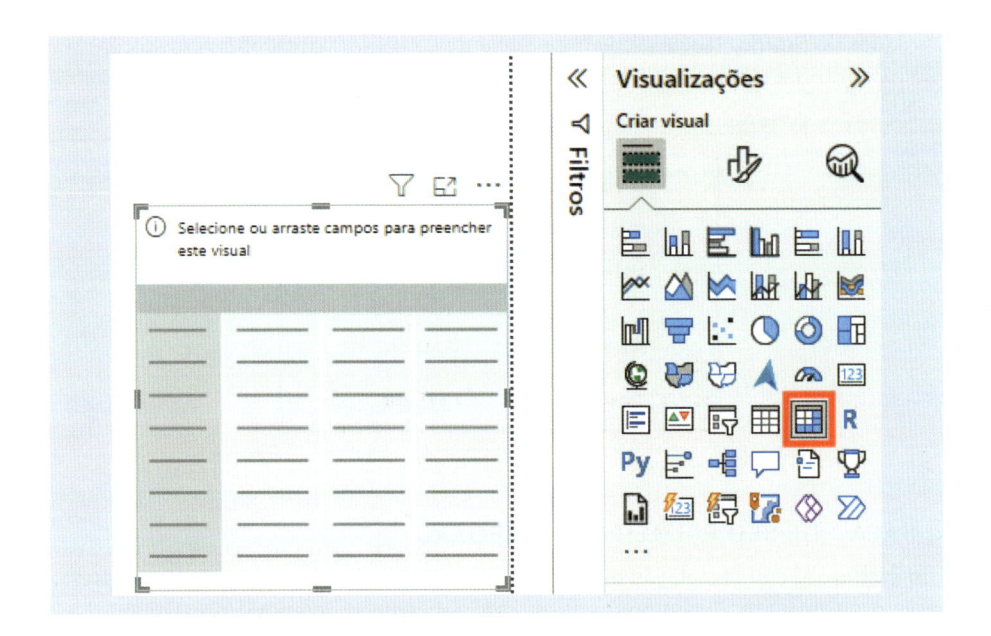

3. Com a tabela *Matriz* selecionada, procure *Dados* no *Painel de visualização*. Marque o campo *Estado* da tabela *dEstado* e o campo *Soma de Unidades* da tabela *fMovimentação*. Utilize os controles *Expandir* ou *Recolher* para visualizar esses campos.

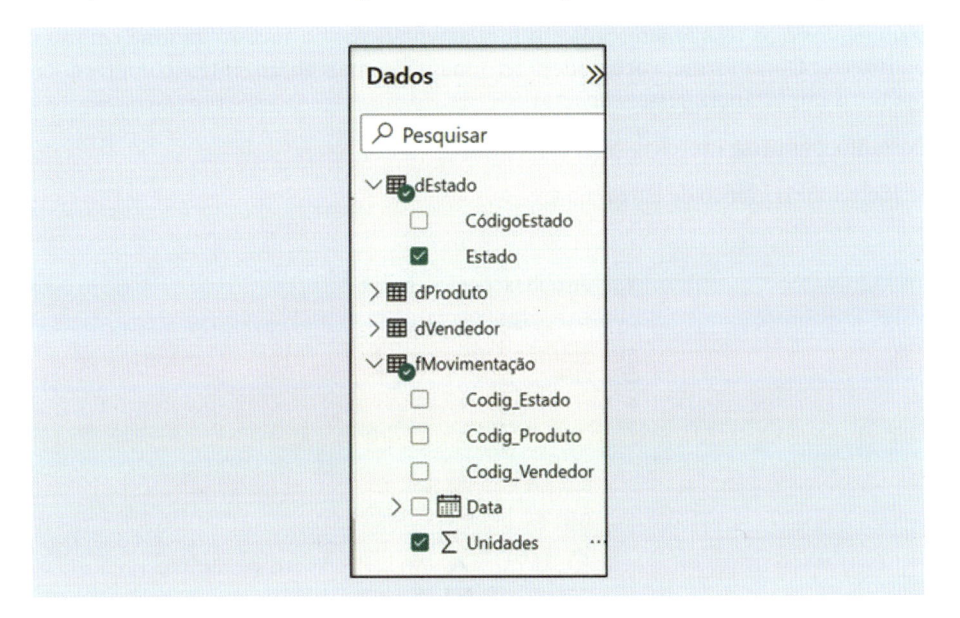

Os dados de *Estado* (tabela *dEstado*) e *Soma de Unidades* (tabela *fMovimentação*) serão incluídos na tabela *Matriz*.

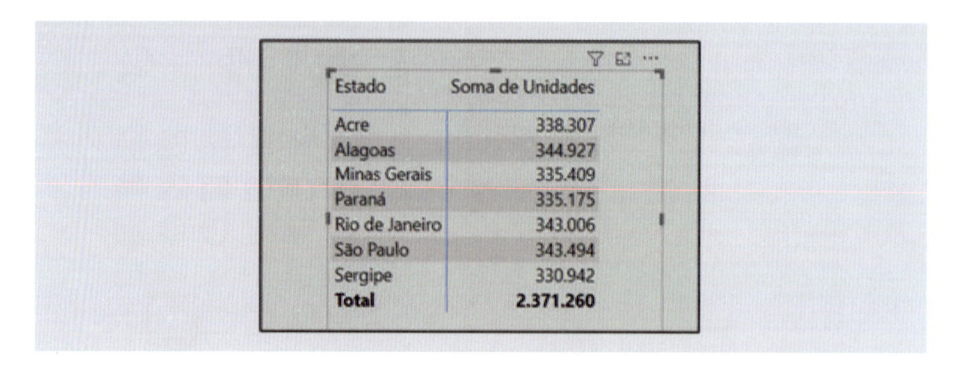

Estado	Soma de Unidades
Acre	338.307
Alagoas	344.927
Minas Gerais	335.409
Paraná	335.175
Rio de Janeiro	343.006
São Paulo	343.494
Sergipe	330.942
Total	**2.371.260**

CRIAÇÃO DE SEU PRIMEIRO DASHBOARD

Um dashboard é uma exibição que mostra informações importantes de uma empresa, projeto ou produto, em tempo real ou com um recorte temporal previamente definido. Ele usa gráficos e tabelas para mostrar os dados de maneira clara e fácil de entender. As empresas recorrem a dashboards para ver informações como vendas, visitantes do site e atividade em redes sociais.

Vamos criar um dashboard básico que vai ilustrar de maneira clara e objetiva como os tratamentos e os relacionamentos são fundamentais para o sucesso de uma empresa ou projeto. Dessa forma, você poderá ter uma visão mais abrangente e compreender melhor a importância desses aspectos.

Portanto, para esse exercício, siga estes passos:

1. Selecione o gráfico de barras na área dos visuais.

2. Agora, selecione os campos *Vendedor* na tabela *dVendedor* e *Soma das Unidades* na tabela *fMovimentação*.

Para alterar o cálculo que está sendo feito no gráfico, no eixo X, onde está escrito *Soma de Unidades*, clique na seta do lado direito e selecione a opção de cálculo *Média de Unidades*. Seu gráfico deverá ficar desta maneira:

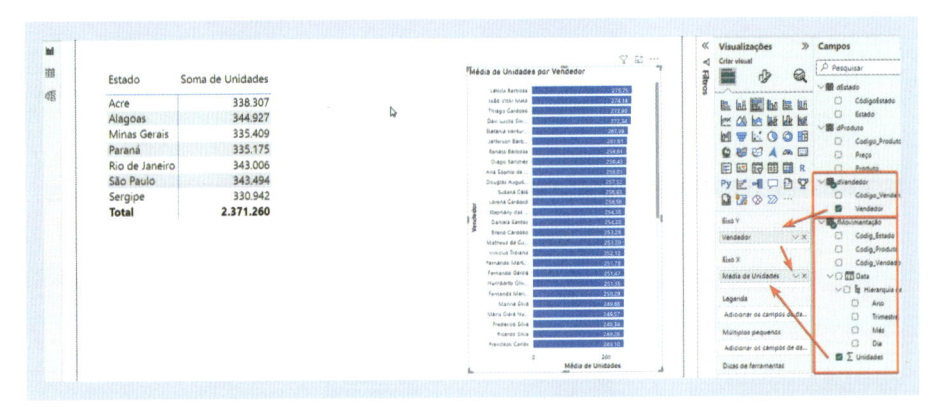

Para ajustar o tamanho, utilize a seta do mouse nas bordas; para mudar o posicionamento, aponte para uma área vazia do gráfico e o arraste conforme desejar.

Continuando com os cálculos "automáticos", inclua agora outra visão de dado.

3. Volte para a área dos visuais, clique fora do gráfico criado e inclua o gráfico de linha selecionando os campos *Data* e *Unidades* da tabela *fMovimentação* para que seja possível ter uma visão das unidades vendidas sob a perspectiva do tempo. Ajuste os gráficos, se necessário.

Note que, assim que selecionados os campos, a visão aparece desta forma:

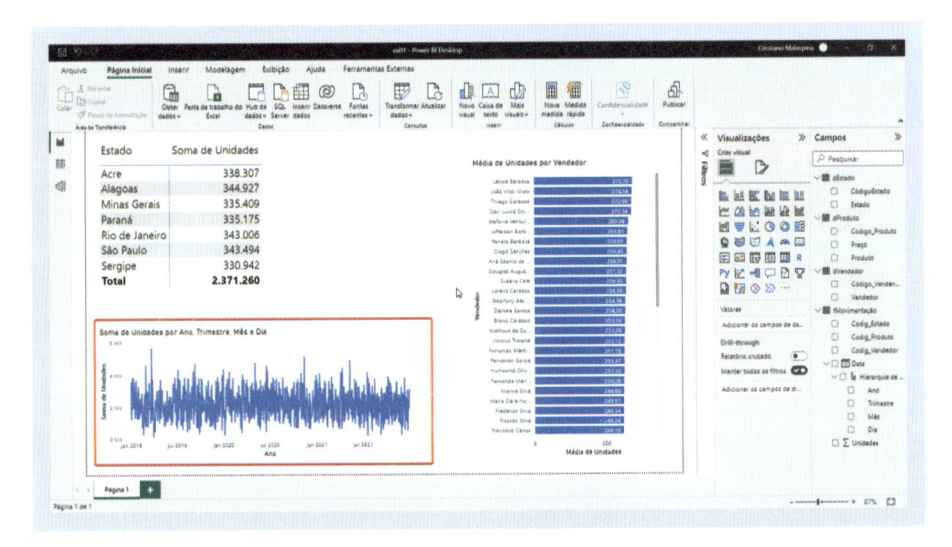

Isso se deve à hierarquia construída pelo Power BI. Toda vez que o Power BI encontra um campo do tipo data, ele cria uma hierarquia de tempo; sendo assim, ele separa a data completa em anos, meses, dias, etc. Seu gráfico já caiu na fatia do dia – por isso essa aparência. Caso você queira mudar a fatia de tempo para meses, por exemplo, realize os seguintes passos:

4. Com o gráfico selecionado, clique na segunda seta da esquerda para a direita. Ela ficará marcada.
5. Feito isso, clique na primeira seta da esquerda para a direita. Você vai subir o nível da hierarquia.

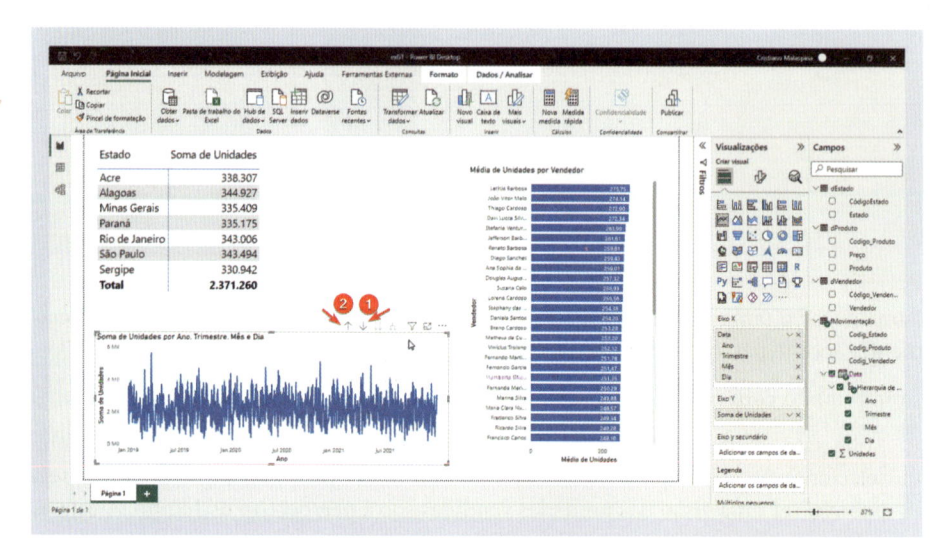

Você acabou de trabalhar com um recurso muito conhecido no Power BI, chamado *drill down e drill up*.

Drill down é detalhar uma informação aumentando o grau de granularidade, e com o *drill up* você está removendo o detalhamento, isto é, diminuindo o grau de granularidade da informação. Após essa modificação, seu gráfico deverá ficar desta maneira:

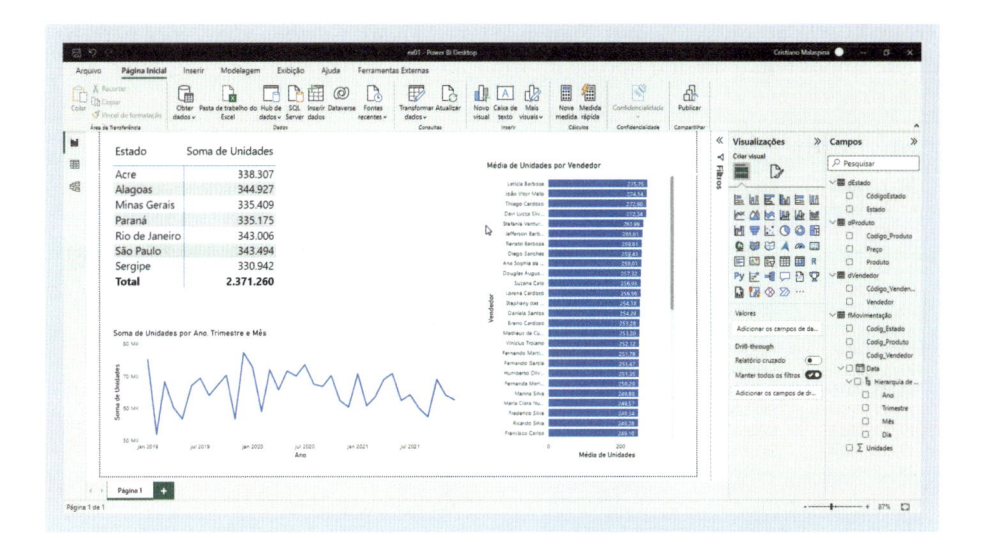

O Power Query é uma ferramenta poderosa e versátil para a preparação de dados no Power BI. Há muitos recursos para explorar e dominar, mas você já deu um grande passo ao entender a importância da verificação e do tratamento dos dados na etapa de transformação. Além disso, a criação de relacionamentos entre tabelas é fundamental para garantir a integridade dos dados e a precisão das análises.

6. Salve o arquivo na pasta \Curso Power BI\Capítulo 3 – Importação e tratamento de dados no Power Query\Arquivos utilizados\Atividade 1 com o nome *Cap.3_ex01.pbix*.

IMPORTAÇÃO DE DADOS DE DIFERENTES TIPOS DE ARQUIVO

Na atividade anterior, você pôde observar o processo de importação e notar que não há nenhuma complicação nesse fluxo. O que é realmente importante para capturar os dados com sucesso é ter clareza sobre o tipo de fonte que está sendo utilizada, ou seja, saber qual é a extensão ou qual SGBD precisa ser conectado.

No próximo exercício, será necessário conectar dois tipos diferentes de arquivos – TXT e XLSX –, o que exigirá duas etapas distintas. Como esses são arquivos independentes, você tem a opção de carregá-los antes de tratá-los no Power Query.

Ao analisar os arquivos (*Vendas_SaoPaulo.txt* e *Vendas_Curitiba.xlsx*), você perceberá que ambos têm o mesmo tipo de informação, apesar de serem de filiais diferentes.

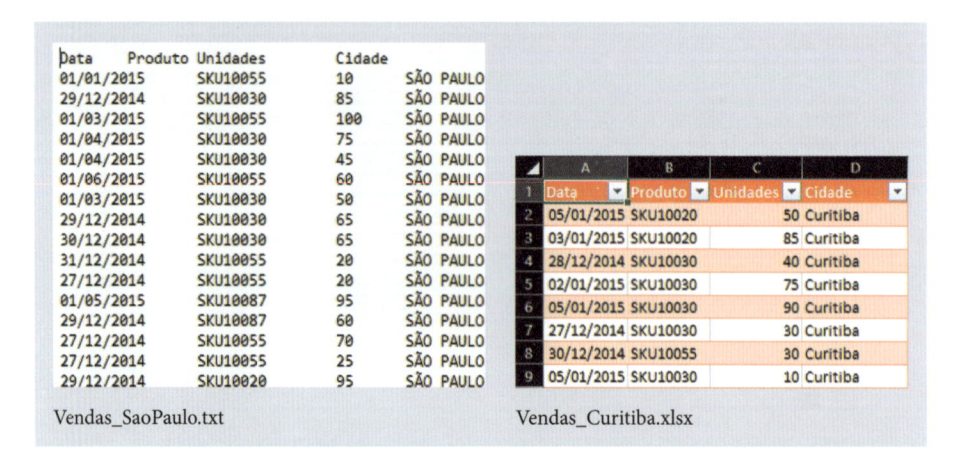

Data	Produto	Unidades	Cidade
01/01/2015	SKU10055	10	SÃO PAULO
29/12/2014	SKU10030	85	SÃO PAULO
01/03/2015	SKU10055	100	SÃO PAULO
01/04/2015	SKU10030	75	SÃO PAULO
01/04/2015	SKU10030	45	SÃO PAULO
01/06/2015	SKU10055	60	SÃO PAULO
01/03/2015	SKU10030	50	SÃO PAULO
29/12/2014	SKU10030	65	SÃO PAULO
30/12/2014	SKU10030	65	SÃO PAULO
31/12/2014	SKU10055	20	SÃO PAULO
27/12/2014	SKU10055	20	SÃO PAULO
01/05/2015	SKU10087	95	SÃO PAULO
29/12/2014	SKU10087	60	SÃO PAULO
27/12/2014	SKU10055	70	SÃO PAULO
27/12/2014	SKU10055	25	SÃO PAULO
29/12/2014	SKU10020	95	SÃO PAULO

Vendas_SaoPaulo.txt

	A	B	C	D
1	Data	Produto	Unidades	Cidade
2	05/01/2015	SKU10020	50	Curitiba
3	03/01/2015	SKU10020	85	Curitiba
4	28/12/2014	SKU10030	40	Curitiba
5	02/01/2015	SKU10030	75	Curitiba
6	05/01/2015	SKU10030	90	Curitiba
7	27/12/2014	SKU10030	30	Curitiba
8	30/12/2014	SKU10055	30	Curitiba
9	05/01/2015	SKU10030	10	Curitiba

Vendas_Curitiba.xlsx

Neste momento, você vai combinar os dados para permitir a totalização das informações de todas as maneiras possíveis, tanto por filial quanto em relação à movimentação total do grupo.

É importante ressaltar que, apesar de existir a opção de obter dados quando se inicializa o Power BI, nós vamos importar os dados a partir de outro caminho, da opção interna do Power BI.

Para realizar essa tarefa, comece importando os arquivos, partindo da planilha *Vendas_Curitiba.xlsx* (localizada na pasta \Curso Power BI\Capítulo 3 – Importação e tratamento de dados no Power Query\Arquivos utilizados\Atividade 2).

1. Observe que agora há duas opções na tela de importação: a primeira é o formato de tabela do Excel e a segunda é o formato de planilha de dados do Excel. Sempre que possível, escolha a primeira opção, pois o Power Query poderá identificar as colunas e seus dados de maneira mais simples.

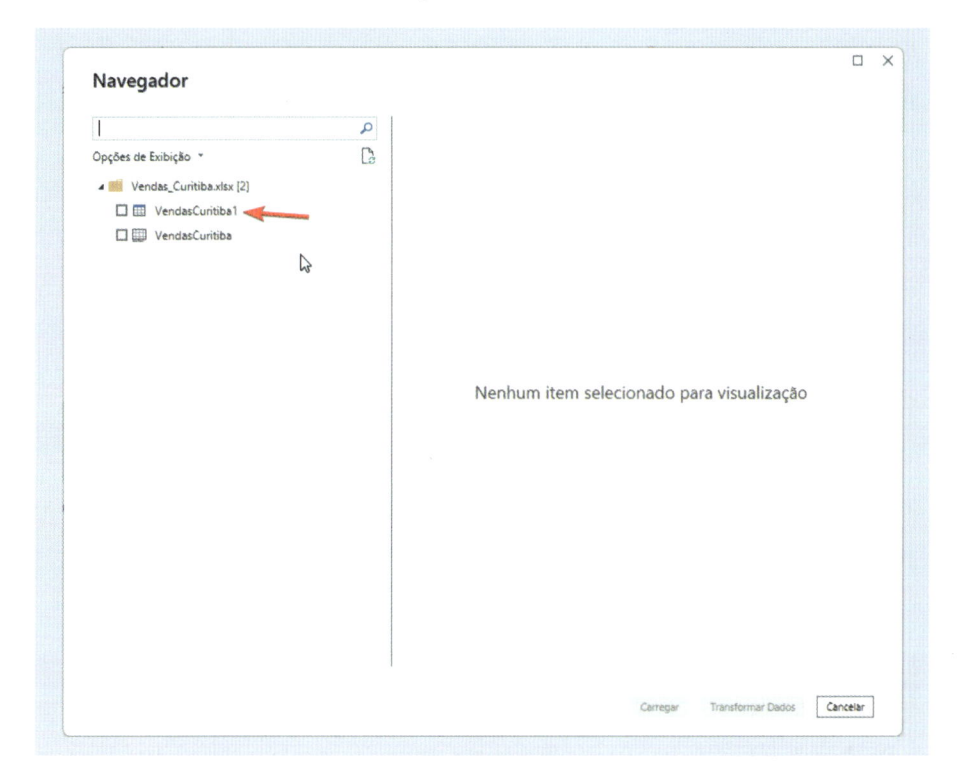

2. Marque a opção de tabela e clique em *Carregar*.
3. Importe o arquivo TXT *Vendas_SaoPaulo*, escolhendo a opção *Texto/CSV*.
4. Como agora já serão importados os dois arquivos, clique em *Transformar Dados* para que seja possível o tratamento deles.

É possível notar que, ao importar os dados, duas tabelas foram criadas no Power Query e posteriormente no Power BI. Para visualizar o conteúdo de cada uma delas, basta clicar nos nomes e navegar entre elas.

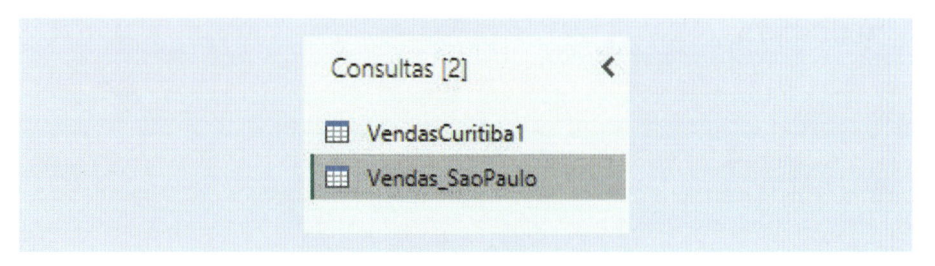

Ao explorar as tabelas, percebe-se que na tabela *Vendas_SaoPaulo* há uma coluna em branco.

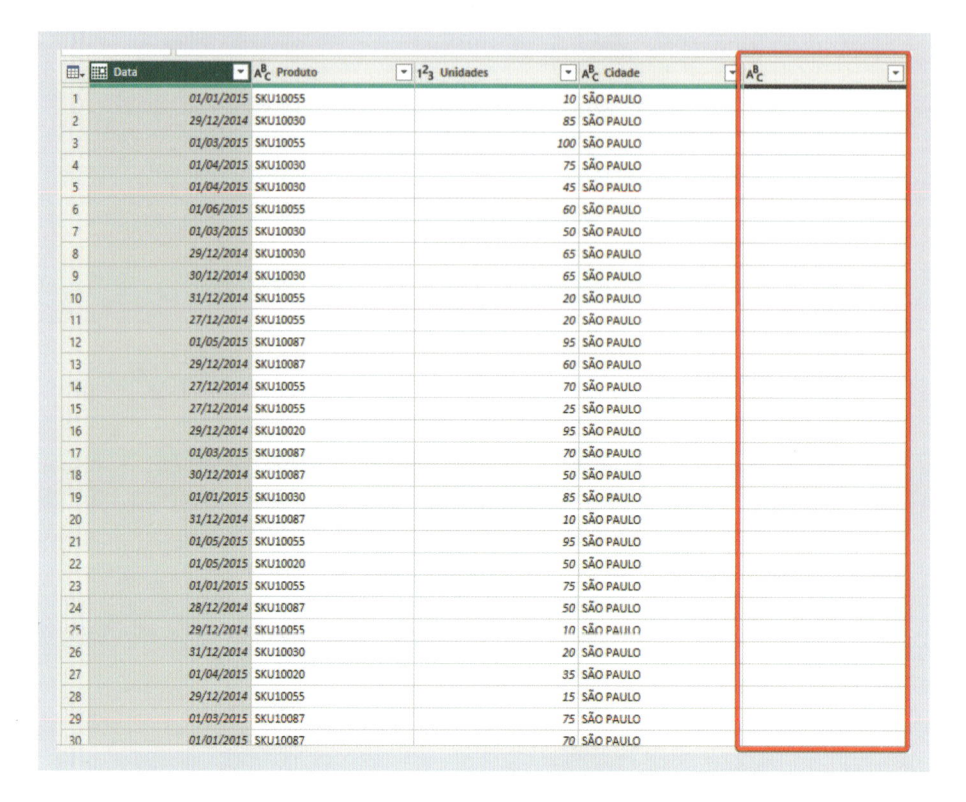

Data	Produto	Unidades	Cidade	
01/01/2015	SKU10055	10	SÃO PAULO	
29/12/2014	SKU10030	85	SÃO PAULO	
01/03/2015	SKU10055	100	SÃO PAULO	
01/04/2015	SKU10030	75	SÃO PAULO	
01/04/2015	SKU10030	45	SÃO PAULO	
01/06/2015	SKU10055	60	SÃO PAULO	
01/03/2015	SKU10030	50	SÃO PAULO	
29/12/2014	SKU10030	65	SÃO PAULO	
30/12/2014	SKU10030	65	SÃO PAULO	
31/12/2014	SKU10055	20	SÃO PAULO	
27/12/2014	SKU10055	20	SÃO PAULO	
01/05/2015	SKU10087	95	SÃO PAULO	
29/12/2014	SKU10087	60	SÃO PAULO	
27/12/2014	SKU10055	70	SÃO PAULO	
27/12/2014	SKU10055	25	SÃO PAULO	
29/12/2014	SKU10020	95	SÃO PAULO	
01/03/2015	SKU10087	70	SÃO PAULO	
30/12/2014	SKU10087	50	SÃO PAULO	
01/01/2015	SKU10030	85	SÃO PAULO	
31/12/2014	SKU10087	10	SÃO PAULO	
01/05/2015	SKU10055	95	SÃO PAULO	
01/05/2015	SKU10020	50	SÃO PAULO	
01/01/2015	SKU10055	75	SÃO PAULO	
28/12/2014	SKU10087	50	SÃO PAULO	
29/12/2014	SKU10055	10	SÃO PAULO	
31/12/2014	SKU10030	20	SÃO PAULO	
01/04/2015	SKU10020	35	SÃO PAULO	
29/12/2014	SKU10055	15	SÃO PAULO	
01/03/2015	SKU10087	75	SÃO PAULO	
01/01/2015	SKU10087	70	SÃO PAULO	

5. Para resolver isso, basta clicar com o botão direito do mouse na barra da coluna ao lado do ícone ABC, escolhendo a opção *Remover*.

Transformação de palavras em maiúsculas

Você reparou também que o conteúdo da localidade dos arquivos não está padronizado – em um arquivo temos Curitiba em minúsculas e em outro temos São Paulo em maiúsculas e minúsculas. Para padronizar o texto de ambos os arquivos em maiúscula, siga estes passos:

1. Na tabela *Vendas_Curitiba*, clique com o botão direito do mouse na barra da coluna *Cidade* ao lado do ícone *ABC*, então na opção *Transformar* e depois em *MAIÚSCULA*.

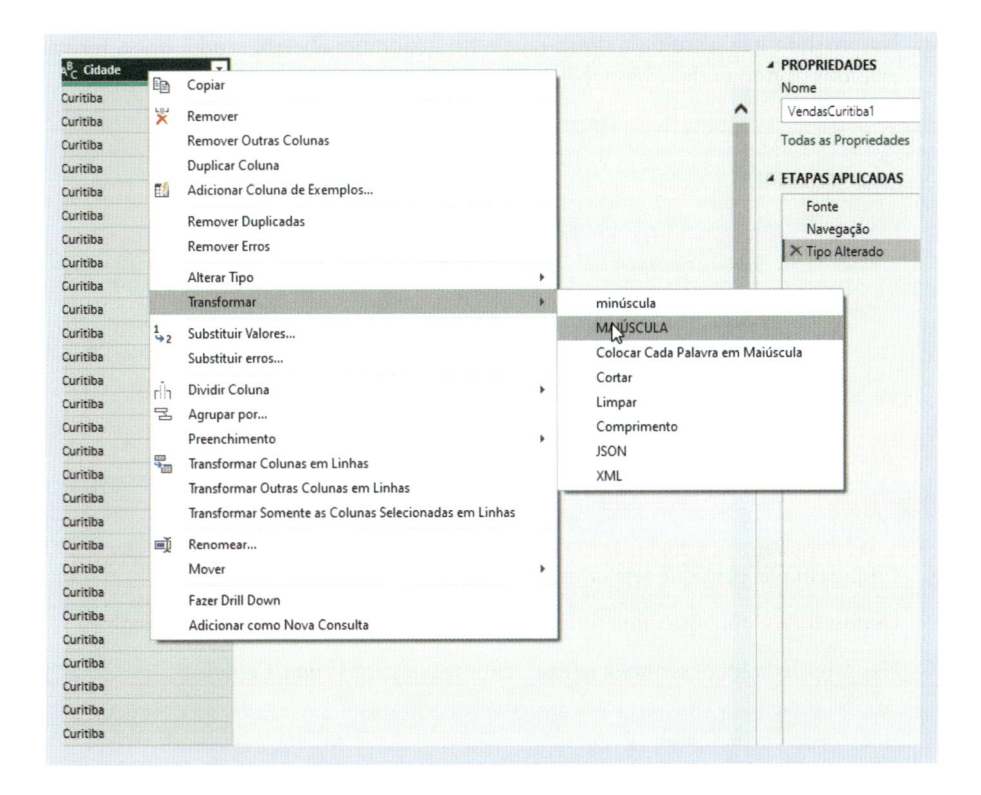

Agora, conforme esclarecido no começo do exercício, será necessário combinar esses dois arquivos para facilitar a análise. Siga estes passos:

2. Na guia *Página Inicial* e no grupo *Combinar*, clique na seta do lado direito da opção *Acrescentar Consultas*.

   Perceba que essa opção se expande em dois possíveis processos:

   a. *Acrescentar Consultas*: combina as tabelas na tabela ativa.

   b. *Acrescentar Consultas como Novas*: combina as tabelas e cria uma terceira como resultado do processo.

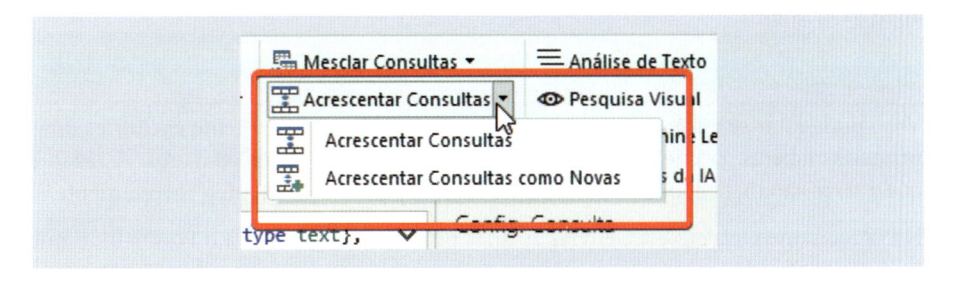

3. Para esse exercício, escolha *Acrescentar Consultas como Novas*.

4. Na próxima tela, escolha a outra tabela no quadrante abaixo, sendo, dessa forma, exibidos os nomes das duas tabelas em questão.

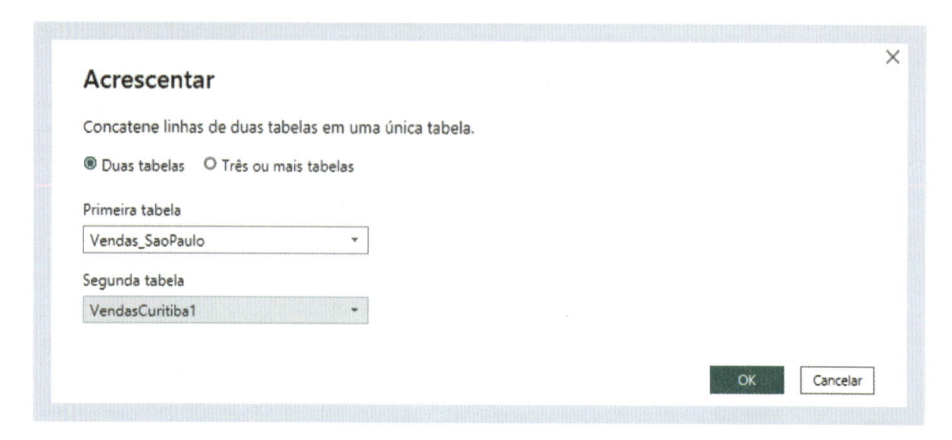

5. Clique em *OK* para que seja criada a terceira tabela.

Depois disso, note que uma terceira tabela surgiu no lado esquerdo de sua tela.

6. Nas propriedades dessa nova tabela, renomeie-a para *VendasCompleto*.

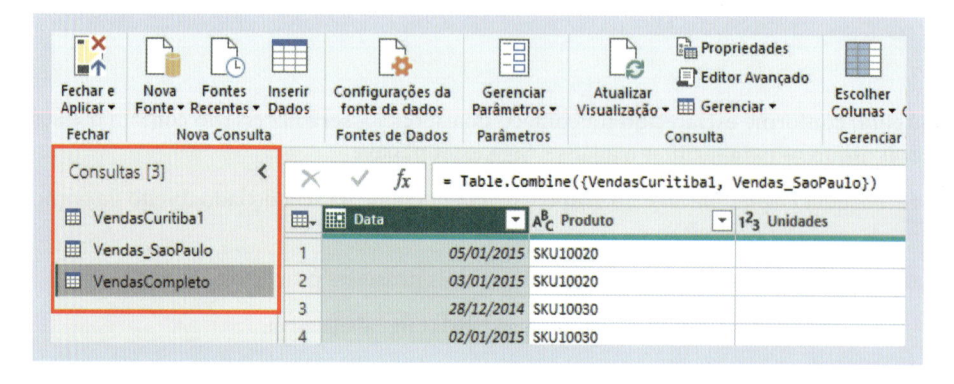

Pronto. Você acabou de criar uma terceira tabela consolidada, porém faltam ainda alguns detalhes.

Desabilitação de carga

Você pode estar se perguntando por que não podemos simplesmente excluir as duas primeiras tabelas, já que temos uma terceira que contém todos os dados. A razão é que a terceira tabela depende das duas primeiras para ser construída corretamente.

Não precisamos, no entanto, enviar as duas primeiras tabelas para o Power BI, o que poderia confundir o usuário e sobrecarregar o arquivo. Podemos desabilitar a carga dessas tabelas a fim de que elas não sejam transportadas para o Power BI. Isso significa que as tabelas ainda estarão presentes no arquivo, mas não serão carregadas no software. Para tanto, siga estes passos:

1. Clique com o botão direito do mouse na tabela *Vendas_SaoPaulo*, então na opção *Habilitar carga*.

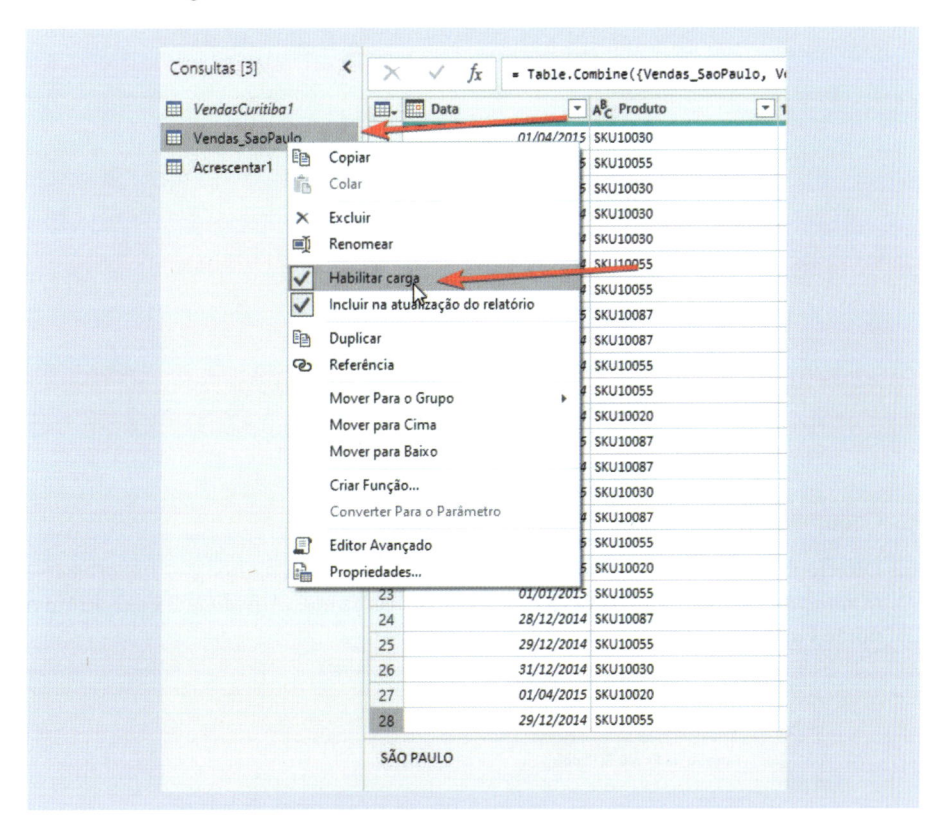

2. Repita o passo 1 para a tabela *Vendas_Curitiba1*.

> **Observação:** Caso você receba um aviso de que os dados podem ser perdidos, basta clicar na opção *Continuar*, pois isso não vai acontecer.

3. Feito isso, clique em *Fechar e Aplicar* na guia *Página Principal* para que o Power Query envie as alterações ao Power BI.

4. Note que agora, do lado direito da tela, temos somente uma tabela com todos os dados dos arquivos.

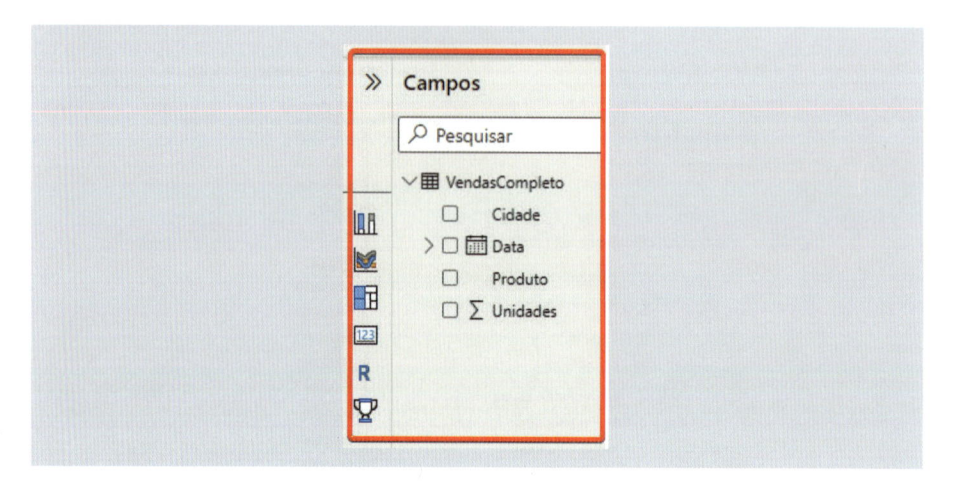

5. Clique em *Arquivo*, opção *Salvar*.

6. Direcione para que seja salvo na pasta *Curso Power BI\Capítulo 3 – Importação e tratamento de dados no Power Query\Arquivos Utilizados\Atividade 2* e salve com o nome *Cap.3_ex02.pbix*.

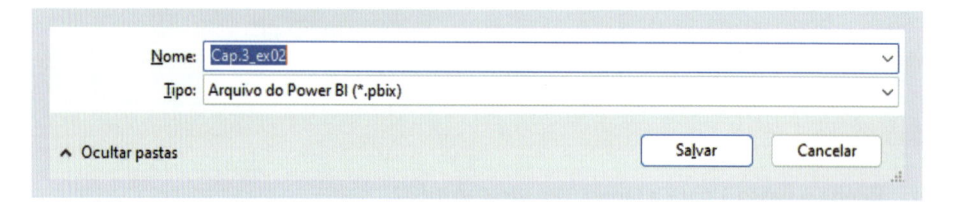

Importação e transformação de colunas em linhas

Conforme mencionado, as fontes de dados com as quais você se conectará podem ser de vários tipos. É provável que você encontre arquivos desenvolvidos pelo usuário que complementam as informações que você tem nos SGBD. Esses arquivos são geralmente criados para facilitar o entendimento do usuário, e não necessariamente para facilitar o processo de importação e tratamento no Power Query. Na verdade, o usuário pode nem ter considerado isso durante a criação do arquivo.

Às vezes, esses arquivos precisarão de um tipo diferente de tratamento para que os dados possam ser lidos corretamente e medidas possam ser criadas de maneira adequada. No próximo exercício, você passará por um processo em que a estrutura do arquivo será completamente transformada.

1. Comece importando o arquivo *megaPenta.xlsx*, que está na pasta \Curso Power BI\ Capítulo 3 – Importação e tratamento de dados no Power Query\Arquivos utilizados\ Atividade 3.

2. Marque a tabela *Tabela2*.

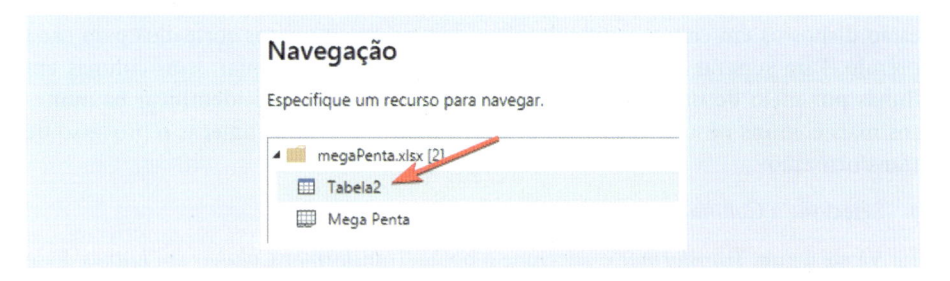

3. Clique em *Transformar dados* para que seja aberta a tela do Power Query.

Observe que existem quatorze colunas em sua tabela. Nem todas serão utilizadas para a análise, portanto será necessário excluir algumas. Recorra à barra de rolagem inferior para verificá-las.

O objetivo deste exercício é realizar uma análise dos números da Mega Penta, com valores e jogos fictícios. Para isso, é necessário manter as colunas da fonte de dados até a *Coluna6*. A partir dessa coluna, as demais poderão ser excluídas.

4. Para tanto, mantendo a tecla *Ctrl* pressionada, vá clicando em cada coluna, assim será possível marcar todas as colunas que serão removidas. Essa seleção também poderá ser feita por meio da tecla *shift* pressionada a partir da coluna *Ganhadores 1* e da tecla *End* do teclado.

5. Feito isso, clique com o botão direito do mouse no cabeçalho de qualquer coluna e selecione a opção *Remover Colunas*.

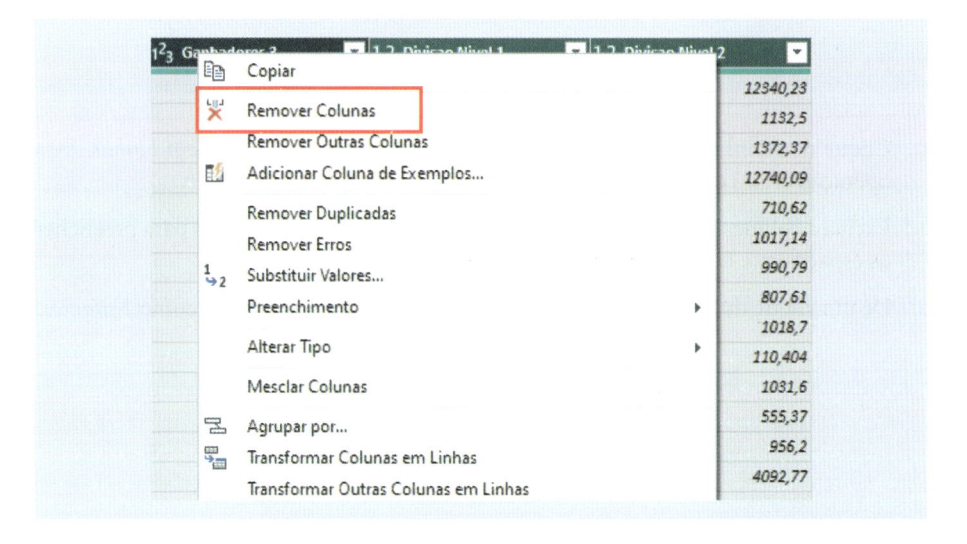

6. Renomeie a tabela para *Dados*, no campo *Propriedades*.

Observe que agora você tem uma tabela com as seguintes colunas: *Concurso*, *Data de sorteio* e colunas de 1 a 6, que representam os números sorteados em cada concurso. Uma vez que o objetivo é realizar uma análise dos números mais frequentes na Mega Penta, a estrutura atual do arquivo não favorece essa análise, já que os números estão dispostos em colunas, dificultando a leitura dos números sorteados para cada prêmio. Para superar esse obstáculo, será necessário transformar essas colunas em linhas por meio de um tratamento apropriado. Isso permitirá identificar os números mais comuns nos sorteios. Siga os passos indicados para começar o processo de transformação:

7. Selecione a *Coluna1* até a *Coluna6*.
8. Vá até a guia *Transformar* e selecione o botão *Transformar Colunas em Linhas*. Esse botão pode ter a aparência de duas tabelas, uma menor e outra maior, conforme a figura a seguir.

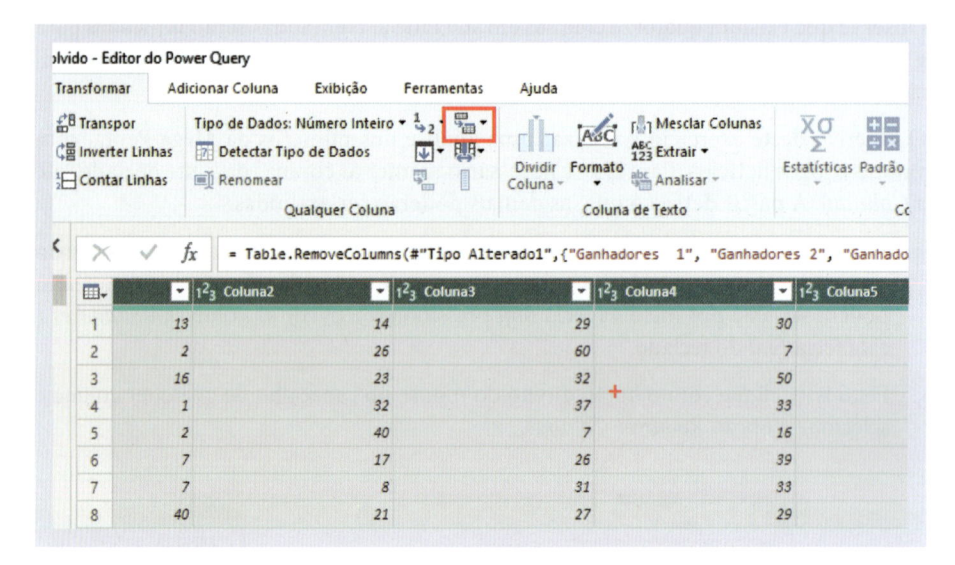

9. Clique na setinha ao lado e marque a opção *Transformar Colunas em Linhas*. Essa operação criará duas colunas, uma chamada *Atributo* e a outra *Valor*.
10. Exclua a coluna *Atributo*. Ela não nos será útil, pois foi criada apenas para preencher os espaços que ficariam em branco com a operação anterior.
11. Dê um clique duplo no cabeçalho da coluna *Valor* para renomeá-la como *Números*.

Sua tabela deverá ficar conforme a imagem a seguir.

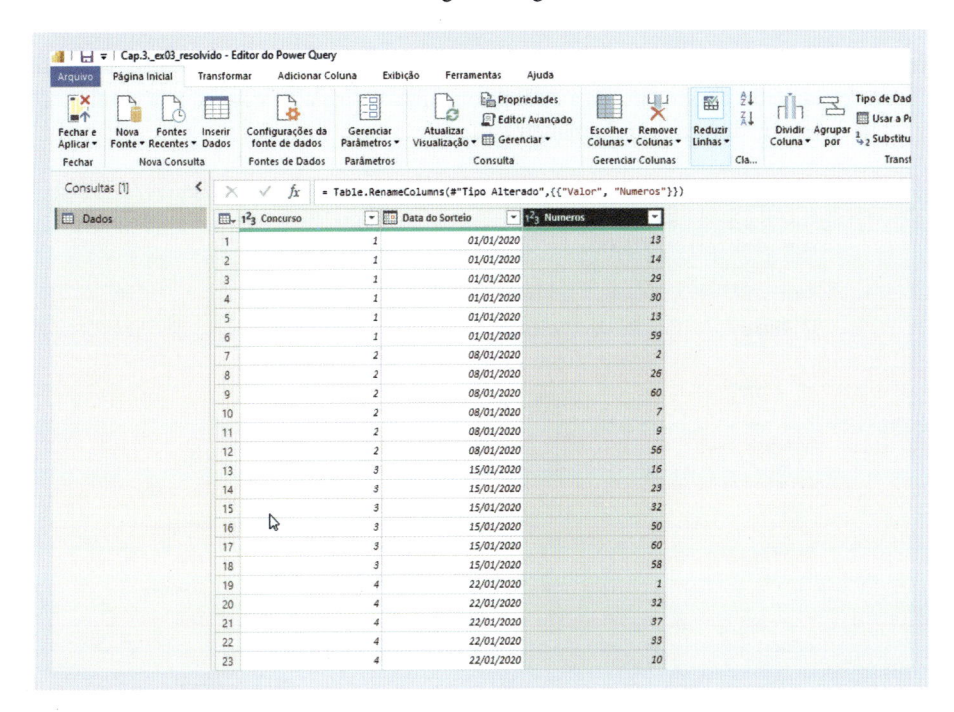

12. Pronto. Clique em *Fechar e Aplicar*, localizado na guia *Página Inicial*, a fim de que sejam feitas análises no Power BI.

Para saber qual é a frequência de sorteio de cada número por ano, realize os seguintes passos:

13. Insira um visual *Matriz*.

14. No campo *Linhas*, inclua o campo *Ano* da hierarquia de data criada pelo Power BI e o campo *Σ Números*.

15. No campo *Valores*, inclua novamente o campo *Σ Números*, mas agora você vai clicar na seta ao lado e solicitar que a operação realizada seja a contagem. Sua configuração da matriz deverá ficar da maneira a seguir.

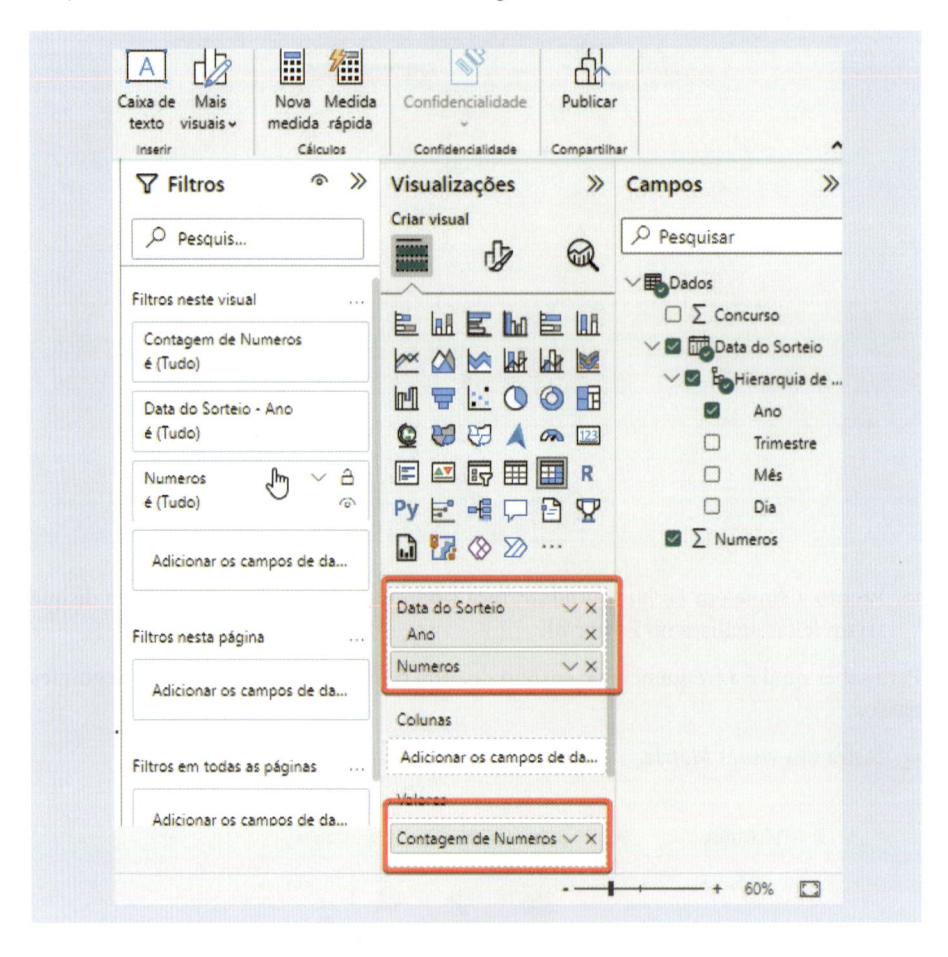

O resultado da análise será o seguinte:

Ano	Contagem de Numeros
⊞ 2020	474
⊞ 2021	420
⊟ 2022	408
33	23
8	22
15	16
60	15
10	14
56	12
59	12
1	11
38	11
7	10
13	10
30	10
55	10
3	9
5	9
17	9
Total	**1302**

16. Salve o arquivo com o nome *Cap.3_ex03.pbix* na pasta \Curso Power BI\Capítulo 3 – Importação e tratamento de dados no Power Query\Arquivos utilizados\Atividade 3.

CRIAÇÃO DA TABELA *CALENDARIO* NO POWER QUERY

Dentro do universo das análises, é comum a necessidade de utilizar comparações, afinidades e correlações de dados associados ao tempo. Isso é parte fundamental da estratégia de business intelligence. No entanto, para que seja possível realizar esse tipo de análise, é necessário ter uma tabela *Dimensão* de tempo, que contenha datas consecutivas. Essas datas nem sempre são encontradas na tabela *Fato*, já que a empresa pode não trabalhar nos finais de semana, por exemplo.

A tabela *Calendario* é comumente utilizada para resolver esse problema. Ela contém todas as datas dentro de um intervalo de tempo determinado, permitindo que as funções DAX de inteligência temporal funcionem corretamente. Existem várias maneiras de criar essa tabela, entre elas por meio da importação de arquivos CSV, do Power Query e das funções DAX.

No entanto, como a tabela *Calendario* pode ser muito extensa, é altamente recomendado que ela seja criada de maneira dinâmica, ou seja, sem ser importada de arquivos CSV ou criada de maneira estática, quando as datas são inseridas manualmente. A melhor maneira de fazer isso é usando ponteiros que vão se posicionar nas menores e maiores datas. Dessa forma, sempre que um registro for incluído na tabela *Fato*, a data correspondente será automaticamente adicionada à tabela *Calendario*.

Na sequência, vamos apresentar a criação dessa tabela com Power Query.

1. Abra o arquivo *Cap.3_ex01.pbix* (primeiro exercício deste capítulo) na pasta *\Curso Power BI\Capítulo 3 – Importação e tratamento de dados no Power Query\Arquivos utilizados\Atividade 1*.

2. Clique em *Obter dados* e na opção *Consulta em branco*.

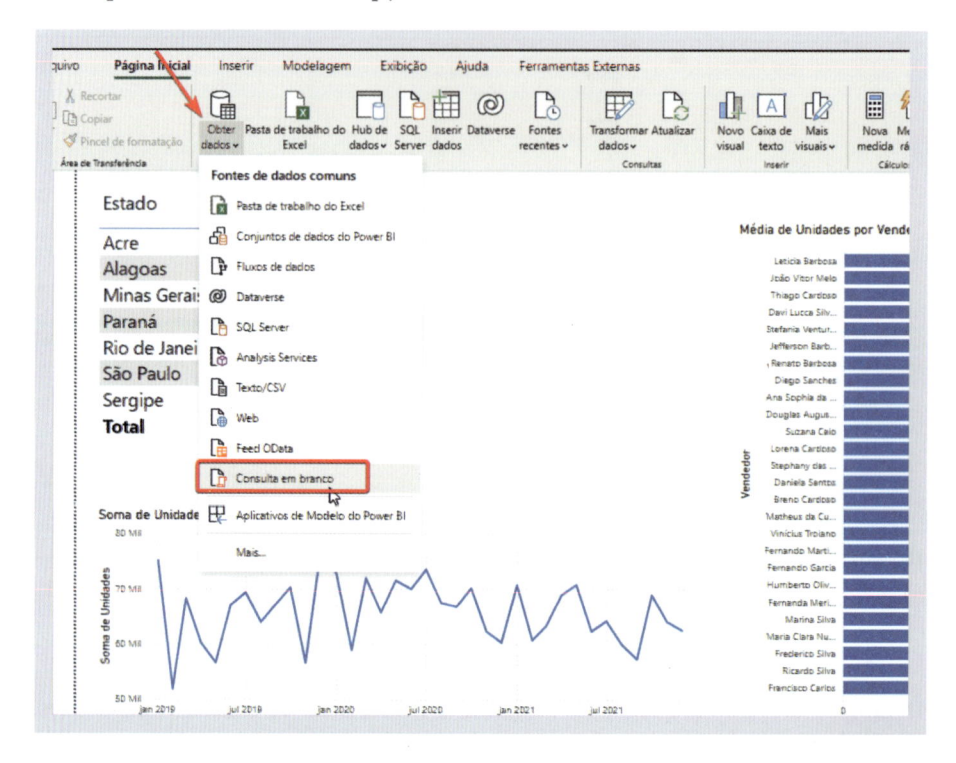

O Power BI apresentará do lado esquerdo uma consulta denominada *Consulta 1* e uma nova tela com um cursor piscante.

3. Na caixa, digite o seguinte comando: *=List.Dates* e pressione a tecla *Enter*.

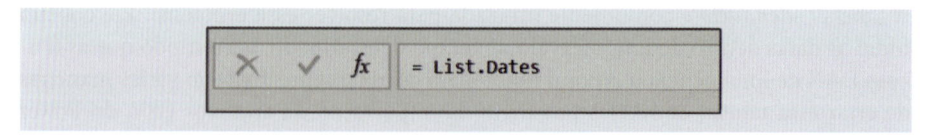

Esse comando permite abrir uma tela na qual você pode inserir estaticamente uma data, um valor de quantidade de registros e o incremento. Esse processo é útil para criar uma tabela *Calendario* estática, pois são definidas a data inicial e a quantidade de registros a partir dela.

Para transformar essa tabela em uma construção dinâmica, entretanto, precisaremos alterar esses valores.

4. Digite as informações conforme a figura a seguir.

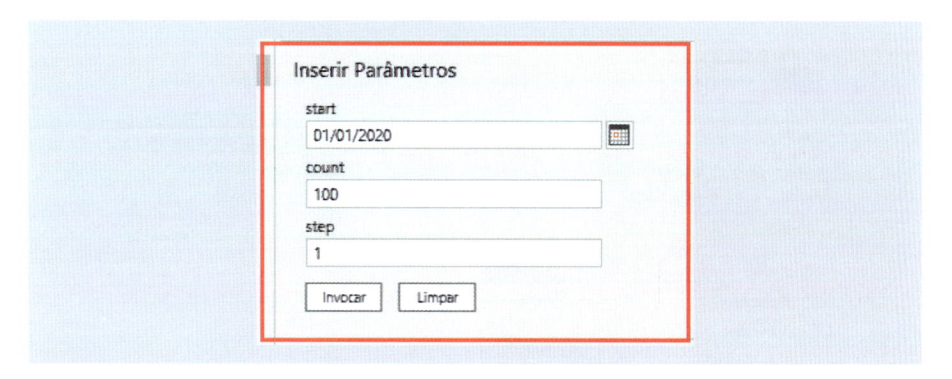

Inserir Parâmetros

start: 01/01/2020

count: 100

step: 1

5. Clique em *Invocar* para que seja criada a "lista de datas".

Será criada uma lista que começa com a data 01/01/2020 e finaliza com a data 09/04/2020, ou seja, há 100 registros de diferença entre elas.

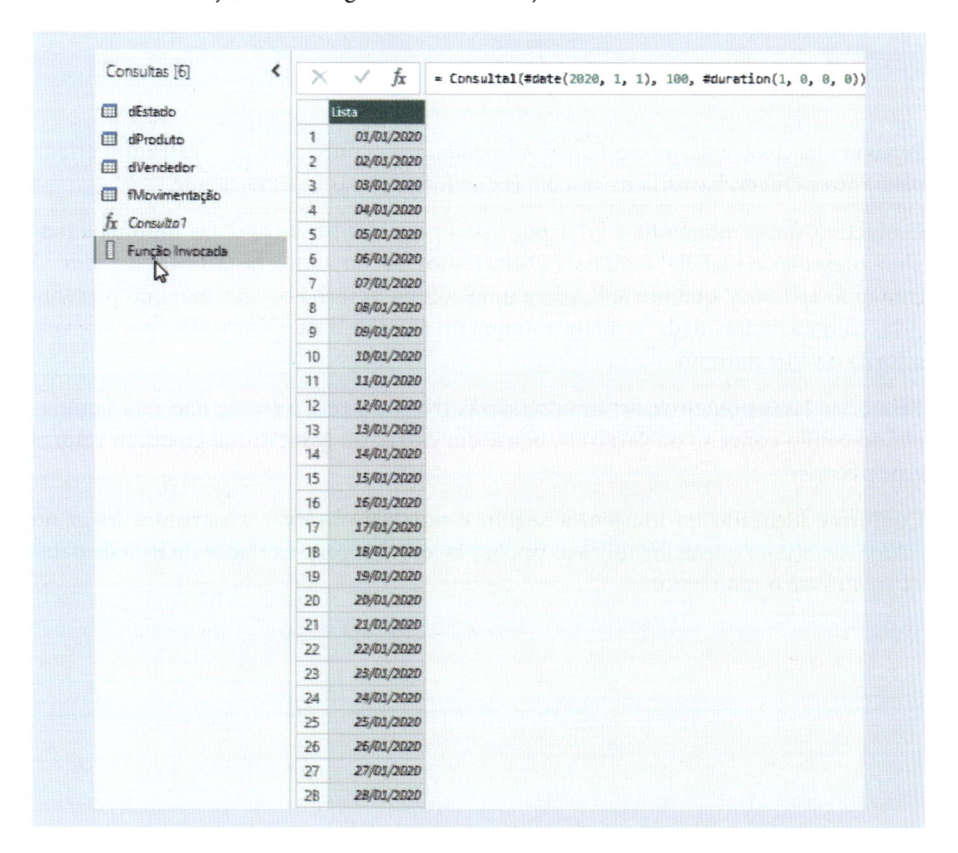

`= Consulta1(#date(2020, 1, 1), 100, #duration(1, 0, 0, 0))`

É possível alterar os valores e melhorar nossa tabela *Calendario* acessando o *Editor Avançado*, conforme a imagem a seguir.

6. No grupo *Consulta*, clique em *Editor Avançado*.

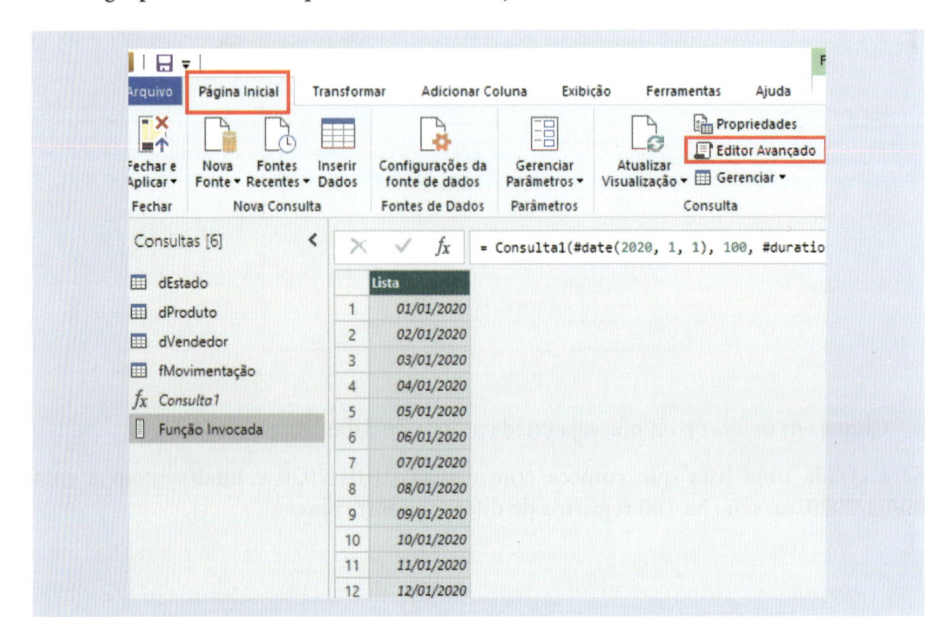

Perceba que, ao acessarmos o *Editor Avançado*, já encontramos uma estrutura criada pelo Power Query, baseada nas escolhas que foram feitas anteriormente.

O objetivo, neste momento, é criar ponteiros para identificar as datas mínima e máxima presentes na tabela. Para isso, utilizaremos os comandos *List.Max* e *List.Min*. O comando *List.Max*, quando aplicado a uma coluna, retorna o valor máximo presente nela, como a maior idade, o maior estoque ou a maior data. O *List.Min*, por sua vez, retorna o valor mínimo.

Para criar esses ponteiros, serão necessárias três variáveis. Se você não está familiarizado com o conceito de variáveis, pense em caixas ou gavetas que guardam valores específicos.

Conforme ilustrado na imagem a seguir, é possível observar a estrutura *let/in* no *Editor Avançado*, que exibe todas as opções escolhidas para a criação da lista de datas existentes até o momento.

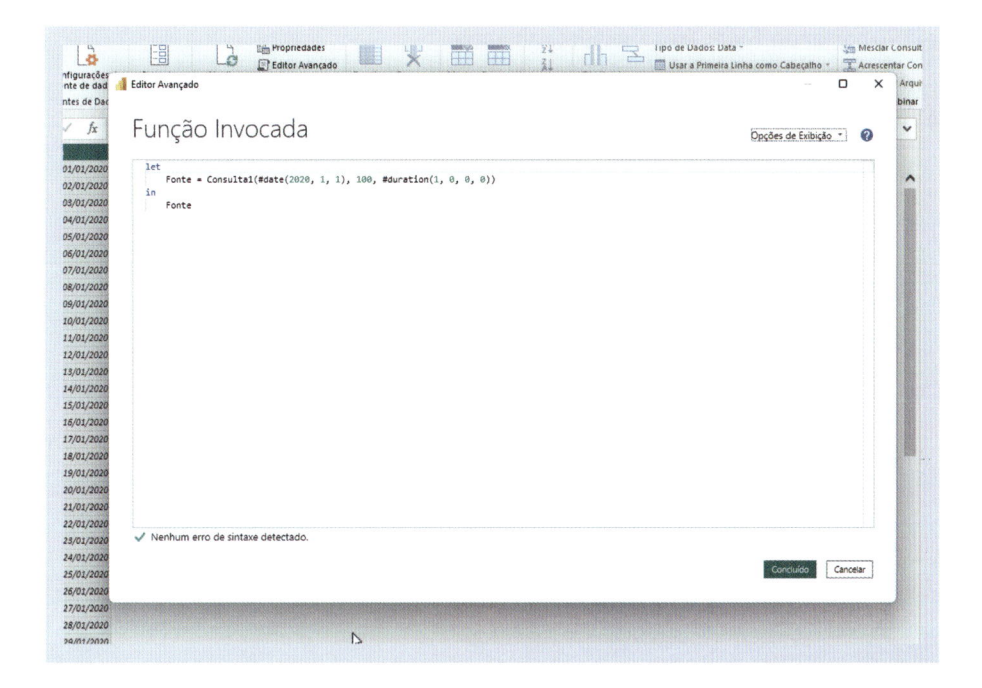

A fim de tornar a tabela *Calendario* dinâmica, é necessário substituir algumas dessas opções por comandos que criem ponteiros para a atualização automática. Para isso, crie uma linha abaixo da linha *let* e insira o comando indicado a seguir.

> **Observação:** Cada linha de comando deve ser separada por vírgulas ",", com exceção da última linha.

1. Digite *DataInicio = List.Min(fMovimentação[Data])* e pressione *Enter*.

   Com esse comando, estamos criando uma variável denominada *DataInicio*, que guardará o valor do comando *List.Min*. Na prática, ela guardará a menor data da tabela *fMovimentação*.

2. Digite *DataFim = List.Max(fMovimentação[Data])* e pressione *Enter*.

   Com esse comando, estamos criando uma variável *DataFim*, que guardará o valor do comando *List.Max*. Na prática, ela guardará a maior data da tabela *fMovimentação*.

3. Digite *QtdadeDias = Duration.Days(DataFim – DataInicio)+1* e pressione *Enter*.

   Essa linha de comando permitirá saber qual é o tamanho da tabela *Calendario* de maneira dinâmica, sendo necessário saber qual é a diferença de registros, isto é, datas entre elas.

4. No comando *Fonte*, faça a seguinte alteração:
   Fonte = List.Dates(DataInicio,QtdadeDias, #duration(1, 0, 0, 0)).

A função invocada deve ficar como mostrada a seguir.

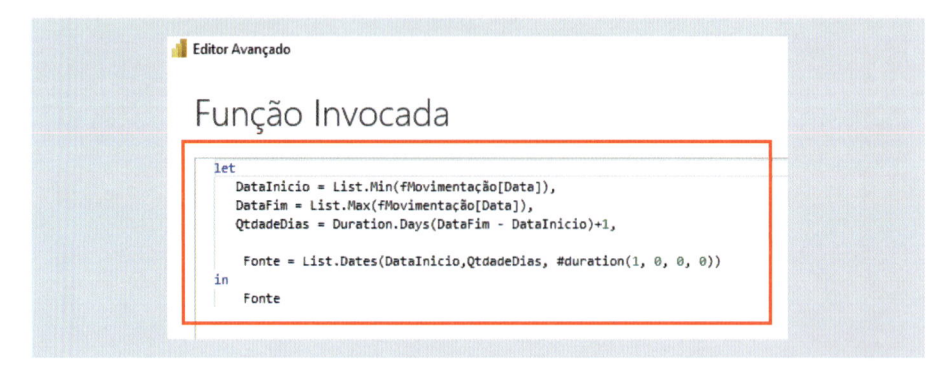

![Editor Avançado - Função Invocada]

```
let
    DataInicio = List.Min(fMovimentação[Data]),
    DataFim = List.Max(fMovimentação[Data]),
    QtdadeDias = Duration.Days(DataFim - DataInicio)+1,

    Fonte = List.Dates(DataInicio,QtdadeDias, #duration(1, 0, 0, 0))
in
    Fonte
```

Caso você tenha, por engano, digitado algum comando indevido ou outro erro na sintaxe, o Power BI exibirá abaixo do quadro:

⚠ Esperava-se o token ','.   Mostrar erro

5. Clique em *Concluído* para efetuar as alterações.

Para as funções de inteligência temporal, é necessário que somente essa coluna seja construída. Todavia, vamos criar outros slices[1] para que possamos ter filtros de tempo em nosso dashboard.

Para possibilitar a utilização dessa lista pelas funções de inteligência temporal, é preciso transformá-la em tabela. Para isso:

6. Observe que o Power BI apresenta uma nova guia chamada *Transformar*; clique na opção *Para a tabela*.

---

1 Elementos gráficos interativos que permitem aos usuários filtrar e segmentar os dados em um relatório de maneira rápida e fácil.

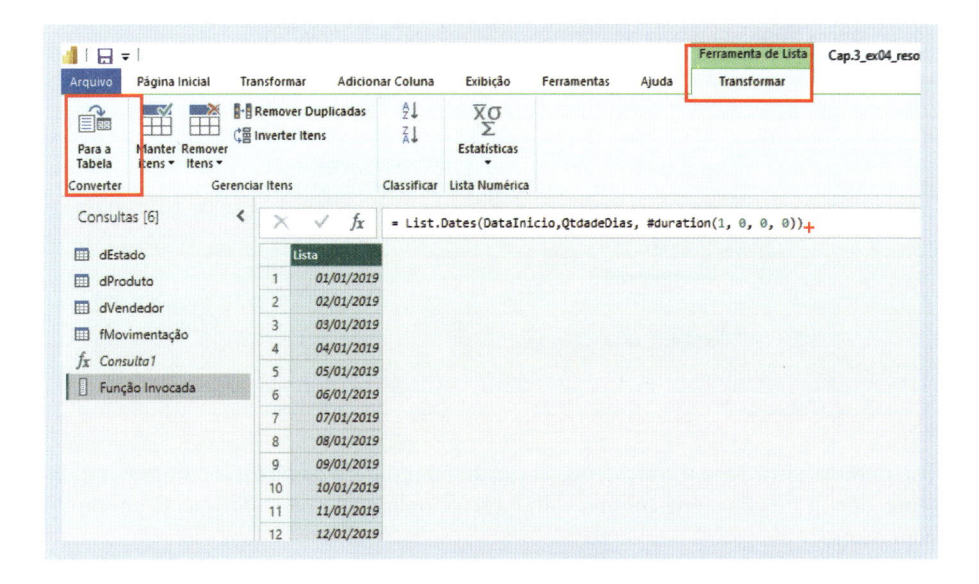

7. Na tela que aparece, é só clicar em *OK*.

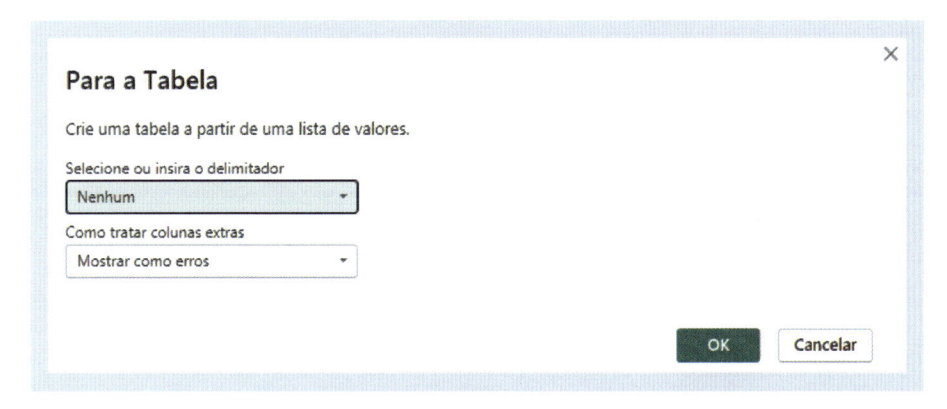

8. Dê um duplo clique no cabeçalho da coluna (*Column1*) para renomeá-la com o nome que desejar. No exemplo, foi definido o nome *DataBase*.

9. Clique no ícone *ABC123* ao lado e defina o tipo de dados para *Data*.

10. Troque o nome da tabela de *Função Invocada* para *dCalendario*.

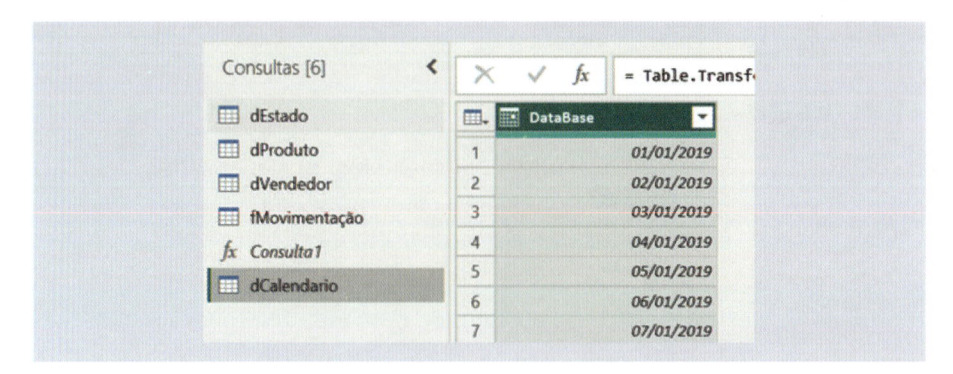

Partiremos agora para a criação dos slices de tempo para os filtros. Sempre é importante, depois de criar uma coluna, voltar a selecionar a coluna *DataBase*. Começando com o ano:

11. Selecione a coluna *DataBase*; na guia *Adicionar Coluna*, opção *Data*, selecione a opção *Ano* e clique em *Ano*.

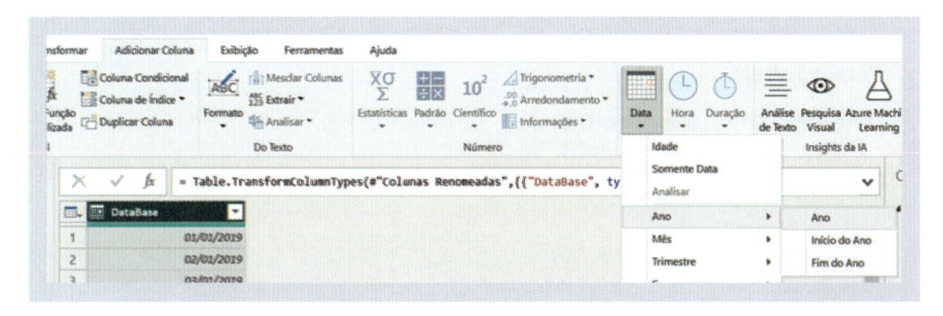

Observe que o Power BI adicionará uma nova coluna com o campo indicado.

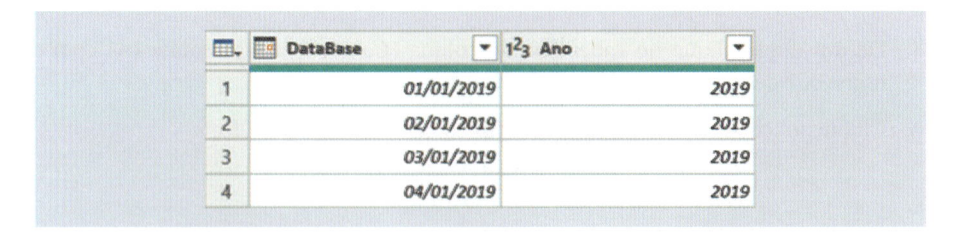

12. Selecione a coluna *DataBase*; na guia *Adicionar Coluna*, opção *Data*, selecione a opção *Mês* e clique em *Mês*.
13. Selecione a coluna *DataBase*; na guia *Adicionar Coluna*, opção *Data*, selecione a opção *Mês* e clique em *Nome do Mês*.

14. Para deixar a primeira letra do conteúdo da coluna em maiúscula, clique com o botão direito do mouse no cabeçalho *Nome do Mês* e depois, em *Transformar*, clique em *Colocar Cada Palavra em Maiúscula*.

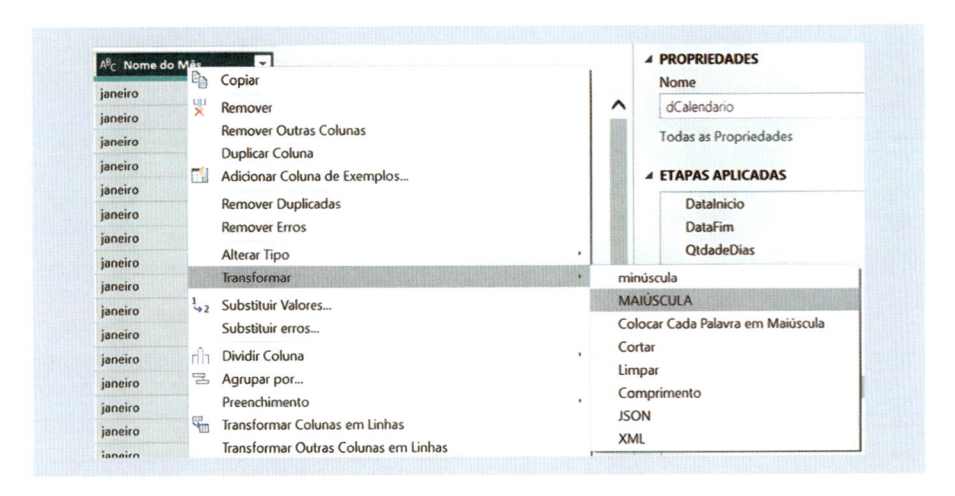

Apesar de dificilmente ser utilizada em algum filtro, essa coluna é importante para classificar o nome do referido mês em ordem alfabética.

15. Adicione novas colunas. Para isso, repita os procedimentos sempre partindo da coluna *DataBase*:

   a. Na opção *Data*, em *Trimestre*, clique em *Trimestre do Ano*.

   b. Na opção *Data*, em *Semana*, clique em *Semana do Ano*.

   c. Na opção *Data*, em *Dia*, clique em *Dia*.

   d. Na opção *Data*, em *Dia*, clique em *Nome do dia*.

   e. Transforme o conteúdo dessa coluna com *Colocar Cada Palavra em Maiúscula*.

> **Observação:** Caso ocorra um erro e por engano seja incluído um campo errado, para excluir basta clicar no X em etapas aplicadas no painel localizado à direita da tela.

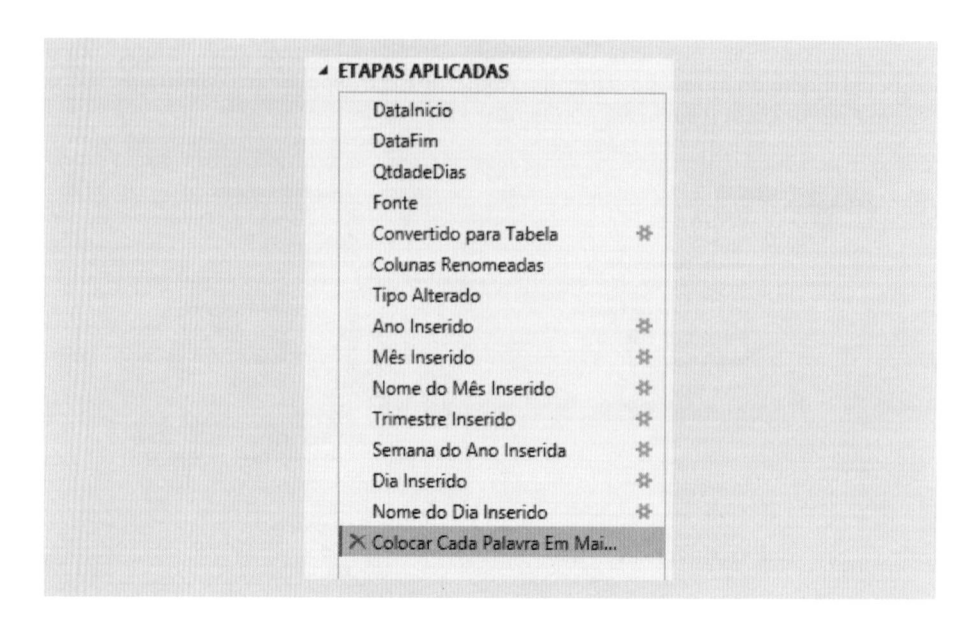

[Imagem: painel "ETAPAS APLICADAS" com as etapas: DataInicio, DataFim, QtdadeDias, Fonte, Convertido para Tabela, Colunas Renomeadas, Tipo Alterado, Ano Inserido, Mês Inserido, Nome do Mês Inserido, Trimestre Inserido, Semana do Ano Inserida, Dia Inserido, Nome do Dia Inserido, Colocar Cada Palavra Em Mai...]

Neste momento, criaremos algumas colunas concatenadas para que seja possível ter alguns filtros com resumos de tempo. O primeiro será relacionado com a questão de mês e ano.

> **Importante:** Quando se vai criar uma coluna por meio de colunas mescladas, a ordem da seleção das colunas tem influência. Ou seja, quando se seleciona primeiro a coluna *Mês* e depois a *Ano* é diferente de quando se seleciona a coluna *Ano* e depois a *Mês*.

16. Selecione a coluna *Nome do Mês* e depois, com o *Ctrl* pressionado, a coluna *Ano*. Na guia *Adicionar Coluna*, é possível observar a opção *Mesclar Colunas*. Clique nela.

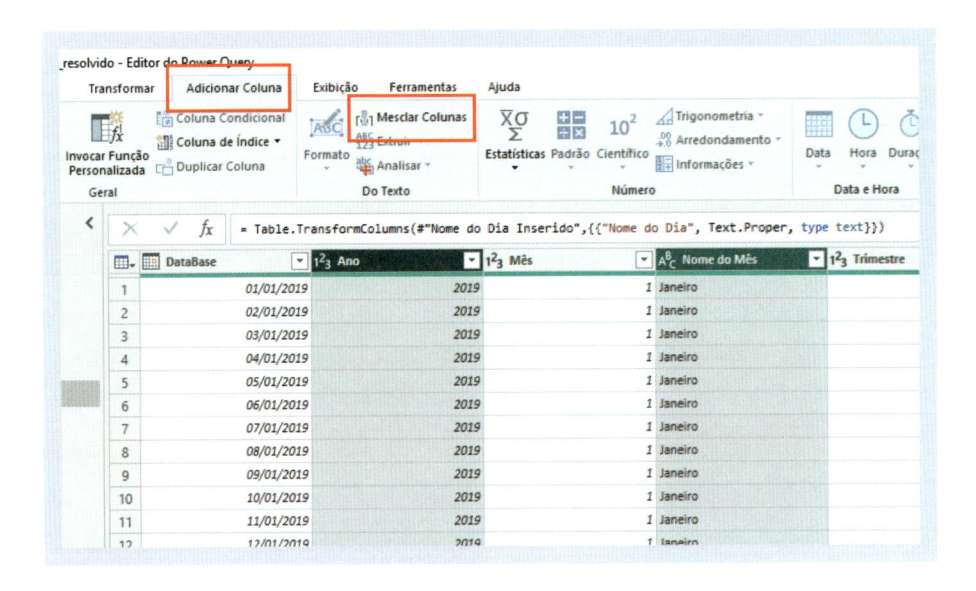

17. Na tela *Mesclar Colunas*, selecione a opção *Personalizado*.
18. Em *Separador*, digite barra inclinada à direita: "/".
19. Em *Novo nome da coluna*, digite *MêsAno*. Clique no botão *OK*.

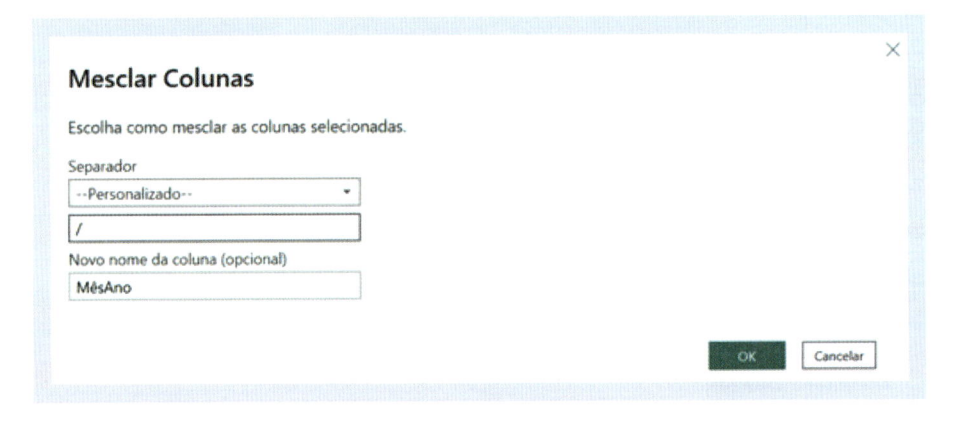

Sua coluna será criada ao final da tabela.

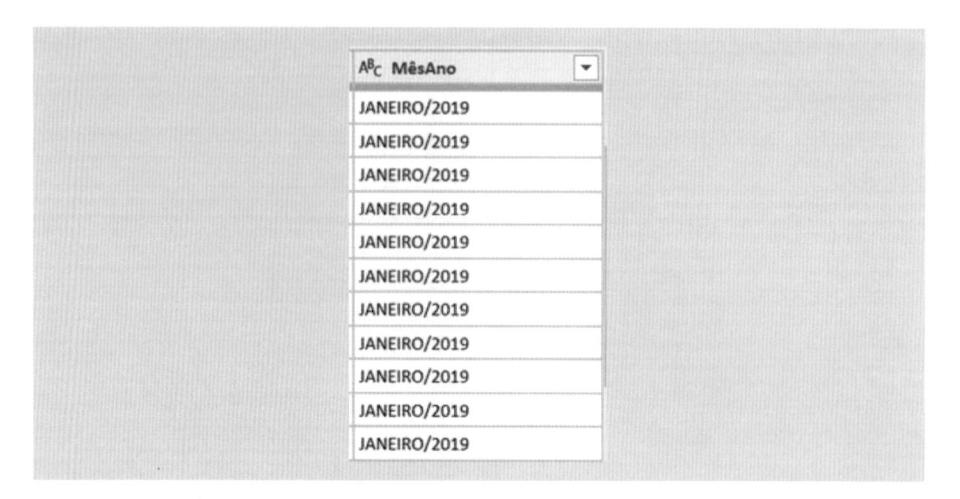

Vamos criar uma coluna também muito solicitada, que é a de trimestre e ano com a devida máscara, ou seja, com o símbolo que representa os números ordinais: "º".

20. Selecione agora as colunas na seguinte ordem: primeiro a coluna *Trimestre* e depois a coluna *Ano*.
21. Clique novamente em mesclar colunas. Na tela *Mesclar Colunas*, selecione mais uma vez a opção *Personalizado*.
22. No espaço em branco, pressione no teclado a tecla *Alt Gr* e a opção º.
23. Aperte a tecla de espaço e depois digite a palavra *Trim*.
24. Aperte a tecla de espaço e depois digite um hífen.
25. Pressione novamente a tecla de espaço.
26. Defina o nome da coluna como *TrimAno* e clique em *OK*.

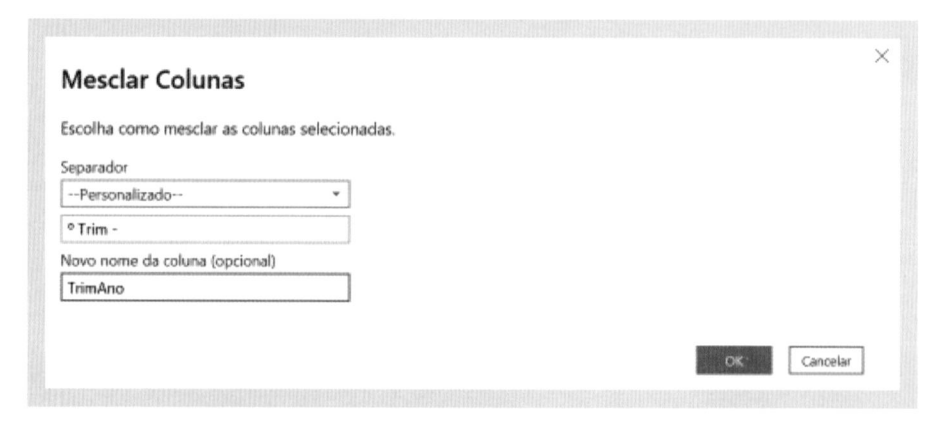

Suas colunas mescladas devem ficar desta maneira:

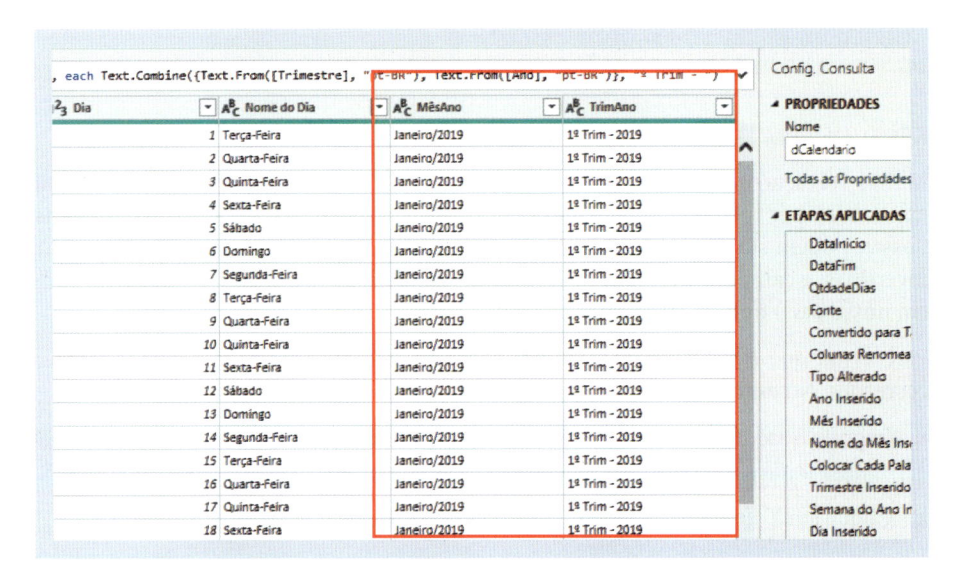

Dia	Nome do Dia	MêsAno	TrimAno
1	Terça-Feira	Janeiro/2019	1º Trim - 2019
2	Quarta-Feira	Janeiro/2019	1º Trim - 2019
3	Quinta-Feira	Janeiro/2019	1º Trim - 2019
4	Sexta-Feira	Janeiro/2019	1º Trim - 2019
5	Sábado	Janeiro/2019	1º Trim - 2019
6	Domingo	Janeiro/2019	1º Trim - 2019
7	Segunda-Feira	Janeiro/2019	1º Trim - 2019
8	Terça-Feira	Janeiro/2019	1º Trim - 2019
9	Quarta-Feira	Janeiro/2019	1º Trim - 2019
10	Quinta-Feira	Janeiro/2019	1º Trim - 2019
11	Sexta-Feira	Janeiro/2019	1º Trim - 2019
12	Sábado	Janeiro/2019	1º Trim - 2019
13	Domingo	Janeiro/2019	1º Trim - 2019
14	Segunda-Feira	Janeiro/2019	1º Trim - 2019
15	Terça-Feira	Janeiro/2019	1º Trim - 2019
16	Quarta-Feira	Janeiro/2019	1º Trim - 2019
17	Quinta-Feira	Janeiro/2019	1º Trim - 2019
18	Sexta-Feira	Janeiro/2019	1º Trim - 2019

Antes de finalizar, será mostrado como você poderá pegar o script gerado pelo Power Query e salvá-lo para outras utilizações. Com pequenas alterações no script, você poderá adaptá-lo a qualquer projeto.

27. Clique na guia *Página Inicial*.

28. Acesse *Editor Avançado*.

29. Selecione com o mouse todo o código gerado.

30. Abra o bloco de notas e copie o código para o arquivo.

31. Salve o arquivo na pasta do curso \Curso Power BI\Capítulo 3 – Importação e tratamento de dados no Power Query\Arquivos utilizados\Atividade 3 com o nome ScriptCalendario.txt.

> **Dica:** Em seu próximo projeto, será necessário repetir o passo de obter dados e a consulta em branco. No entanto, em vez de digitar o comando *List. Dates*, você vai acessar o *Editor Avançado* diretamente.
>
> Ao abrir o console, substitua todo o conteúdo pelo script salvo neste exercício. Para adaptá-lo a seu projeto, basta trocar a tabela e o campo nos comandos *List.Min* e *List.Max*. Depois de fazer essa alteração, clique em *Concluído*, e sua tabela será construída automaticamente.

32. Em nosso exercício, para finalizar, clique em *Fechar e Aplicar* para que possamos voltar ao Power BI.

33. Crie uma pasta chamada *Atividade 4* no seguinte caminho: \Curso Power BI\Capítulo 3 – Importação e tratamento de dados no Power Query\Arquivos utilizados.

34. Salve o arquivo com o nome *Cap.3_ex04.pbix* nessa pasta recém-criada.

MESCLAGEM, FORMATAÇÃO E CÁLCULO DE IDADE

Muitas vezes, ao conectar-se a arquivos como XLSX ou TXT importados de APIs ou exportados por meio de plataformas com configurações de localidade diferentes das nossas, podem surgir problemas em alguns campos. Por exemplo, datas podem estar invertidas, e campos que usam pontos como separadores de milhar (como é comum em nosso país) podem apresentar vírgulas.

Para evitar que essas discrepâncias prejudiquem nossos cálculos, é necessário fazer correções. No exemplo a seguir, apresentaremos alguns desafios desse tipo.

1. Importe o arquivo *Cadastro Clientes.xlsx* que está na pasta \Curso Power BI\Capítulo 3 – Importação e tratamento de Dados no Power Query\Arquivos utilizados\Atividade 5.

2. Clique em *Transformar Dados*.

Código Cliente	NOME	SOBRENOME	Sexo	Data de Nascimento
1	1 Olivia	Nogueira	F	1/4/1957
2	2 Natália	Gonçalves	F	7/16/1982
3	3 Murilo	Alves	M	3/15/1964
4	4 Pedro	Miguel Caldeira	M	6/19/1976
5	5 Paulo	Dias	M	4/10/1994
6	6 Fernanda	Nascimento	F	6/30/1969
7	7 Larissa	Araújo	F	1/20/1955

Há vários problemas evidentes em nossa fonte de dados. O primeiro é que o *NOME* e o *SOBRENOME* estão em colunas separadas, o que não atende a nossas demandas. Consequentemente, será necessário que os dois campos sejam mesclados em uma única coluna, conforme as instruções recebidas no projeto.

Outro problema observado é que o campo *Sexo* contém apenas a inicial *M* ou *F*, ao passo que precisamos da palavra completa, *Masculino* ou *Feminino*, para que a informação seja mais clara.

Por fim, em *Data de Nascimento* há um problema com o formato da data. Observando com mais atenção, percebemos que as datas estão alinhadas à esquerda, o que indica que elas são tratadas como texto, tornando impossível realizar qualquer tipo de análise temporal com elas, caso isso seja necessário.

3. Selecione os campos *NOME* e *SOBRENOME*, tendo atenção com a ordem em que são selecionados, isto é, primeiro *NOME* e depois *SOBRENOME*.

4. Na guia *Transformar*, clique na opção *Mesclar Colunas*.

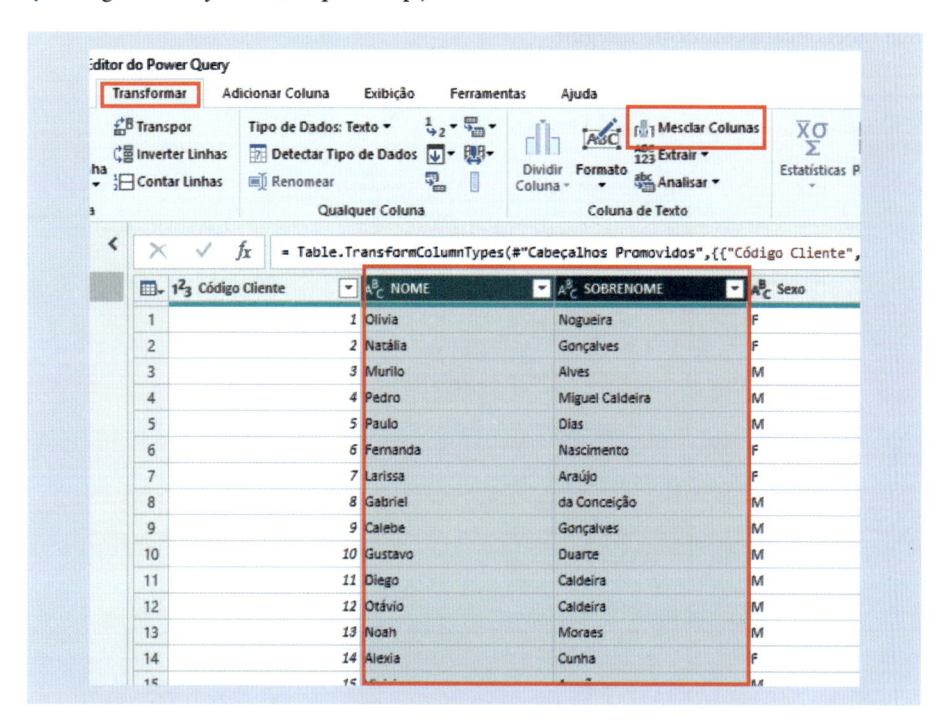

5. Na tela *Mesclar Colunas*, no campo *Separador*, escolha a opção *Espaço*.

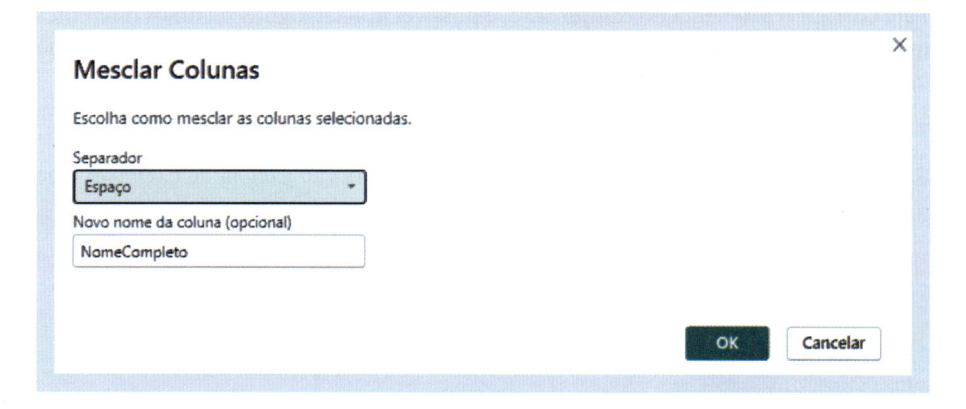

6. Defina o campo *Novo nome da coluna* como *NomeCompleto* e clique em *OK*. Sua tabela ficará conforme a seguir.

Código Cliente	NomeCompleto	Sexo	Data de Nascimento
1	Olivia Nogueira	F	1/4/1957
2	Natália Gonçalves	F	7/16/1982
3	Murilo Alves	M	3/15/1964
4	Pedro Miguel Caldeira	M	6/19/1976
5	Paulo Dias	M	4/10/1994
6	Fernanda Nascimento	F	6/30/1969
7	Larissa Araújo	F	1/20/1955
8	Gabriel da Conceição	M	2/1/1979
9	Calebe Gonçalves	M	5/16/1989
10	Gustavo Duarte	M	11/26/1996
11	Diego Caldeira	M	8/10/1985
12	Otávio Caldeira	M	6/11/1968
13	Noah Moraes	M	11/18/1955
14	Alexia Cunha	F	12/12/1954
15	Vinicius Aragão	M	4/13/1993
16	Breno Melo	M	11/1/1953
17	Maria Vitória	F	6/4/1950

Para corrigir o problema do campo *Sexo*, é possível utilizar alguns recursos diferentes que chegam ao mesmo objetivo. Entre eles, adicionar *Coluna Condicional* ou *Coluna de Exemplos*. Neste momento, vamos verificar a *Coluna de Exemplos*.

7. Selecione o campo *Sexo*.

8. Na guia *Adicionar Coluna*, clique na seta abaixo da opção *Coluna de Exemplos* e na opção *Da Seleção*.

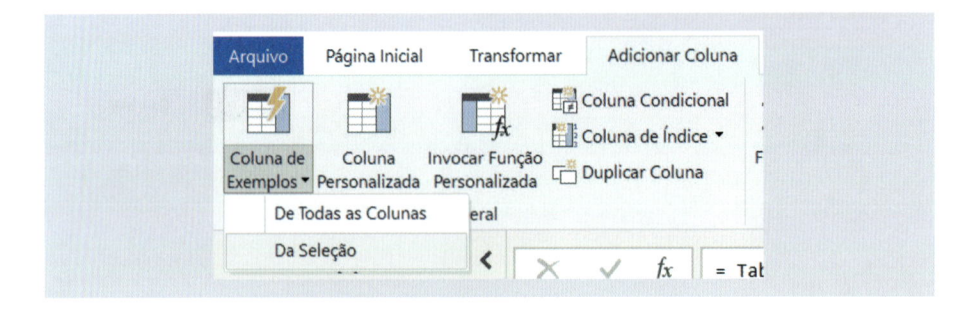

Na tela que se abre, é necessário que, para cada entrada, cada linha seja preenchida com *Masculino* ou *Feminino*, de acordo com o valor correspondente na coluna *Sexo*.

9. Dê um clique simples na primeira linha da coluna adicionada e digite *Feminino*, uma vez que o primeiro registro é *F*.

Note que, com o registro *Feminino*, o Power Query executou o comando de maneira correta; entretanto, com o registro *Masculino* não foi isso que aconteceu.

Sexo	Data de	Mesclado
F	1/4/1957	Feminino
F	7/16/1982	Feminino
M	3/15/1964	Meminino
M	6/19/1976	Meminino
M	4/10/1994	Meminino
F	6/30/1969	Feminino
F	1/20/1955	Feminino
M	2/1/1979	Meminino
M	5/16/1989	Meminino
M	11/26/1996	Meminino
M	8/10/1985	Meminino
M	6/11/1968	Meminino
M	11/18/1955	Meminino
F	12/12/1954	Feminino
M	4/13/1993	Meminino
M	11/1/1953	Meminino
F	6/4/1950	Feminino
F	5/23/1983	Feminino
F	3/10/1981	Feminino
F	12/1/1964	Feminino
M	3/23/2000	Meminino

10. Dê um clique simples no primeiro campo *Masculino* que não está escrito corretamente e digite o valor correto.

11. Após a correção, dê um clique duplo no cabeçalho da coluna e digite o valor *Gênero*.

Sexo	Data de	Gênero
F	1/4/1957	Feminino
F	7/16/1982	Feminino
M	3/15/1964	Masculino
M	6/19/1976	Masculino
M	4/10/1994	Masculino
F	6/30/1969	Feminino
F	1/20/1955	Feminino
M	2/1/1979	Masculino
M	5/16/1989	Masculino
M	11/26/1996	Masculino
M	8/10/1985	Masculino
M	6/11/1968	Masculino
M	11/18/1955	Masculino
F	12/12/1954	Feminino
M	4/13/1993	Masculino
M	11/1/1953	Masculino
F	6/4/1950	Feminino
F	5/23/1983	Feminino
F	3/10/1981	Feminino
F	12/1/1964	Feminino
M	3/23/2000	Masculino

12. Feito isso, clique em *OK*.

Para tratar o problema do campo *Data de Nascimento*, é importante usar a opção de localidade a fim de garantir que a data seja reconhecida corretamente pelo sistema. Se tentarmos alterar o tipo de data sem levar em conta a localidade, podem ocorrer vários erros, como a inversão da data, conforme a imagem a seguir.

A opção de localidade permite que o sistema reconheça automaticamente o formato correto da data, conforme as configurações do país ou da região em que estamos trabalhando. Dessa forma, podemos garantir que todas as datas sejam corrigidas de modo consistente, sem erros ou problemas de formatação.

13. Na coluna *Data de Nascimento*, clique no ícone no campo em que está escrito *ABC*.
14. Marque a opção *Usando a Localidade*.
15. Na tela *Alterar Tipo com Localidade*, em *Tipo de Dados*, selecione o tipo *Data*.
16. Na opção *Localidade*, selecione *Inglês (Estados Unidos)*.

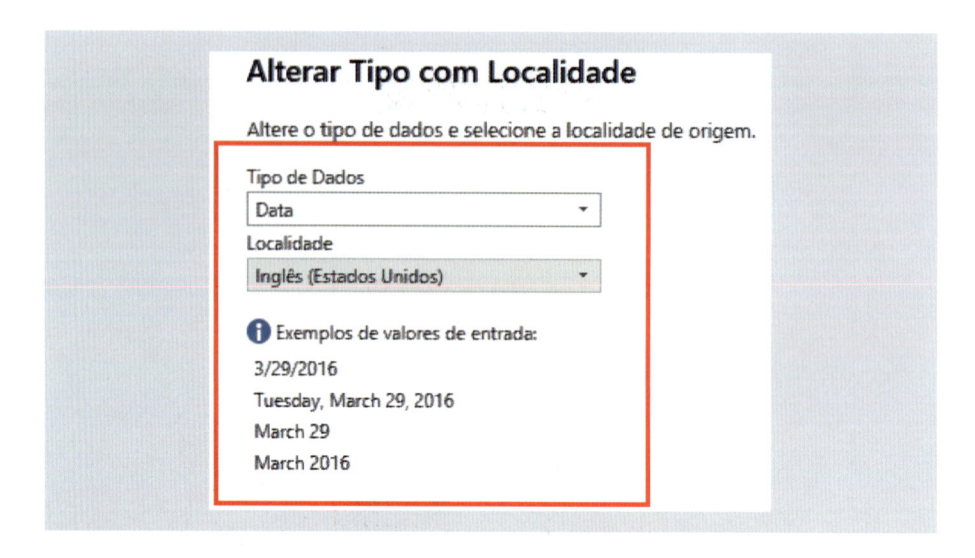

17. Feito isso, é só clicar em *OK*. Pronto. A correção da data está feita.

Para finalizarmos este exercício, vamos calcular a idade de cada cliente, considerando que temos o campo *Data de Nascimento* para isso.

18. Com a coluna *Data de Nascimento* selecionada, na guia *Adicionar Coluna*, na opção *Data*, clique em *Idade*.

O Power Query criou uma coluna chamada *Idade*, porém seus registros estão com duração apresentada em dias, horas, minutos e segundos. Esse não é o formato que queremos.

19. Na guia *Transformar*, no grupo *Coluna de Data e Hora*, clique na opção *Duração* e selecione a opção *Total de Anos*.

20. Para finalizarmos o tratamento, no grupo *Coluna de Número*, clique na opção *Arredondamento*, item *Arredondamento para Baixo*.

Sua tabela estará finalizada conforme a figura a seguir.

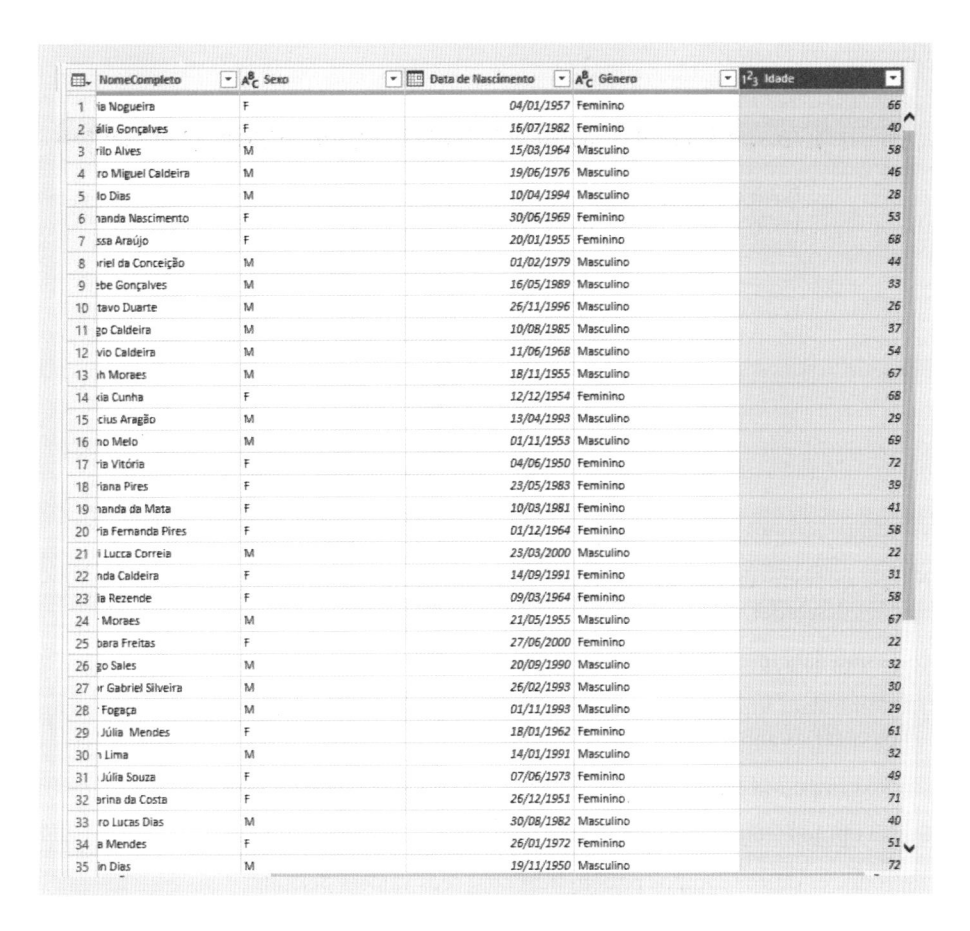

	NomeCompleto	Sexo	Data de Nascimento	Gênero	Idade
1	ia Nogueira	F	04/01/1957	Feminino	66
2	ália Gonçalves	F	16/07/1982	Feminino	40
3	rilo Alves	M	15/03/1964	Masculino	58
4	ro Miguel Caldeira	M	19/06/1976	Masculino	46
5	lo Dias	M	10/04/1994	Masculino	28
6	nanda Nascimento	F	30/06/1969	Feminino	53
7	ssa Araújo	F	20/01/1955	Feminino	68
8	riel da Conceição	M	01/02/1979	Masculino	44
9	ebe Gonçalves	M	16/05/1989	Masculino	33
10	tavo Duarte	M	26/11/1996	Masculino	26
11	go Caldeira	M	10/08/1985	Masculino	37
12	vio Caldeira	M	11/06/1968	Masculino	54
13	ih Moraes	M	18/11/1955	Masculino	67
14	xia Cunha	F	12/12/1954	Feminino	68
15	cius Aragão	M	13/04/1993	Masculino	29
16	no Melo	M	01/11/1953	Masculino	69
17	ria Vitória	F	04/06/1950	Feminino	72
18	iana Pires	F	23/05/1983	Feminino	39
19	nanda da Mata	F	10/03/1981	Feminino	41
20	ria Fernanda Pires	F	01/12/1964	Feminino	58
21	i Lucca Correia	M	23/03/2000	Masculino	22
22	nda Caldeira	F	14/09/1991	Feminino	31
23	ia Rezende	F	09/03/1964	Feminino	58
24	Moraes	M	21/05/1955	Masculino	67
25	bara Freitas	F	27/06/2000	Feminino	22
26	go Sales	M	20/09/1990	Masculino	32
27	ir Gabriel Silveira	M	26/02/1993	Masculino	30
28	Fogaça	M	01/11/1993	Masculino	29
29	Júlia Mendes	F	18/01/1962	Feminino	61
30	n Lima	M	14/01/1991	Masculino	32
31	Júlia Souza	F	07/06/1973	Feminino	49
32	arina da Costa	F	26/12/1951	Feminino	71
33	ro Lucas Dias	M	30/08/1982	Masculino	40
34	a Mendes	F	26/01/1972	Feminino	51
35	in Dias	M	19/11/1950	Masculino	72

21. Salve o arquivo com o nome *Cap.3_ex05.pbix* na pasta \Curso Power BI\Capítulo 3 – Importação e tratamento de dados no Power Query\Arquivos utilizados\Atividade 5.

Importação de dados de uma API

De maneira resumida, as interfaces de programação de aplicativos (APIs) têm como principal função fornecer dados para indivíduos e empresas que desejam utilizá-los em seus aplicativos internos. As extensões mais comuns para os dados retornados são JSON e XML. Existem dois tipos gerais de APIs: abertos e fechados. As APIs abertas podem ser acessadas por um link público, sem a necessidade de autenticação, o que permite ao Power BI acessá-las usando a opção *Importação de Web*. Já as APIs fechadas exigem um nome de usuário e uma senha para serem acessadas por um link, o que possibilita o uso direto do Power Query com a linguagem M.

1. Para começar esta atividade, digite o seguinte link:

    https://olinda.bcb.gov.br/olinda/servico/PTAX/versao/v1/aplicacao#!/recursos

Esta tela será aberta:

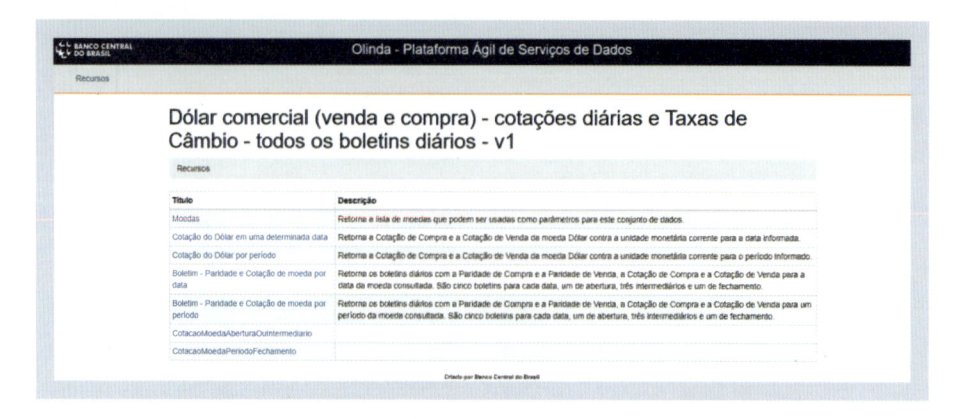

2. Clique na opção *Cotação do Dólar por período*.

Na tela que será aberta, alguns dados serão solicitados para criar o link com as informações desejadas.

3. Como data inicial, selecione ou digite *01/01/2023*.
4. Como data final, selecione ou digite *12/31/2030*. Dessa forma, teremos a cotação para vários anos.
5. No campo *Máximo*, coloque o valor *10000* (valor máximo de registros importados).
6. Na opção *Campos*, marque todas as opções.
7. Todos os outros campos podem ficar com seus valores default.
8. Clique no botão *Executar*.

Observe que a lista das cotações foi gerada logo a seguir.

```
Tabela    Pivot    JSON
{
    "@odata.context": "https://was-p.bcnet.bcb.gov.br/olinda/servico
    "value": [
        {
            "cotacaoCompra": 5.343,
            "cotacaoVenda": 5.3436,
            "dataHoraCotacao": "2023-01-02 13:05:57.593"
        },
        {
            "cotacaoCompra": 5.3753,
            "cotacaoVenda": 5.3759,
            "dataHoraCotacao": "2023-01-03 13:11:19.08"
        },
        {
            "cotacaoCompra": 5.4453,
            "cotacaoVenda": 5.4459,
            "dataHoraCotacao": "2023-01-04 13:09:19.572"
```

9. Clique no botão *JSON* e depois em *Copiar URL*.

Você precisará importar esses dados dentro de um projeto no Power BI. Para isso, siga estes passos:

10. Em *Obter dados*, selecione a opção *Web*.

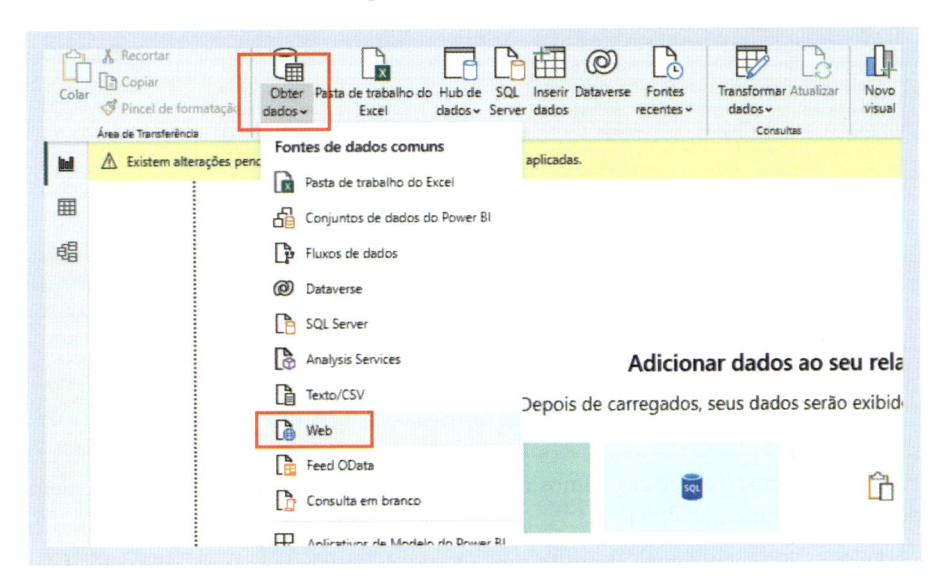

11. Na tela *Acessar conteúdo da Web*, cole a URL copiada do site e clique em *OK*.

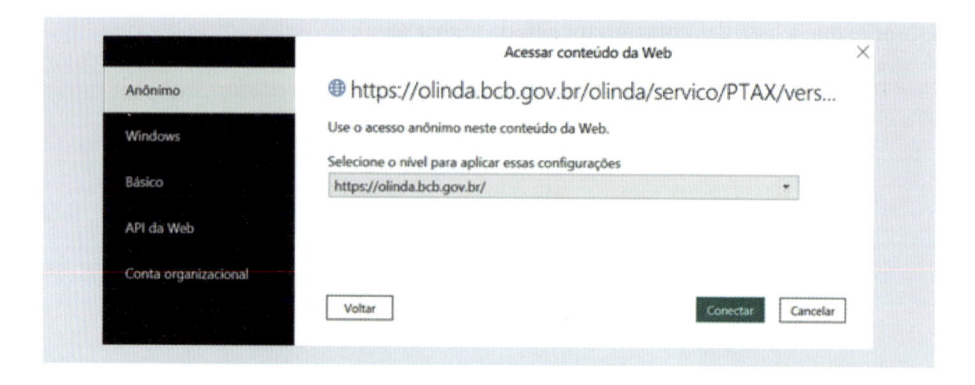

12. Deixe na opção *Anônimo* e clique em *Conectar*.

O retorno no Power Query será este:

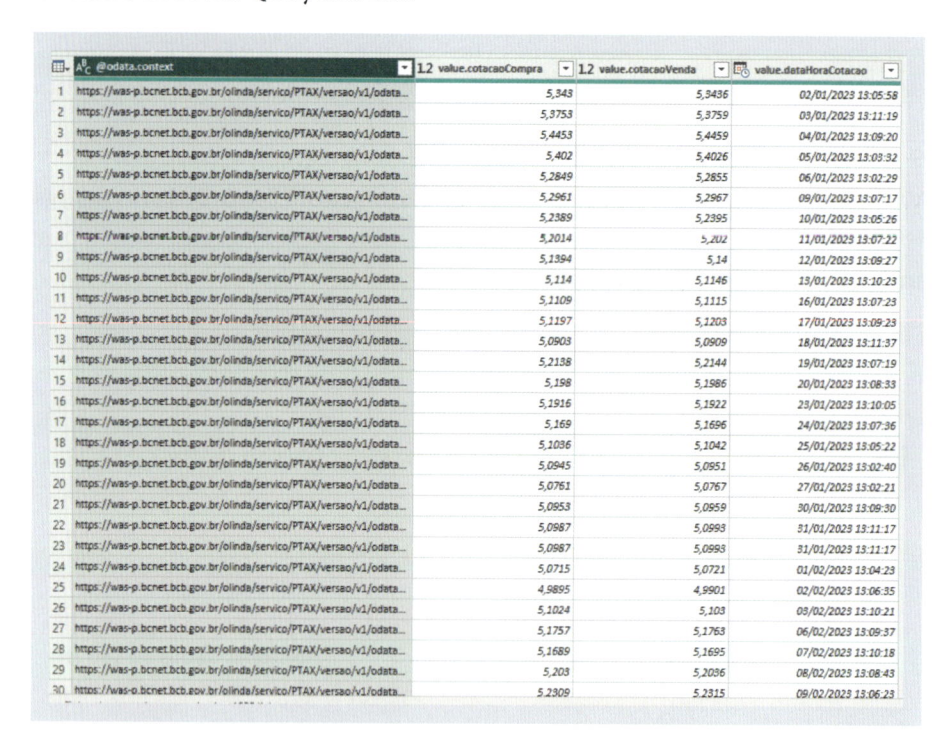

@odata.context	value.cotacaoCompra	value.cotacaoVenda	value.dataHoraCotacao
https://was-p.bcnet.bcb.gov.br/olinda/servico/PTAX/versao/v1/odata...	5,343	5,3436	02/01/2023 13:05:58
https://was-p.bcnet.bcb.gov.br/olinda/servico/PTAX/versao/v1/odata...	5,3753	5,3759	03/01/2023 13:11:19
https://was-p.bcnet.bcb.gov.br/olinda/servico/PTAX/versao/v1/odata...	5,4453	5,4459	04/01/2023 13:09:20
https://was-p.bcnet.bcb.gov.br/olinda/servico/PTAX/versao/v1/odata...	5,402	5,4026	05/01/2023 13:03:32
https://was-p.bcnet.bcb.gov.br/olinda/servico/PTAX/versao/v1/odata...	5,2849	5,2855	06/01/2023 13:02:29
https://was-p.bcnet.bcb.gov.br/olinda/servico/PTAX/versao/v1/odata...	5,2961	5,2967	09/01/2023 13:07:17
https://was-p.bcnet.bcb.gov.br/olinda/servico/PTAX/versao/v1/odata...	5,2389	5,2395	10/01/2023 13:05:26
https://was-p.bcnet.bcb.gov.br/olinda/servico/PTAX/versao/v1/odata...	5,2014	5,202	11/01/2023 13:07:22
https://was-p.bcnet.bcb.gov.br/olinda/servico/PTAX/versao/v1/odata...	5,1394	5,14	12/01/2023 13:09:27
https://was-p.bcnet.bcb.gov.br/olinda/servico/PTAX/versao/v1/odata...	5,114	5,1146	13/01/2023 13:10:23
https://was-p.bcnet.bcb.gov.br/olinda/servico/PTAX/versao/v1/odata...	5,1109	5,1115	16/01/2023 13:07:23
https://was-p.bcnet.bcb.gov.br/olinda/servico/PTAX/versao/v1/odata...	5,1197	5,1203	17/01/2023 13:09:23
https://was-p.bcnet.bcb.gov.br/olinda/servico/PTAX/versao/v1/odata...	5,0903	5,0909	18/01/2023 13:11:37
https://was-p.bcnet.bcb.gov.br/olinda/servico/PTAX/versao/v1/odata...	5,2138	5,2144	19/01/2023 13:07:19
https://was-p.bcnet.bcb.gov.br/olinda/servico/PTAX/versao/v1/odata...	5,198	5,1986	20/01/2023 13:08:33
https://was-p.bcnet.bcb.gov.br/olinda/servico/PTAX/versao/v1/odata...	5,1916	5,1922	23/01/2023 13:10:05
https://was-p.bcnet.bcb.gov.br/olinda/servico/PTAX/versao/v1/odata...	5,169	5,1696	24/01/2023 13:07:36
https://was-p.bcnet.bcb.gov.br/olinda/servico/PTAX/versao/v1/odata...	5,1036	5,1042	25/01/2023 13:05:22
https://was-p.bcnet.bcb.gov.br/olinda/servico/PTAX/versao/v1/odata...	5,0945	5,0951	26/01/2023 13:02:40
https://was-p.bcnet.bcb.gov.br/olinda/servico/PTAX/versao/v1/odata...	5,0761	5,0767	27/01/2023 13:02:21
https://was-p.bcnet.bcb.gov.br/olinda/servico/PTAX/versao/v1/odata...	5,0953	5,0959	30/01/2023 13:09:30
https://was-p.bcnet.bcb.gov.br/olinda/servico/PTAX/versao/v1/odata...	5,0987	5,0993	31/01/2023 13:11:17
https://was-p.bcnet.bcb.gov.br/olinda/servico/PTAX/versao/v1/odata...	5,0987	5,0993	31/01/2023 13:11:17
https://was-p.bcnet.bcb.gov.br/olinda/servico/PTAX/versao/v1/odata...	5,0715	5,0721	01/02/2023 13:04:23
https://was-p.bcnet.bcb.gov.br/olinda/servico/PTAX/versao/v1/odata...	4,9895	4,9901	02/02/2023 13:06:35
https://was-p.bcnet.bcb.gov.br/olinda/servico/PTAX/versao/v1/odata...	5,1024	5,103	03/02/2023 13:10:21
https://was-p.bcnet.bcb.gov.br/olinda/servico/PTAX/versao/v1/odata...	5,1757	5,1763	06/02/2023 13:09:37
https://was-p.bcnet.bcb.gov.br/olinda/servico/PTAX/versao/v1/odata...	5,1689	5,1695	07/02/2023 13:10:18
https://was-p.bcnet.bcb.gov.br/olinda/servico/PTAX/versao/v1/odata...	5,203	5,2036	08/02/2023 13:08:43
https://was-p.bcnet.bcb.gov.br/olinda/servico/PTAX/versao/v1/odata...	5,2309	5,2315	09/02/2023 13:06:23

Para finalizarmos o exercício, vamos renomear os campos e a tabela importada, além de excluir a primeira coluna.

13. Exclua a primeira coluna clicando com o botão direito do mouse no cabeçalho dela, e então na opção *Remover*.

14. Dando um duplo clique em cada uma das colunas restantes, troque os nomes para: *cotacaoCompra*, *cotacaoVenda* e *dataCotacao*.

15. Altere o tipo de dado na coluna *dataCotacao* para *Data*. Afinal, não será necessário para o projeto e para a informação da hora.

16. Renomeie a tabela como *dCotacao*.

1.2 cotacaoCompra	1.2 cotacaoVenda	dataCotacao
5,343	5,3436	02/01/2023
5,3753	5,3759	03/01/2023
5,4453	5,4459	04/01/2023
5,402	5,4026	05/01/2023
5,2849	5,2855	06/01/2023
5,2961	5,2967	09/01/2023
5,2389	5,2395	10/01/2023
5,2014	5,202	11/01/2023
5,1394	5,14	12/01/2023
5,114	5,1146	13/01/2023
5,1109	5,1115	16/01/2023
5,1197	5,1203	17/01/2023
5,0903	5,0909	18/01/2023
5,2138	5,2144	19/01/2023
5,198	5,1986	20/01/2023
5,1916	5,1922	23/01/2023
5,169	5,1696	24/01/2023
5,1036	5,1042	25/01/2023
5,0945	5,0951	26/01/2023
5,0761	5,0767	27/01/2023
5,0953	5,0959	30/01/2023
5,0987	5,0993	31/01/2023
5,0987	5,0993	31/01/2023
5,0715	5,0721	01/02/2023

17. Para finalizar o tratamento no Power Query, clique em *Fechar e Aplicar* na guia *Página Inicial*.

Já é possível observarmos as cotações do dólar sem criarmos qualquer medida. Para isso, realize os seguintes passos:

18. Inclua no projeto o visual *Matriz*.

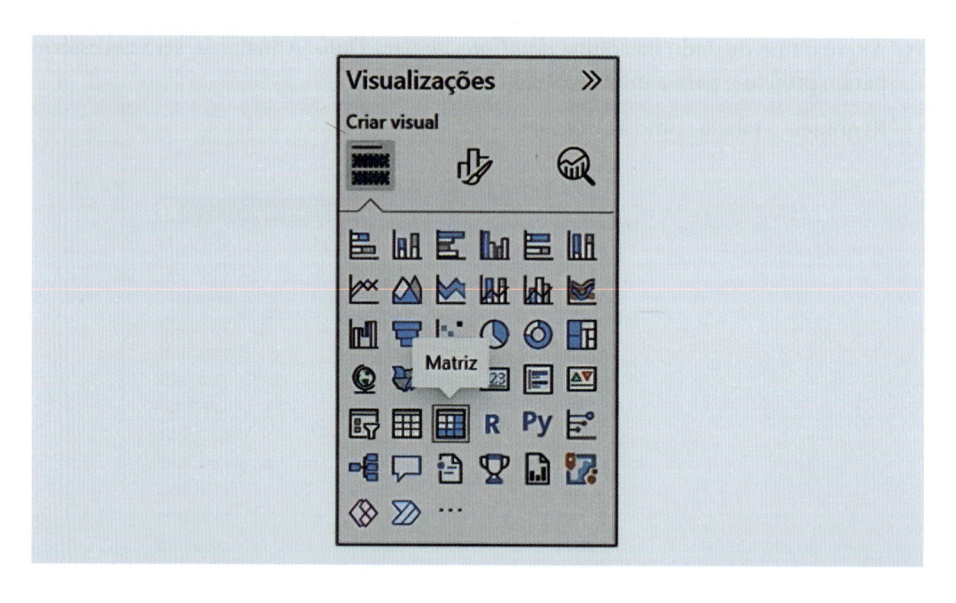

19. No campo *Linhas*, inclua o campo *dataCotacao* para que ele funcione como filtro.
20. No campo *Valores*, inclua *cotacaoCompra* (nesse caso, poderá ser o campo *cotacao-Venda* também).

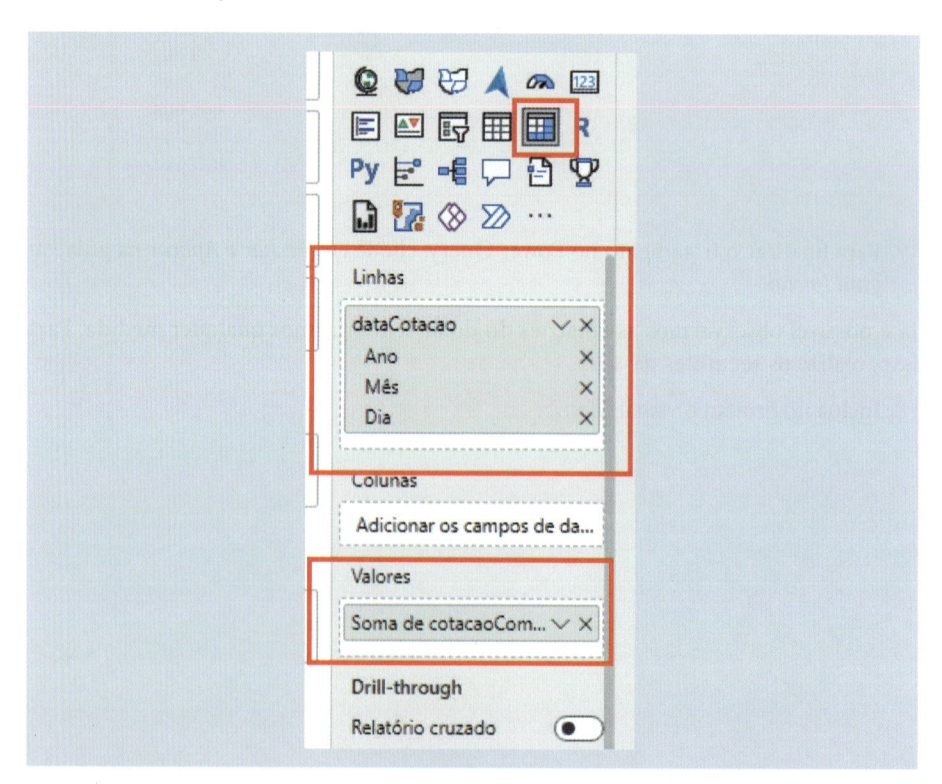

21. Expanda os valores em sua matriz clicando no símbolo +. Você deverá ter esta visualização:

Ano	Soma de cotacaoComp
⊟ 2023	191,87
⊟ janeiro	119,50
2	5,34
3	5,38
4	5,45
5	5,40
6	5,28
9	5,30
10	5,24
11	5,20
12	5,14
13	5,11
16	5,11
17	5,12
18	5,09
19	5,21
20	5,20
23	5,19
24	5,17
25	5,10
26	5,09
27	5,08
30	5,10
31	10,20
⊟ fevereiro	72,37
1	5,07
2	4,99
3	5,10
6	5,18

22. Salve o arquivo com o nome *Cap.3_ex06.pbix* na pasta \Curso Power BI\Capítulo 3 – Importação e tratamento de dados no Power Query\Arquivos utilizados\Atividade 6.

> **Observação:** Note que conseguimos apresentar as cotações por dia. Para ter a última cotação, será necessário inserir uma medida utilizando a função DAX – esse tópico será abordado no próximo capítulo.

Importação de dados de um arquivo CSV

O formato CSV é um tipo de arquivo de texto essencial para transferir informações entre diferentes aplicativos. Ele é amplamente utilizado como formato de exportação de softwares ERP, a fim de ser importado no Microsoft Excel. Sua popularidade se deve principalmente à simplicidade e à falta de recursos de formatação. Isso permite que os dados sejam transferidos com agilidade, facilitando a automatização do processo de importação e a apresentação de KPIs[2] em reuniões.

1. Importe o arquivo *Cadastro_Cursos.csv*, que está na pasta \Curso Power BI\Capítulo 3 – *Importação e tratamento de dados no Power Query\Arquivos utilizados\Atividade 7.*

2. Clique no botão *Transformar Dados*, para que a tabela seja carregada no Power Query.

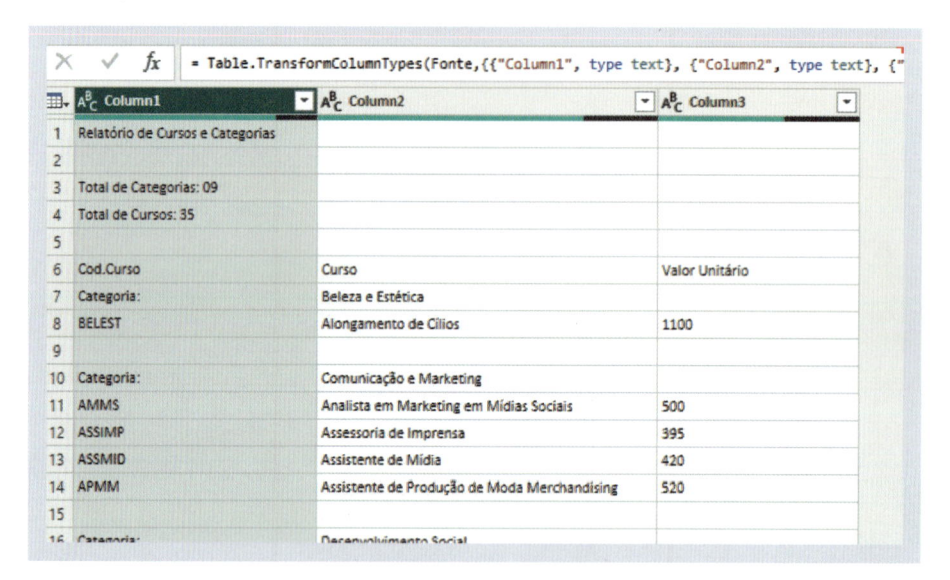

#	Column1	Column2	Column3
1	Relatório de Cursos e Categorias		
2			
3	Total de Categorias: 09		
4	Total de Cursos: 35		
5			
6	Cod.Curso	Curso	Valor Unitário
7	Categoria:	Beleza e Estética	
8	BELEST	Alongamento de Cílios	1100
9			
10	Categoria:	Comunicação e Marketing	
11	AMMS	Analista em Marketing em Mídias Sociais	500
12	ASSIMP	Assessoria de Imprensa	395
13	ASSMID	Assistente de Mídia	420
14	APMM	Assistente de Produção de Moda Merchandising	520
15			
16	Categoria:	Desenvolvimento Social	

Será preciso realizar algumas modificações nessa tabela: eliminar determinadas linhas no início dela e corrigir o cabeçalho que está na linha 6.

---

2 Ver https://www.totvs.com/blog/negocios/o-que-e-kpi/.

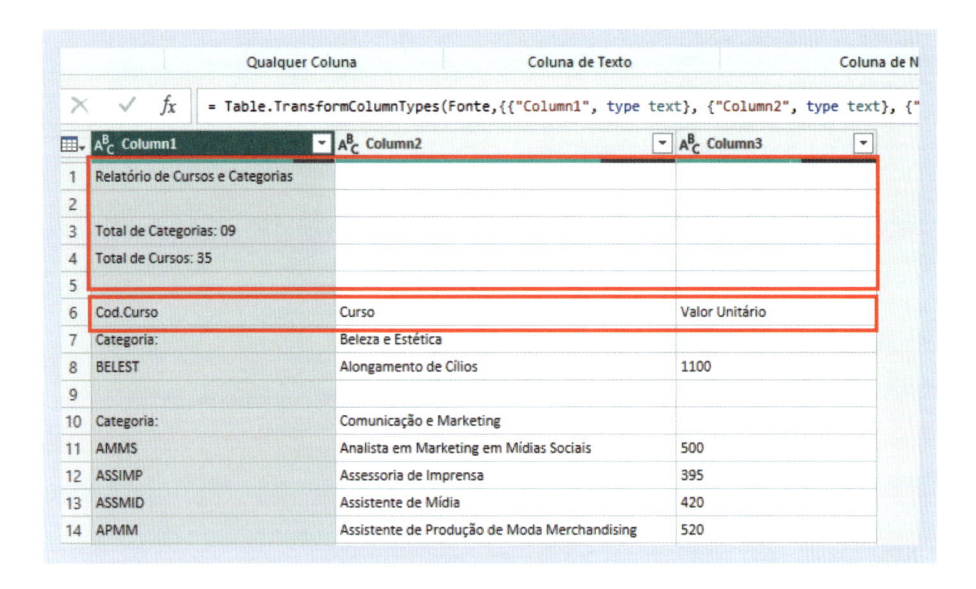

3. Para remover as linhas desnecessárias posicionadas na parte superior da base, vá até a guia *Página Inicial*. Na seta inferior do comando *Reduzir Linhas*, selecione a seta inferior do comando *Remover Linhas*, então clique em *Remover Linhas Superiores*.

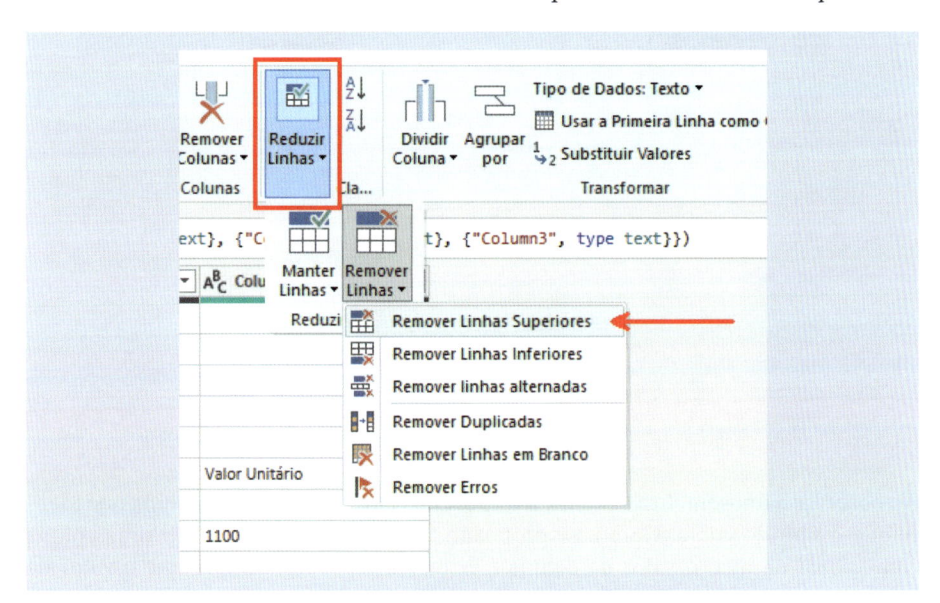

Na tela *Remover Linhas Superiores*, digite 5 e, em seguida, clique no botão *OK*.

4. Clique no ícone no lado esquerdo do nome *Column1* e escolha a opção *Usar a Primeira Linha como Cabeçalho*.

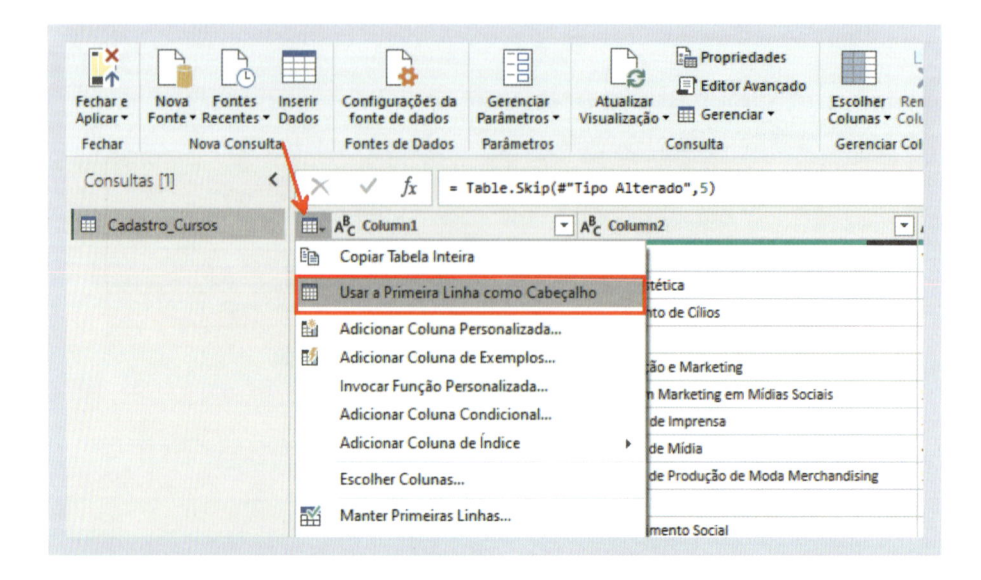

Sua tabela será apresentada da seguinte forma:

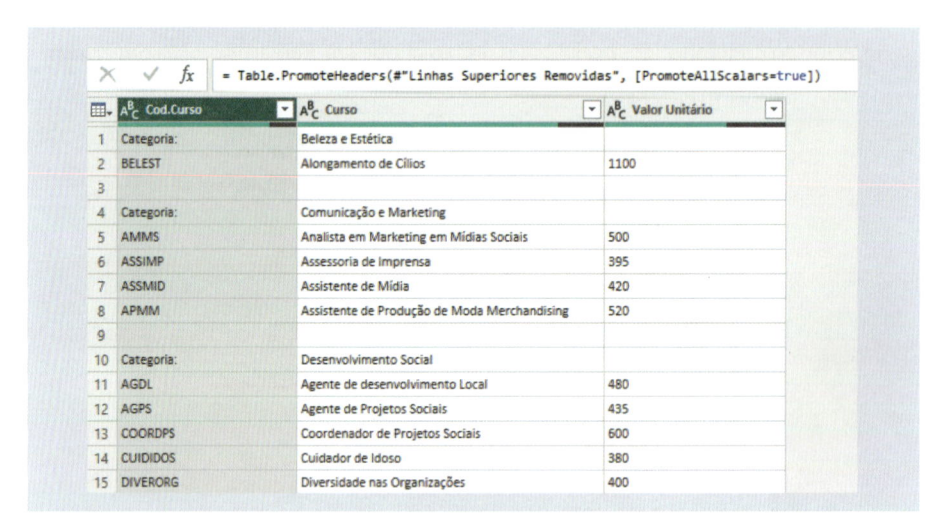

Ao observar a imagem, fica evidente a importância de criarmos uma coluna que identifique o tipo do curso. Com esse propósito, será necessário adicionar uma coluna condicional na qual o valor da coluna *Curso* será replicado sempre que o valor da coluna *Cod.Curso* for igual a *Categoria:*.

5. Na guia *Adicionar Coluna*, clique em *Coluna Condicional*.
6. Na tela *Adicionar Coluna Condicional*, em *Nome da nova coluna*, digite *Categoria*.
7. Em *Nome da Coluna*, selecione o *Cod.Curso*.

8. Em *Valor*, digite *Categoria:*.
9. Na opção *Saída*, modifique o ícone com a opção *Selecionar uma coluna*.
10. Na seta ao lado, selecione o campo *Curso*.
11. Clique em *OK*.

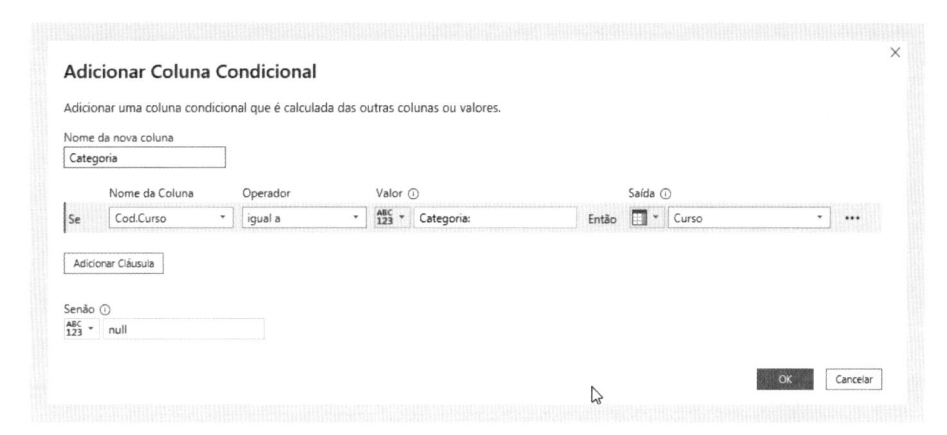

O seguinte resultado será exibido:

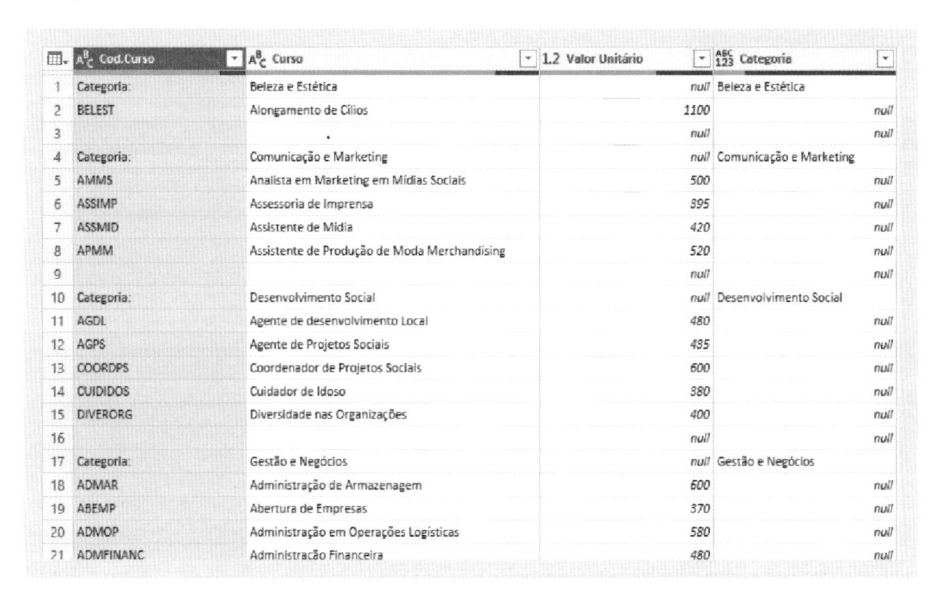

A coluna foi criada com sucesso. No entanto, é imprescindível prosseguir com o tratamento, visto que há diversas células com conteúdo *null* na coluna recém-criada. Ao analisar a situação, fica evidente que os nomes das categorias de cada curso devem ser replicados para as demais células.

12. Com a coluna *Categoria* selecionada, na guia *Transformar*, no comando *Preenchimento*, clique na opção *Para Baixo*.

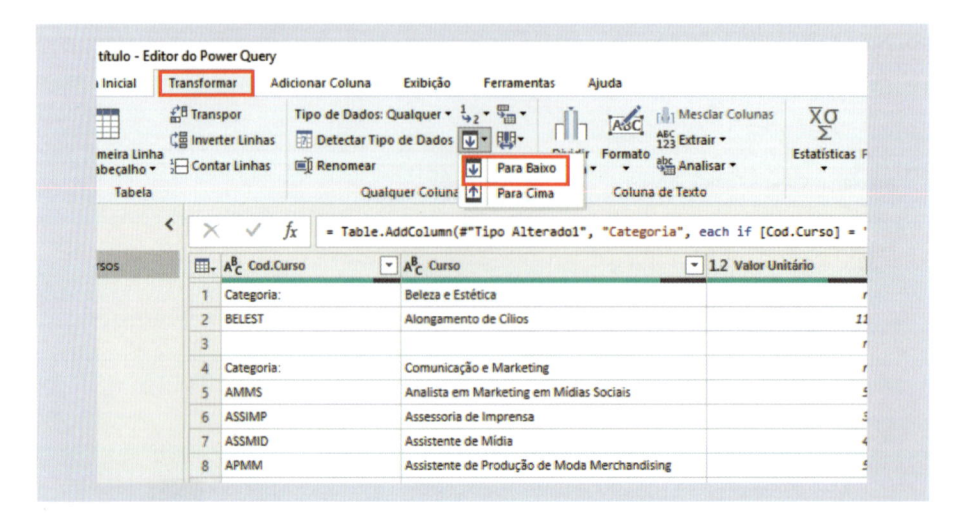

O seguinte resultado será apresentado:

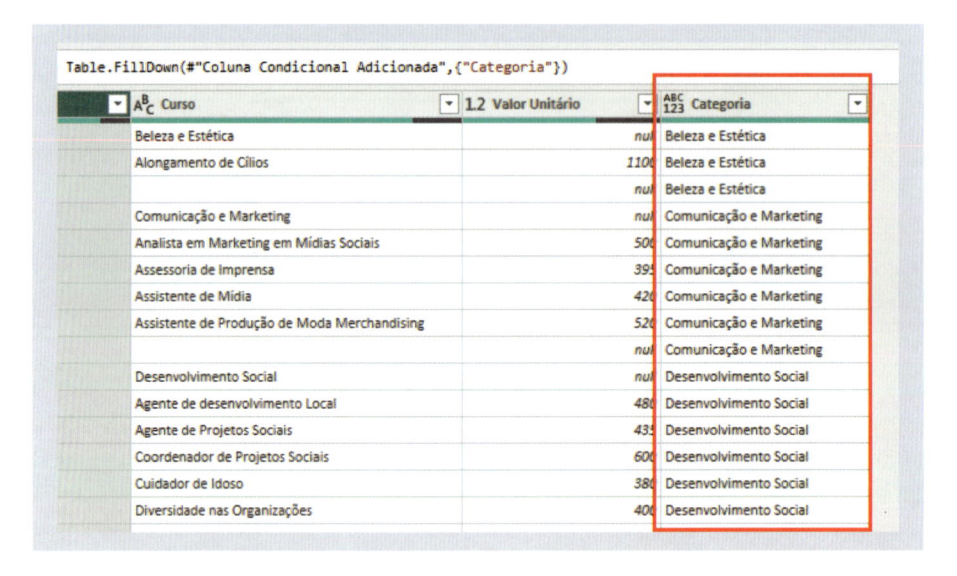

Agora você vai retirar da base todas as linhas em que o campo *Curso* esteja em branco ou que contenham a palavra "categoria".

13. Clique na seta da caixa *Curso*, desmarque as opções *(em branco)* e *Categoria* e clique em *OK*.

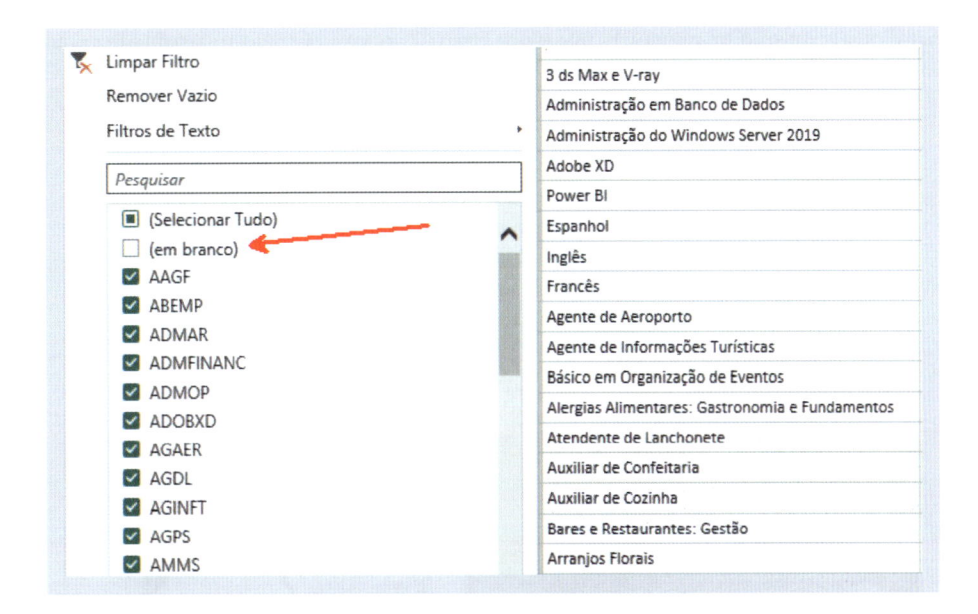

14. Procure definir a nova coluna *Categoria* como texto clicando no ícone da coluna.

15. Na guia *Página Inicial*, selecione a opção *Fechar e Aplicar*.

16. Salve o arquivo como *Cap.3_ex07.pbix* na pasta \Curso Power BI\Capítulo 3 – Importação e tratamento de dados no Power Query\Arquivos utilizados\Atividade 7.

Importação de dados de um sistema de gerenciamento de banco de dados (SGBD)

A conexão do Power BI a um SGBD permite criar relatórios e dashboards dinâmicos em tempo real, otimizar processos de negócios e compartilhar informações com facilidade. No entanto, o acesso direto aos dados em tempo real pode ser perigoso por causa das métricas de segurança. Uma solução alternativa é a exportação de dados para uma view ou calculation views (CVs),[3] que são atualizadas em tempos programados pela equipe de TI. Embora não seja o ideal, essa conexão automatizada elimina a influência humana na atualização dos dados, resultando em tomadas de decisão mais informadas e precisas que aumentam a eficiência operacional e reduzem os custos do negócio.

No exemplo a seguir, demonstraremos como fazer uma conexão com um servidor SQL local na rede. Essa é uma habilidade importante para quem deseja se familiarizar com o processo de conexão a bancos de dados. Por meio deste exemplo, você aprenderá a estabelecer uma conexão segura e eficiente com seu servidor de banco de dados

---

3 Ver https://www.devmedia.com.br/introducao-a-views/1614.

local ou até mesmo na nuvem, já que o processo de conexão é o mesmo, com alteração apenas da referência da localização – caso seja local, será informado o IP ou o nome do servidor; caso seja na nuvem, será informada a URL do serviço.

> **Importante:** Este exemplo funcionará somente como uma exposição dos passos, pois infelizmente você não poderá experimentá-lo em seu computador, haja vista que o banco de dados utilizado no exercício está em um ambiente local.

1. Comece abrindo o Power BI e clicando na opção *Obter dados*.

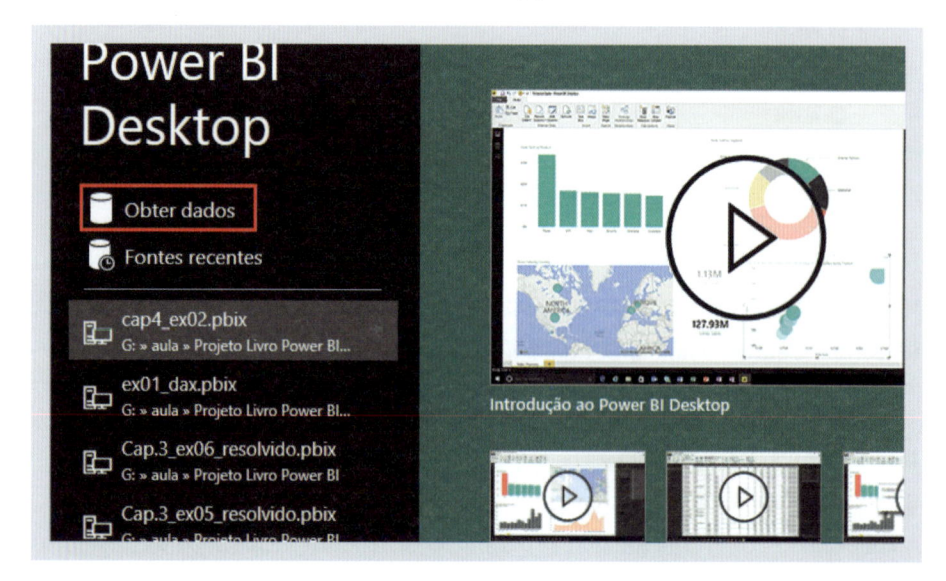

2. A próxima opção é *Banco de Dados*, então *Banco de dados SQL Server*.

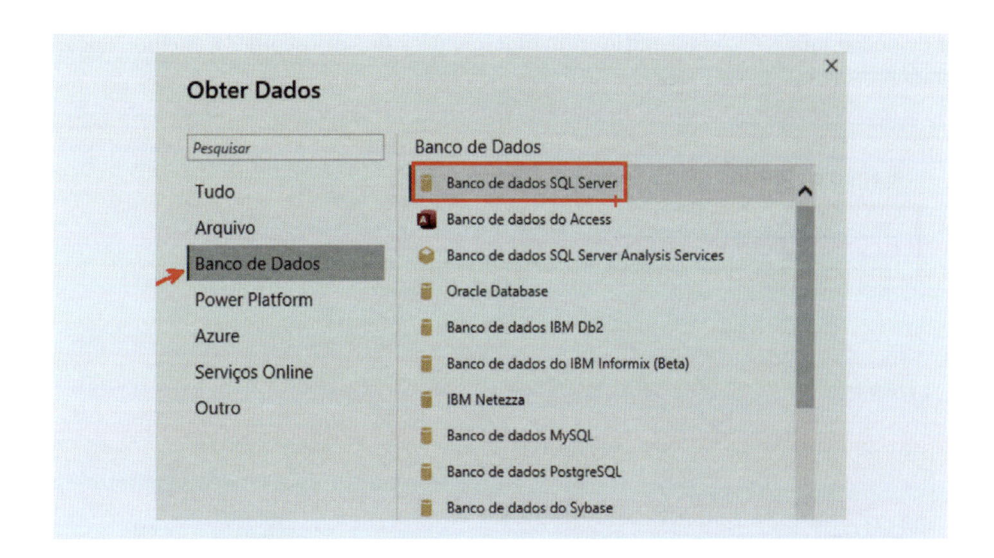

3. Na próxima tela, insira no campo *Servidor* o nome ou o IP do servidor a ser encontrado na rede local em que está instalado o banco de dados.

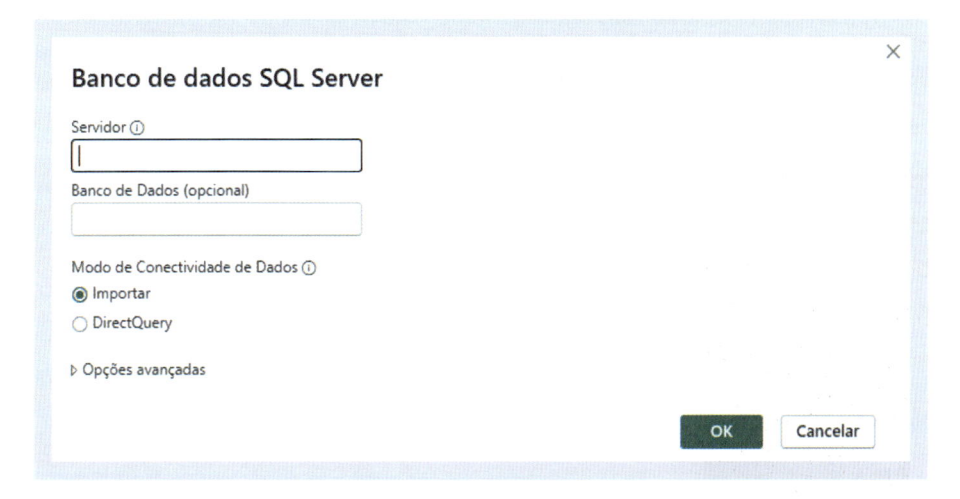

A opção de banco de dados é referente a *DataBase*, caso você tenha mais de uma no servidor. A inclusão desse campo é opcional.

No modo de conectividade, há duas opções: *Importar* e *DirectQuery*. Ao escolher *Importar*, o Power BI vai "cachear" todos os dados, mantendo uma cópia deles no arquivo. Essa é a opção mais comum, mas as atualizações dos dados podem demandar cada vez mais tempo. Por outro lado, ao selecionar *DirectQuery*, o Power BI não importará os dados, criando apenas uma conexão e solicitando atualizações dos dados constantemente. Essa opção pode parecer mais vantajosa, porém exigirá mais capacidade computacional do servidor e desabilitará alguns recursos do Power BI. Portanto, é essencial analisar cada cenário individualmente a fim de escolher a melhor opção para o projeto.

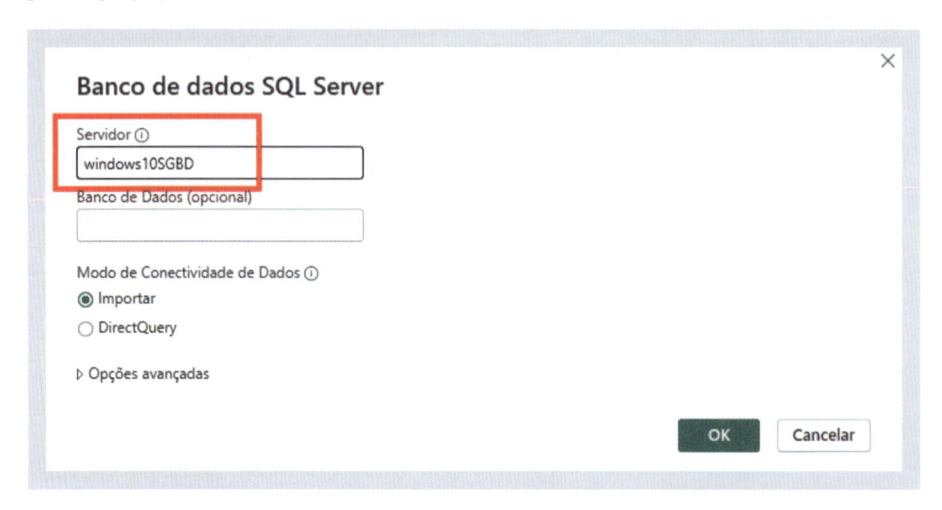

[Imagem: janela "Banco de dados SQL Server" com campo Servidor preenchido com "windows10SGBD" destacado em vermelho, campo Banco de Dados (opcional) vazio, Modo de Conectividade de Dados com opção "Importar" selecionada e "DirectQuery", e link "Opções avançadas". Botões OK e Cancelar.]

4. Na tela seguinte, será solicitado o tipo de autenticação, sendo possíveis as opções *Windows* (autenticação com seu usuário do sistema operacional), *Banco de Dados* (autenticação com um usuário criado e cedido pela equipe de TI) ou, ainda, *Conta da Microsoft* (autenticação com uma conta on-line da Microsoft). Selecione a opção *Banco de Dados* no menu lateral esquerdo.

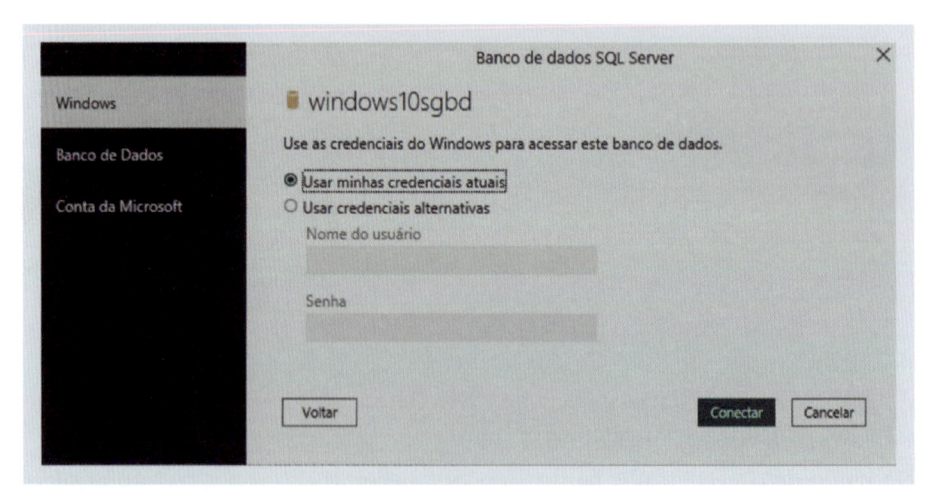

[Imagem: janela "Banco de dados SQL Server" com menu lateral esquerdo contendo Windows, Banco de Dados e Conta da Microsoft. Texto "windows10sgbd" e "Use as credenciais do Windows para acessar este banco de dados." Opções "Usar minhas credenciais atuais" selecionada e "Usar credenciais alternativas", com campos Nome do usuário e Senha. Botões Voltar, Conectar e Cancelar.]

5. Será solicitado o usuário do *Banco de Dados* para a conexão com o servidor. Para este exemplo, o usuário é "sa" (usuário padrão do SQL Server).

6. Após inserir os dados de conexão do usuário no Power BI, a próxima etapa é abrir a tela do banco de dados e selecionar a base de dados e as tabelas desejadas.

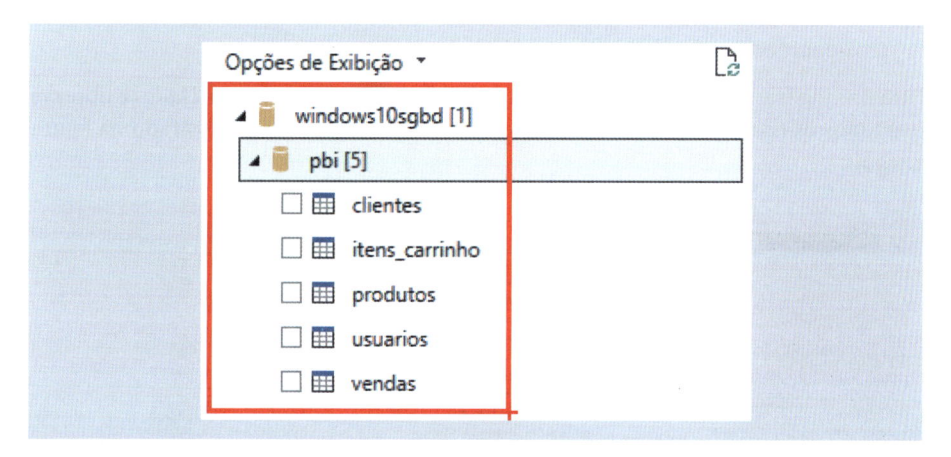

Neste exemplo, serão marcadas todas as tabelas para importação.

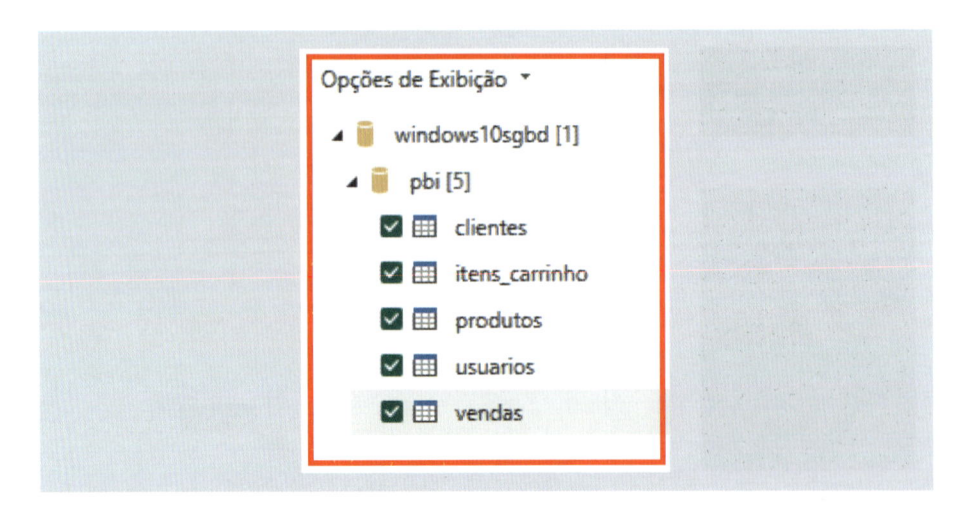

7. Assim como em outras ações, para importar tabelas desejadas, marque-as e clique no botão *Transformar Dados* se quiser verificar as tipagens e aplicar tratamentos adicionais, ou clique em *Carregar* para carregar os dados, verificar os relacionamentos e prosseguir com o desenvolvimento do projeto.

Para fins ilustrativos, no exemplo em questão, clique em *Transformar Dados* e observe que todos os tipos já foram definidos pelo banco de dados, como mostrado na figura a seguir.

	pro_id	pro_nome	pro_descricao	pro_quantidade	pro_preco
1	1	iPhone 13 Pro	Celular Apple iPhone 13 Pro com câmera tripla	50	8!
2	2	Galaxy Watch 4	Smartwatch Samsung Galaxy Watch 4 com monitoramento de sa...	100	1!
3	3	MacBook Pro	Notebook Apple MacBook Pro com processador M1	20	12!
4	4	PlayStation 5	Console Sony PlayStation 5 com controle DualSense	30	4!
5	5	Xbox Series X	Console Microsoft Xbox Series X com controle sem fio	25	4!
6	6	Smart TV OLED LG	TV LG OLED 4K com 55 polegadas e sistema webOS	10	5!
7	7	Fone de ouvido AirPods	Fone de ouvido Apple AirPods com cancelamento de ruído	75	1!
8	8	Câmera Sony Alpha	Câmera fotográfica Sony Alpha com sensor full-frame	5	9!
9	9	Monitor Gamer Alienware	Monitor Alienware com 34 polegadas e resolução QHD	15	6!
10	10	iPad Air	Tablet Apple iPad Air com chip A14 Bionic	40	5!

Para que fique claro, ao retornarmos ao Power BI, é importante destacar que os relacionamentos entre as tabelas serão automaticamente carregados por meio dessa conexão, o que facilita bastante o processo de integração dos dados e a construção do modelo de dados. Em outras palavras, não será necessário criar os relacionamentos manualmente, já que o próprio Power BI reconhecerá as chaves estrangeiras e fará a associação entre as tabelas de maneira automática.

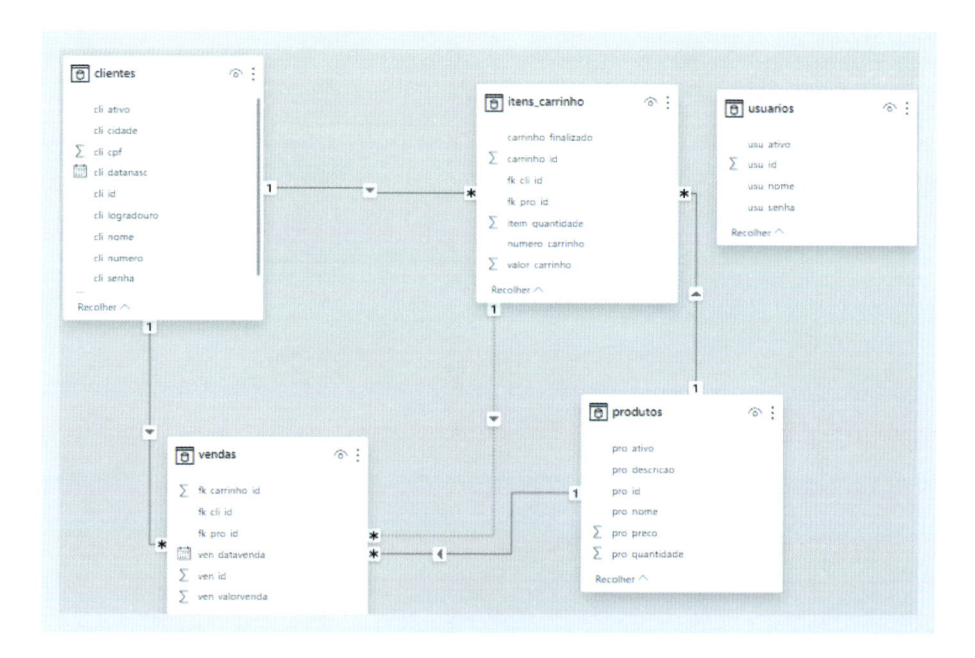

Nessa exibição, é possível observar duas situações relevantes: a primeira é um relacionamento pontilhado entre as tabelas *Vendas* e *Itens_carrinho*. Isso ocorre porque já existe um relacionamento entre as tabelas *Clientes* e *Vendas*, e a partir da tabela *Clientes* há outro relacionamento para *Itens_carrinho*. Essa situação configura o chamado looping, que não é permitido pelo Power BI. Por isso, o relacionamento é desabilitado automaticamente para evitar problemas. No entanto, ainda é possível aproveitar esse relacionamento de maneira controlada, por meio da função USERELATIONSHIP, que ativa momentaneamente o relacionamento desativado.

A segunda situação relevante é a tabela *Usuários*, que está isolada, uma vez que as outras tabelas não possuem a chave estrangeira correspondente. Isso torna o relacionamento entre essa tabela e as demais mais complexo e dificulta o processo de integração dos dados. Nesse caso, é importante realizar uma análise prévia para avaliar a real necessidade de importar essa tabela, já que ela estará inclusa na atualização dos dados.

Anotações

4
Linguagem DAX

OBJETIVOS

» Apresentar a linguagem DAX

» Conhecer as categorias da linguagem DAX

» Entender os conceitos de contexto de filtro e contexto de linha

Funções DAX – data analysis expressions, ou expressões de análise de dados – permitem aos usuários criar fórmulas personalizadas para a análise de dados. As funções DAX são utilizadas no Power BI para criar medidas e colunas e tabelas calculadas.

Neste capítulo, vamos explorar mais a fundo esse aspecto, procurando compreender o funcionamento das funções por meio de exemplos práticos. É importante lembrar que este passo é essencial para a construção de painéis de controle, uma vez que, sem esses cálculos, não seria possível trazer informações relevantes à gestão.

CRIAÇÃO DE MEDIDAS COM ARQUIVOS XLSX

1. Abra o Power BI e importe o arquivo *Vendas.xlsx* na pasta *Curso Power BI\\Capítulo 4 – Linguagem DAX\\Arquivos utilizados\\Atividade 1*.

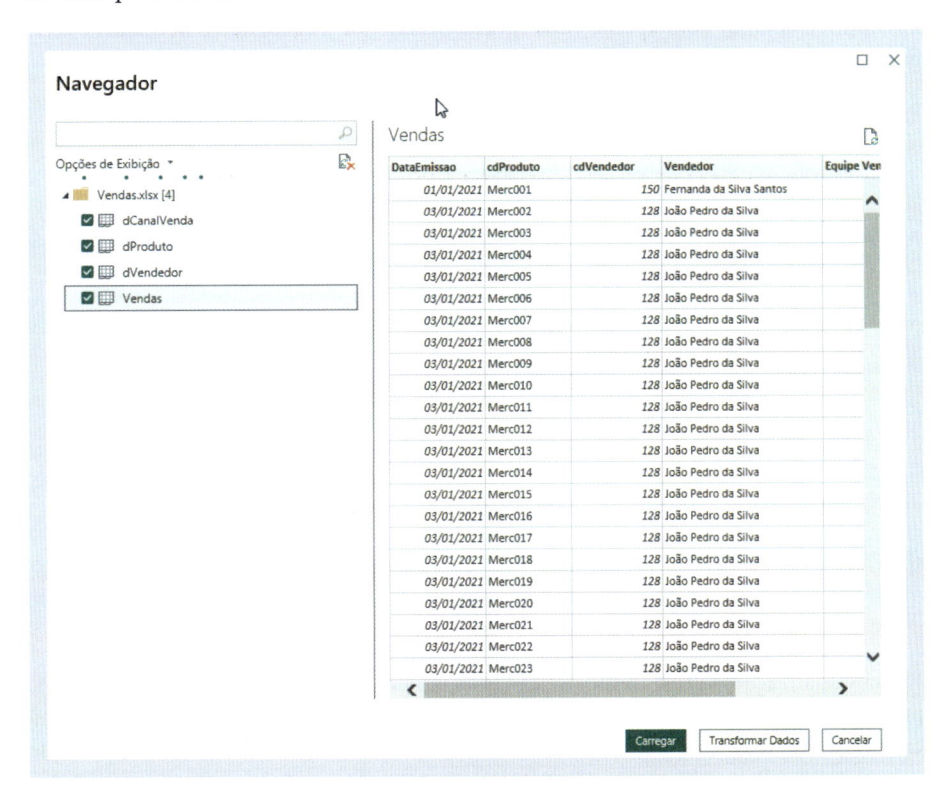

2. Marque todas as tabelas.

3. Clique em *Transformar Dados* para verificar a tipagem dos dados e eventuais problemas.

Navegando entre as tabelas, nota-se que a única delas que está com problema é a *dProduto*, que tem uma coluna em branco.

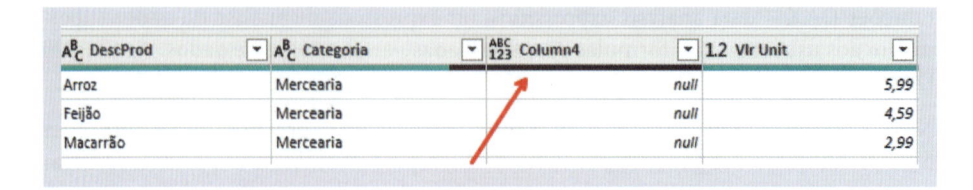

DescProd	Categoria	Column4	Vlr Unit
Arroz	Mercearia	null	5,99
Feijão	Mercearia	null	4,59
Macarrão	Mercearia	null	2,99

4. Clique com o botão direito do mouse no cabeçalho da coluna e escolha a opção *Remover*.

5. Neste exercício, não teremos muitos tratamentos a serem feitos, portanto clique em *Fechar e Aplicar*.

Depois de aplicar os tratamentos necessários no Power Query, a próxima etapa é analisar os relacionamentos no Power BI. Isso ocorre porque, na maioria dos projetos, é incomum trabalhar com apenas uma tabela. Se esse for o caso, não é necessário verificar os relacionamentos, pois não haverá outras tabelas para relacionar.

6. Clique no ícone *Exibição de modelo*, do lado esquerdo de sua tela.

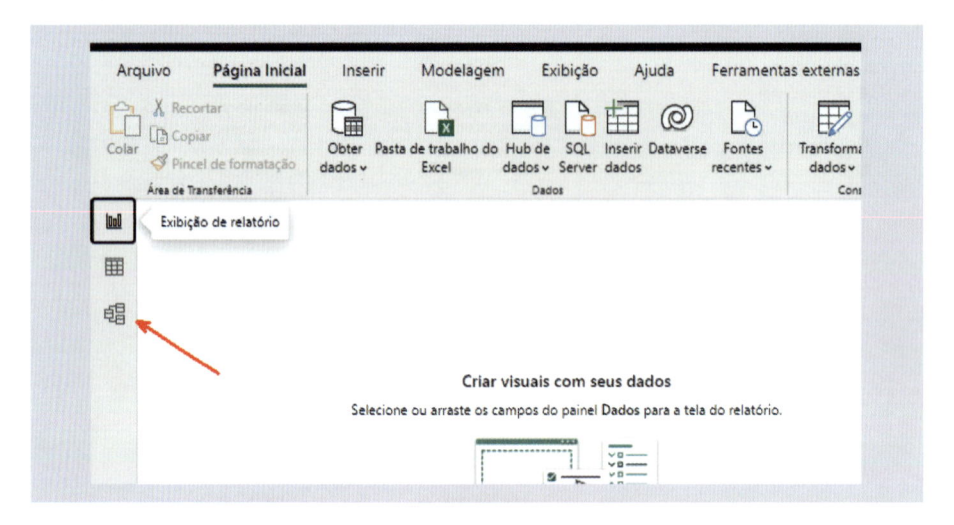

Nessa visualização, verificaremos se todas as tabelas estão devidamente relacionadas, principalmente as tabelas *Dimensão* com a tabela *Fato*. Mesmo que o Power BI tenha criado um relacionamento automaticamente, é fundamental validá-lo, uma vez que nem sempre o Power BI acerta. Os relacionamentos são essenciais para a precisão dos cálculos.

Existem várias formas de criar um relacionamento no Power BI. A mais simples e fácil é selecionar o campo de uma tabela, clicar nele e arrastá-lo até o campo correspondente em outra tabela (chave primária e chave estrangeira).

A segunda forma – mais comum quando há várias tabelas no projeto e a opção de clicar e arrastar fica inviável – é acessar a opção *Gerenciar relações* e criar um relacionamento.

Nessa tela, é preciso selecionar uma tabela por vez no local indicado. Em seguida, é necessário clicar na coluna de cada tabela que se quer relacionar e escolher quais campos serão utilizados. Não se esqueça de selecionar todos os campos envolvidos, caso contrário o botão *OK* não será habilitado.

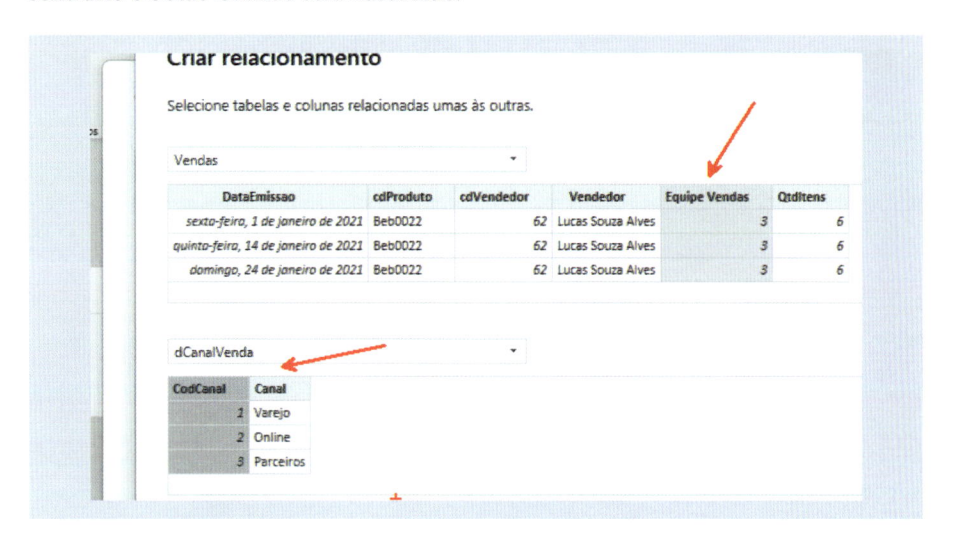

Dica: Analise cuidadosamente os campos das tabelas, pois nem sempre ter o mesmo nome implica que se trata do mesmo campo.

7. Efetue os relacionamentos para este exercício, como mostrado a seguir.

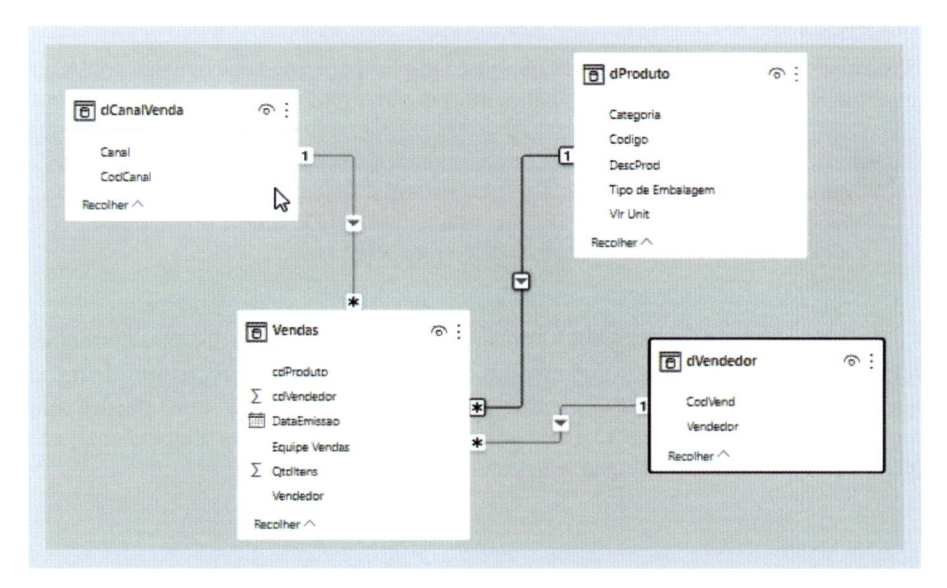

Utilize as informações do quadro a seguir em caso de dúvidas.

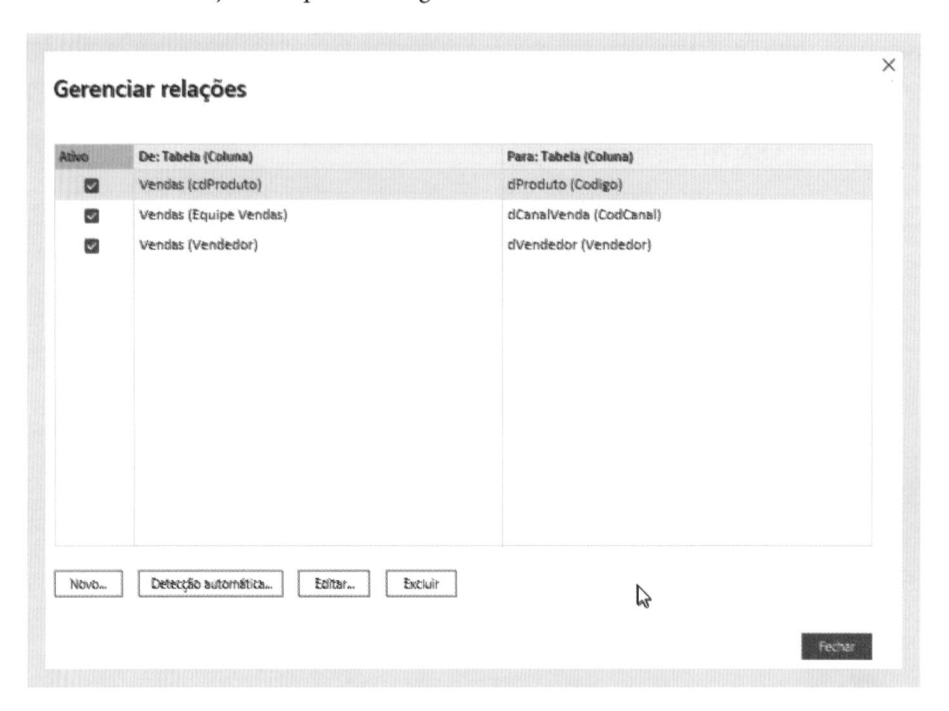

Gerenciar relações

Ativo	De: Tabela (Coluna)	Para: Tabela (Coluna)
☑	Vendas (cdProduto)	dProduto (Codigo)
☑	Vendas (Equipe Vendas)	dCanalVenda (CodCanal)
☑	Vendas (Vendedor)	dVendedor (Vendedor)

[Novo...] [Detecção automática...] [Editar...] [Excluir]

[Fechar]

Após concluirmos a etapa de relacionamentos, chegamos ao momento das fórmulas, que são as medidas com os cálculos do relatório. Esses cálculos podem ser simples, como a totalização de uma coluna de quantidade vendida, ou mais complexos, como a projeção de vendas para o mês ou o cálculo do valor de custo de reposição, que serão solicitados pelos gestores.

Neste exercício, vamos desenvolver medidas simples para que você consiga conhecer as primeiras funções DAX e, principalmente, entender o funcionamento de cada uma.

> **Observação:** Embora as funções DAX no Power BI sejam equivalentes às funções do Excel, o funcionamento delas é bastante diferente e exige um entendimento específico para o avanço no aprendizado.

Com o intuito de agregar informações relevantes para a tomada de decisão, é essencial responder a duas perguntas fundamentais: "O quê?" e "Como?". Precisamos definir o que desejamos ver no relatório e como queremos visualizar essas informações. Em termos técnicos, a pergunta "O quê?" geralmente se relaciona com a tabela *Fato*, enquanto a pergunta "Como?" está relacionada às tabelas *Dimensão*.

Durante esse estágio, uma dica valiosa é explorar as tabelas usando a exibição de dados pelo botão *Modo de exibição de tabela*, pois isso pode facilitar a descoberta de insights no exame dos dados.

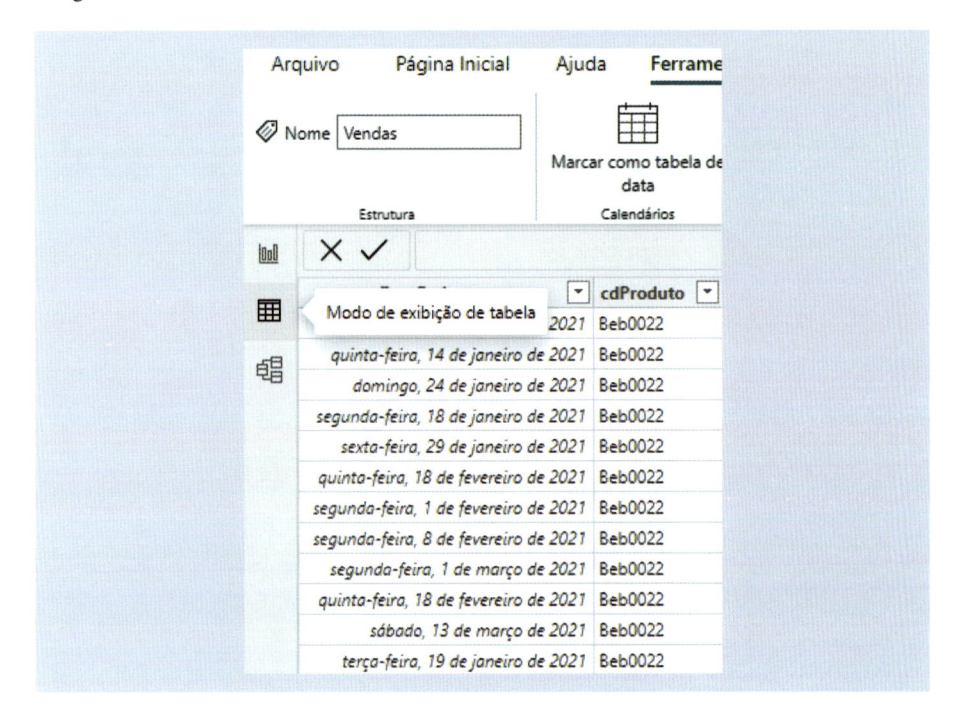

8. Clique com o botão direito do mouse na tabela *Vendas*, opção *Nova medida*, para criar uma medida que totalize a quantidade de itens vendidos.

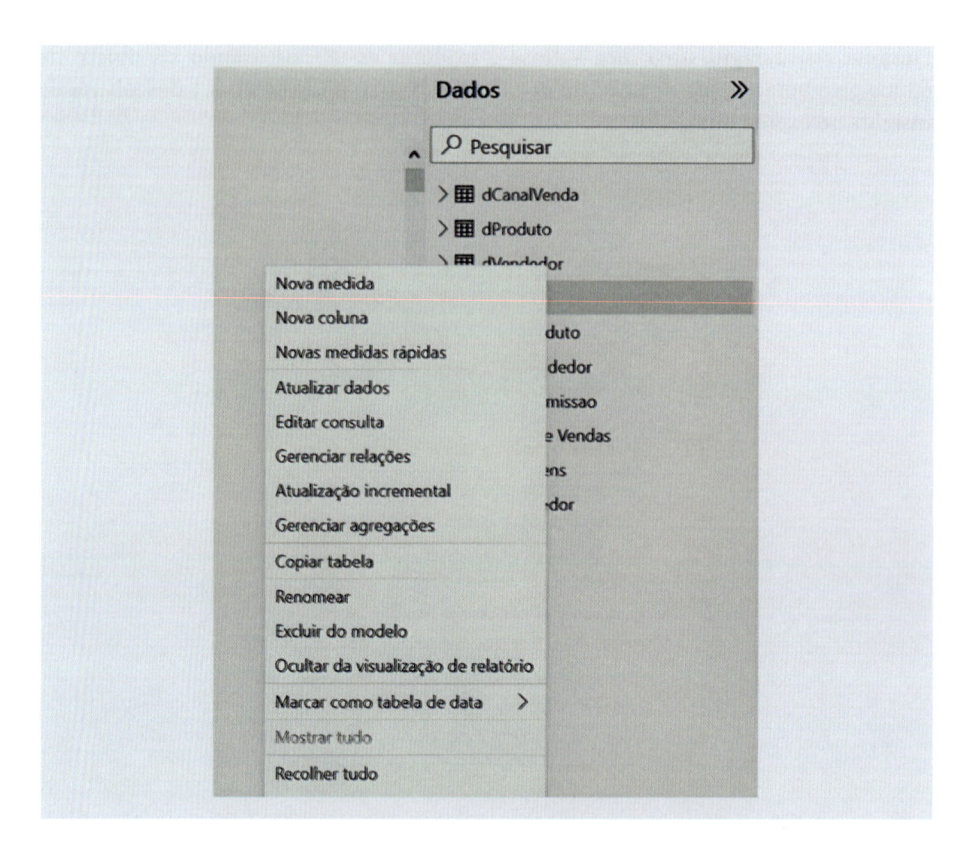

Observe que o Power BI apresenta uma barra para que as fórmulas necessárias sejam digitadas.

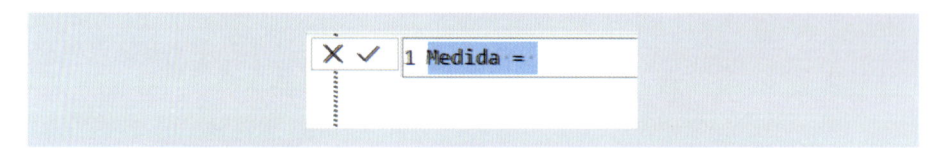

9. Digite a seguinte fórmula:

    Total Itens Vendidos = SUM(Vendas[QtdItens]) e pressione *Enter*.

    Total Itens Vendidos é o nome da medida, e *SUM(Vendas[QtdItens])* é a operação que será feita – somar a coluna *QtdItens*.

É preciso verificar se o Power BI não apresenta erros. A medida criada será exibida à direita, com os campos da tabela *Vendas*. Para visualizar o valor da medida, ela deverá ser adicionada a um visual na seção de relatórios do Power BI.

Agora queremos fazer mais três medidas:

- Média de quantidade de itens vendidos.
- Máximo de itens vendidos.
- Mínimo de itens vendidos.

Para isso, repita o processo alterando os nomes e as funções DAX, conforme a seguir:

10. *Média Qtd Itens Vendidos = AVERAGE(Vendas[QtdItens])*
11. *Máximo Qtd Vendida = MAX(Vendas[QtdItens])*
12. *Mínima Qtd Vendida = MIN(Vendas[QtdItens])*

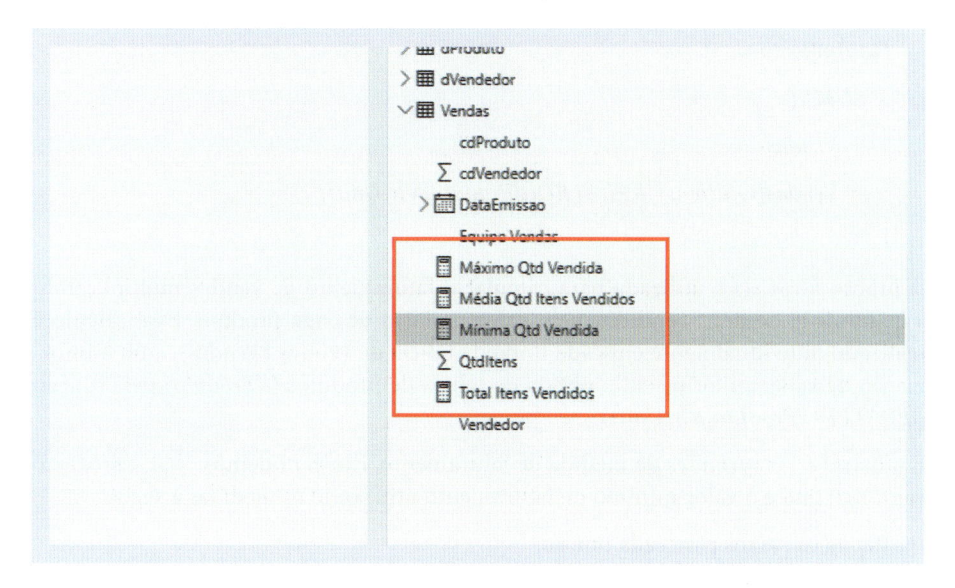

Um dado muito relevante a ser considerado é o faturamento da empresa, e para isso podemos criar uma medida que pode ser combinada com vários filtros, como *Canal de Venda*, *Vendedor*, *Data*, entre outros. No entanto, ao analisar os dados na tabela *Vendas*, percebemos que não temos o valor unitário dos produtos, que pode ser encontrado na tabela *Produtos*. Isso pode tornar a fórmula mais complexa, já que o Power BI trabalha com dois contextos principais – o contexto de filtro, que é aplicado em medidas explícitas e é mais performático, e o contexto de linha, que é aplicado em colunas ou colunas calculadas e pode levar mais tempo para ser processado, dependendo do tamanho da tabela. O contexto de filtro é mais rápido e eficiente, porque a fórmula age como uma agregação de valores e é filtrada apenas pelo visual utilizado no relatório, similar a uma tabela dinâmica – isto é, o resultado de uma medida, geralmente, será um valor único. Já o contexto de linha é aplicado linha por linha na tabela – por exemplo, ao multiplicarmos uma coluna de valor unitário e uma coluna de quantidade vendida, é possível verificar o valor total de cada venda, assim como em uma planilha de dados do Excel.

Para resolver nosso problema, precisamos criar uma medida que permita que as informações fluam entre dois contextos a fim de calcular o faturamento. Essas medidas são chamadas de funções iterativas, que têm um mecanismo poderoso para realizar cálculos aritméticos entre colunas. Essa funcionalidade não é possível com funções agregadoras, como a função *SUM*.

Algumas das funções iterativas mais conhecidas são: *SUMX, MAXX, AVERAGEX, MINX* e *COUNTX*.

Assim, siga os passos a seguir:

13. Clique com o botão direito do mouse na tabela *Vendas* e, então, em *Nova medida*.

14. Digite a seguinte fórmula:

   Faturamento =

   SUMX(

   Vendas,

   Vendas[QtdItens]*RELATED(dProduto[Vlr Unit])

)

A função *SUMX()* é utilizada para calcular o faturamento de vendas multiplicando a quantidade de itens vendidos pelo valor unitário de cada produto. Esse cálculo é realizado individualmente em cada linha da tabela de vendas (*Vendas*), com a informação de valor unitário sendo obtida da tabela de produtos (*dProduto*) pela função *RELATED(dProduto[Vlr Unit])*.

É possível criar variantes da medida de faturamento, isto é, podemos criar a média, o valor máximo e o valor mínimo de faturamento utilizando as medidas a seguir.

15. Repita os passos para cada função:

   - *Média de Faturamento =*

     AVERAGEX(

     Vendas,

     Vendas[QtdItens]*RELATED(dProduto[Vlr Unit])

)

   - *Valor Máximo de Faturamento =*

     MAXX(

     Vendas,

     Vendas[QtdItens]*RELATED(dProduto[Vlr Unit])

)

- *Valor Mínimo de Faturamento =*

    MINX(

    Vendas,

    Vendas[QtdItens]*RELATED(dProduto[Vlr Unit])

)

Para finalizar o exercício, vamos criar um dashboard com os valores que foram estabelecidos nas medidas.

Construção de um dashboard

1. Comece clicando no ícone *Exibição de relatório*.

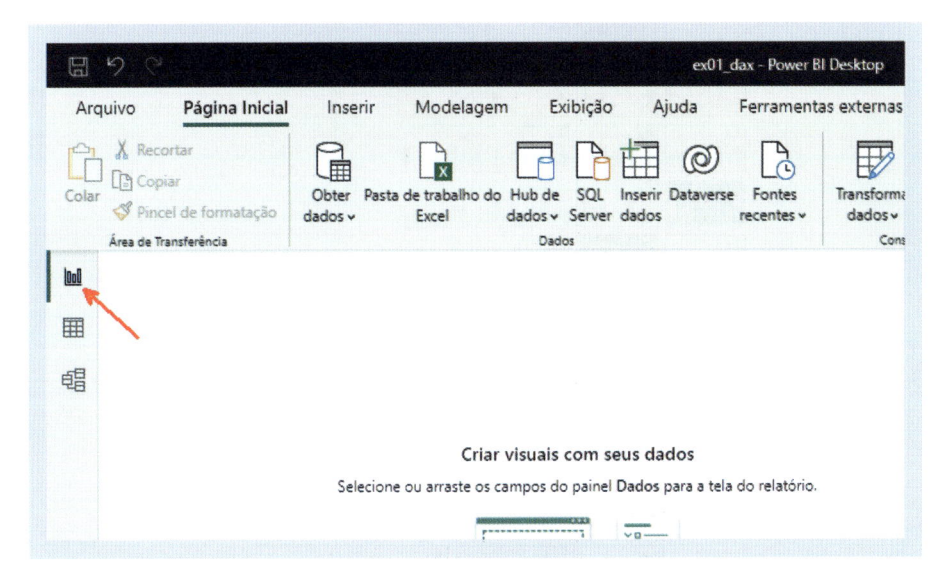

2. Defina um tema para o relatório – o Power BI já possui vários na guia *Exibição*. Clique em *Temas* para que sejam exibidas as opções.

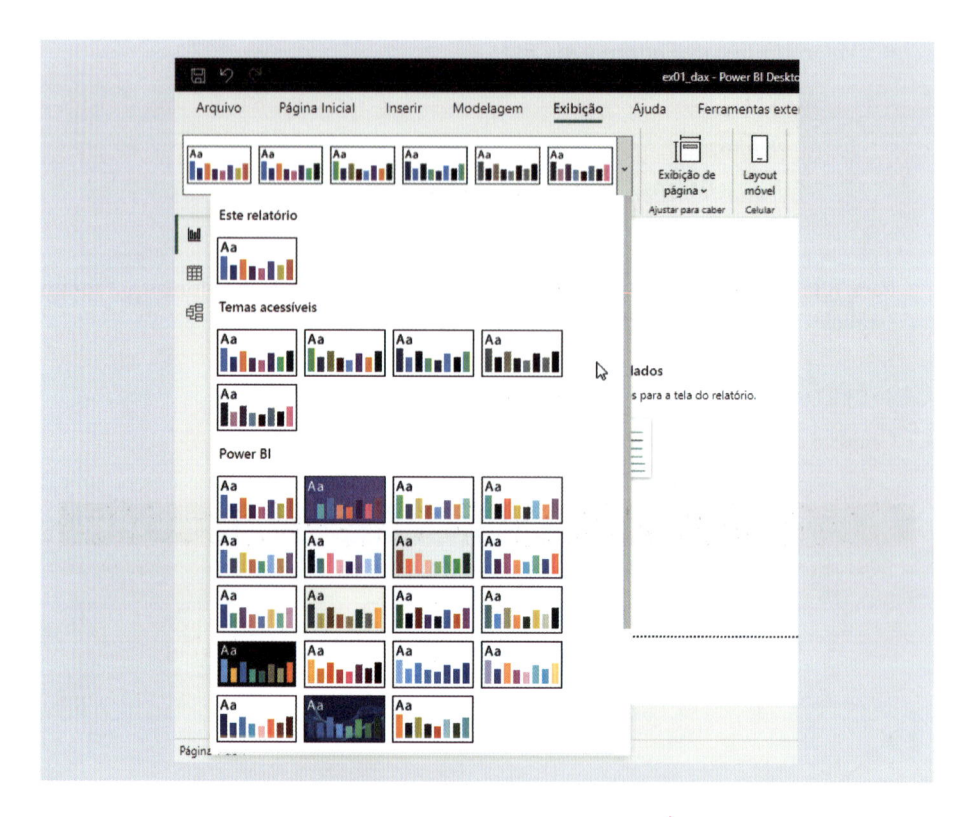

3. Clique no tema escuro (*Inovar*).

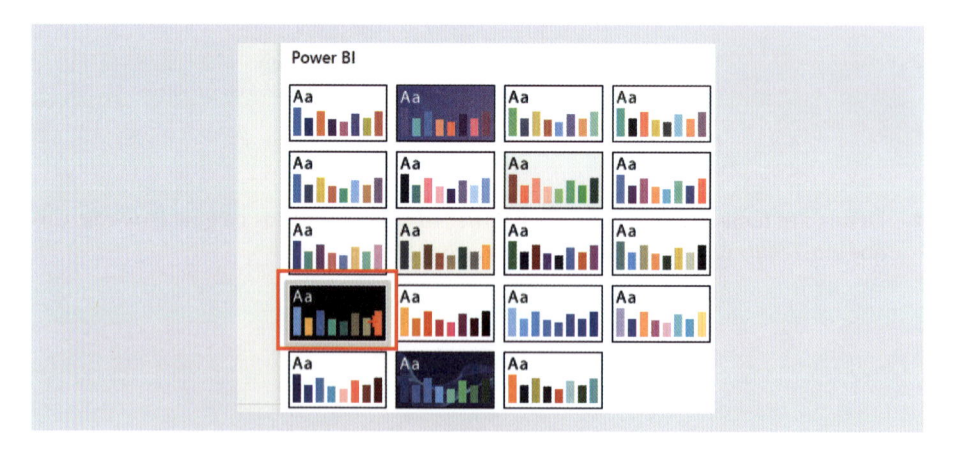

Para uma gestão eficaz, é crucial criar uma visualização que nos permita analisar as vendas ao longo do tempo. Essa análise tem relevância na identificação de tendências e padrões, o que pode ajudar a tomar decisões estratégicas mais informadas. De fato, uma visualização desse tipo é tão importante que deve ser considerada uma necessidade básica em qualquer dashboard de gestão.

4. Clique em um visual *Linha* para adicioná-lo ao painel.

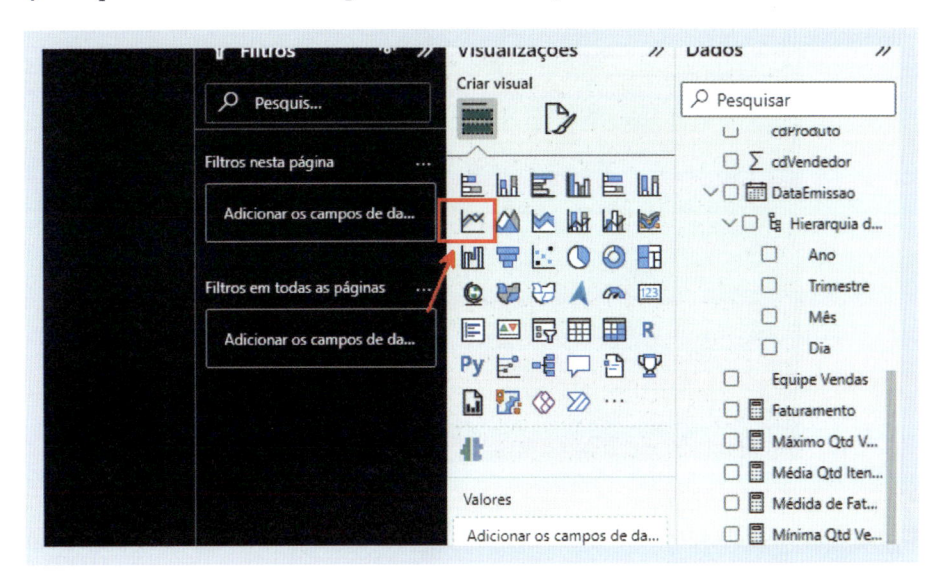

Para verificar a visão temporal do faturamento, é necessário poder incluir a hierarquia criada pelo Power BI em *DataEmissão* e a medida *Faturamento* conforme a imagem a seguir.

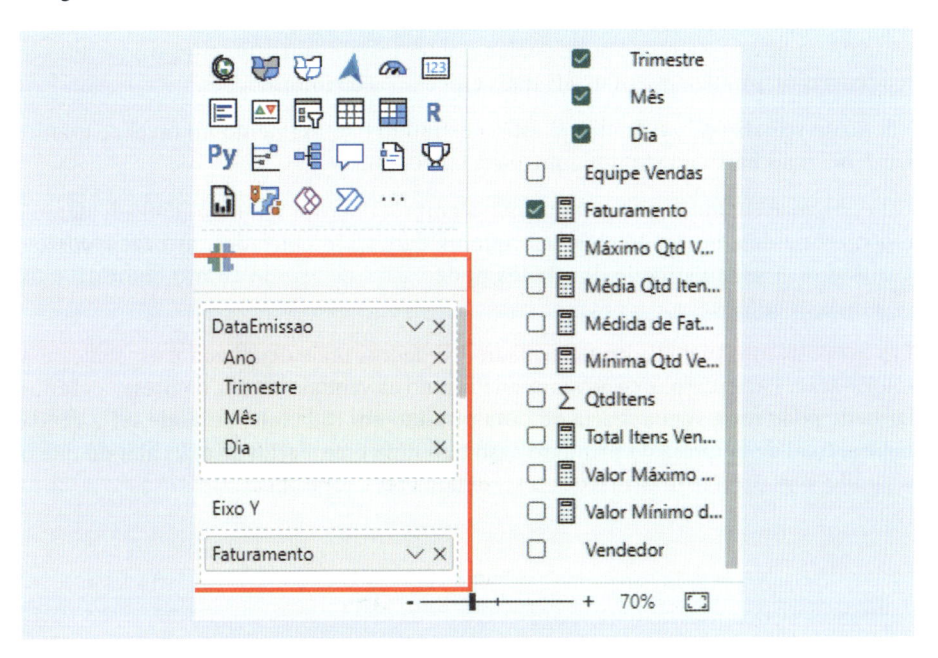

5. Para o eixo X, clique em *DataEmissão*.

6. Para o eixo Y, clique em *Faturamento*.

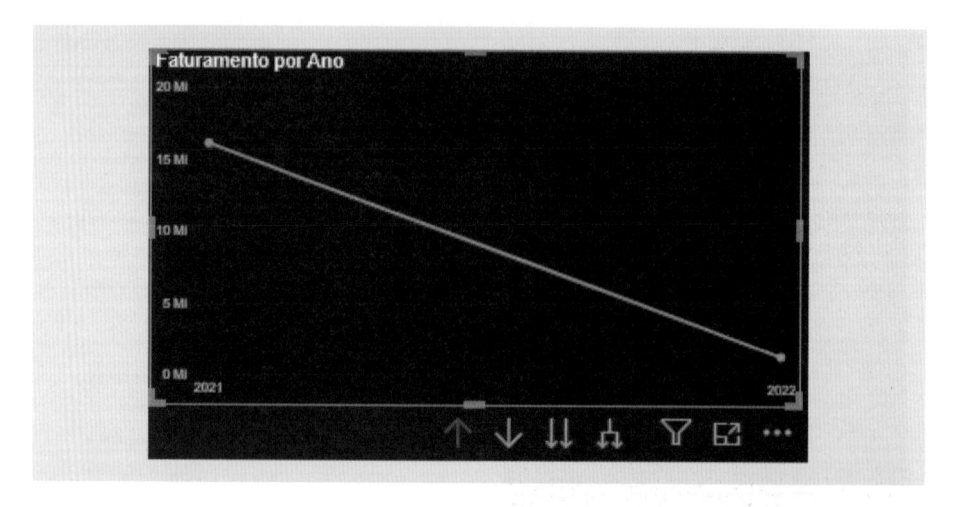

Repare que, na tela retratada nessa imagem, aparecem alguns ícones. Em um visual de inteligência temporal, os principais são as quatro primeiras setas posicionadas da esquerda para a direita. Todas elas estão relacionadas ao que é chamado *drill down*.[1]

Drill down é uma técnica de visualização de dados que permite navegar por informações mais detalhadas a partir de um conjunto de dados resumidos ou agregados. Isso significa que você pode explorar níveis mais granulares de detalhes em seus dados de maneira interativa, o que pode ajudar a obter insights mais precisos e a identificar tendências ou problemas em níveis mais específicos de informações.

Em nossa visualização, o gráfico já está mostrando o faturamento no nível de granularidade[2] mais baixo que temos aqui, ou seja, por ano.

Para que você entenda melhor o que isso significa: o termo "granularidade de dados" é o nível de detalhe ou precisão em que os dados são coletados, armazenados ou analisados. A granularidade dos dados pode variar de acordo com o contexto e os objetivos da análise.

Em geral, quanto maior a granularidade dos dados, mais detalhada e específica é a informação. Por exemplo, se estamos analisando as vendas de uma empresa, a granularidade pode ser a venda diária de cada produto em cada loja, ou pode ser a venda mensal total da empresa. O primeiro caso tem uma granularidade mais alta do que o segundo, pois oferece informações mais detalhadas e específicas.

---

1 Ver https://learn.microsoft.com/pt-br/power-bi/consumer/end-user-drill.
2 Ver https://a10br.com/big-data-e-data-analytics-ajudam-na-tomada-de-decisoes/.

Para alterar essa granularidade do tempo, é importante deixar habilitado o recurso *drill down*. Esse recurso é representado pela segunda seta da esquerda para a direita. A partir daí, teremos duas opções para executar o *drill down*.

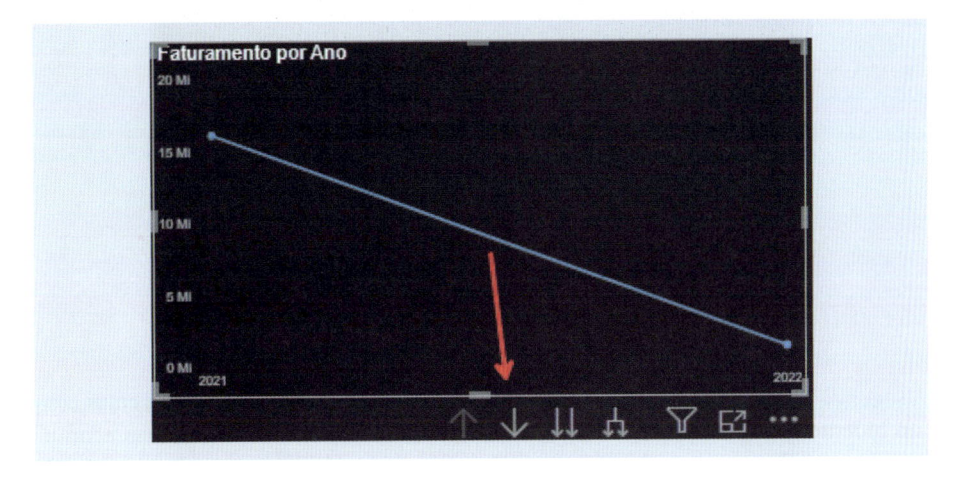

A primeira forma de manipular o *drill down* é o conjunto de duas setas posicionadas ao lado direito do recurso. Essa opção executará o *drill down*, mas acumulará os valores para o nível ao qual você desceu. Por exemplo, se você descer para o nível do trimestre, ele somará os valores de todos os anos em quatro trimestres.

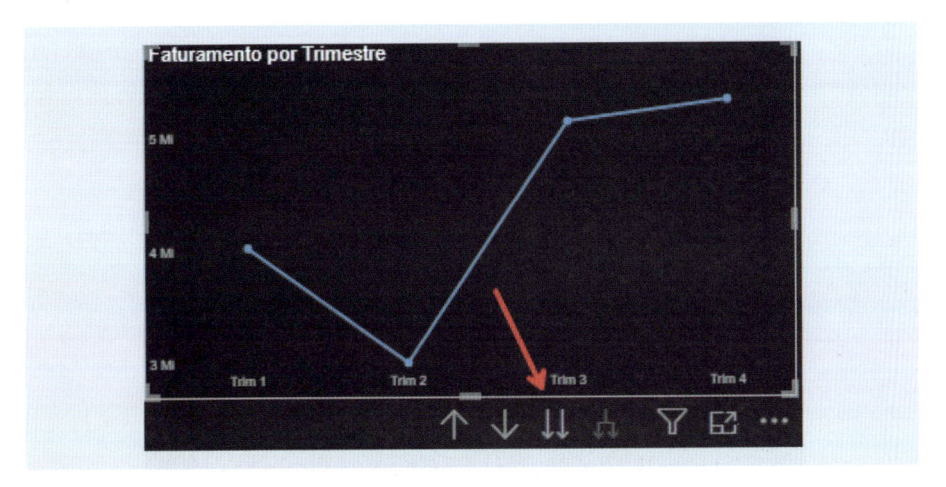

Para alterar essa granularidade do tempo, basta clicar na primeira seta da esquerda para a direita. Esse recurso é o *drill up*.

7. Faça o *drill up* a fim de diminuir a granularidade para o ano novamente.

[Gráfico: Faturamento por Trimestre]

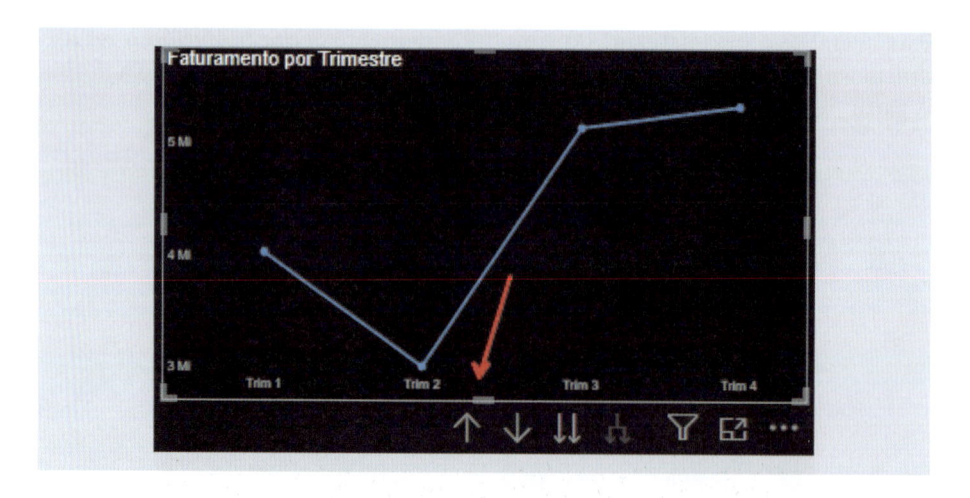

A segunda forma de manipular o *drill down* é o conjunto de duas setas parecidas com um bidente que estão posicionadas ao lado direito do recurso do *drill down* acumulativo que acabamos de utilizar. Essa opção executará o *drill down*, mas, ao contrário do recurso anterior, não acumulará os valores para o nível ao qual você desceu. Por exemplo, se você descer para o nível do trimestre, ele mostrará os valores de todos os trimestres separados por seus respectivos anos, ou seja, naturalmente essa forma trará mais informações.

8. Clique três vezes no bidente para executar o *drill down* e descer até o nível do dia.

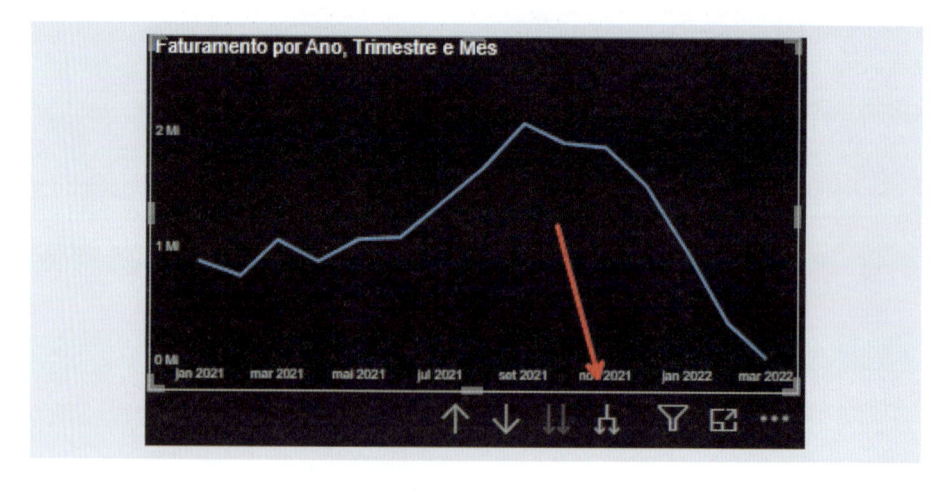

[Gráfico: Faturamento por Ano, Trimestre e Mês]

Para a gestão da empresa, essa visualização permitirá observar que o faturamento atingiu seu pico em setembro de 2021 e, desde então, vem apresentando uma tendência de queda significativa. Essa análise é importante para identificar possíveis problemas na operação e tomar medidas corretivas, a fim de reverter a tendência negativa e manter o desempenho da empresa.

9. Ainda com o visual *Linha* selecionado, clique na guia *Formato*.
10. No painel *Visualizações*, clique em *Formatar o visual*.

11. No painel de visualizações, aplique os seguintes formatos:
    - *Geral, Propriedades, Tamanho*: Altura = 300 e Largura = 550
    - *Título*
        - *Habilitado*
        - *Cor do texto*: Branco
        - *Cor da tela de fundo*: Cor de laranja 20% mais claro
        - *Transparência*: 40%
    - *Efeitos*
        - *Fronteira Visual*
        - *Cor*: Branco
        - *Cantos arredondados (px)*: 10
    - Na aba *Visual, Linhas, Cores*: Branco 20% mais escuro

Ao final da configuração, seu gráfico de linha deverá se parecer com a imagem a seguir.

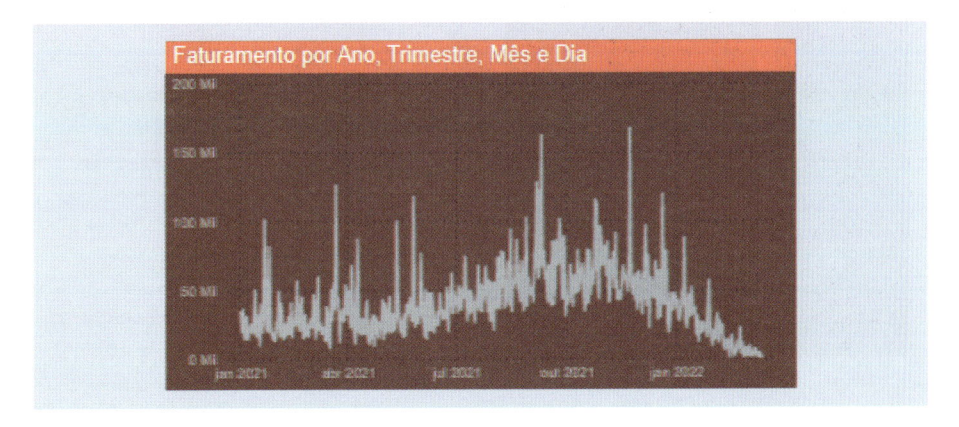

A fim de prosseguir com as análises, você vai incluir um gráfico de pizza, para que se possa verificar a porcentagem de representatividade de cada canal de venda no faturamento.

12. Inclua um gráfico de pizza.
13. Posicione-o ao lado do gráfico de linha que acabamos de criar.
14. Por meio do painel *Dados*, inclua nesse gráfico o *Faturamento* e o *Canal de venda*. Seu gráfico deverá ficar parecido com o que vemos na seguinte figura.

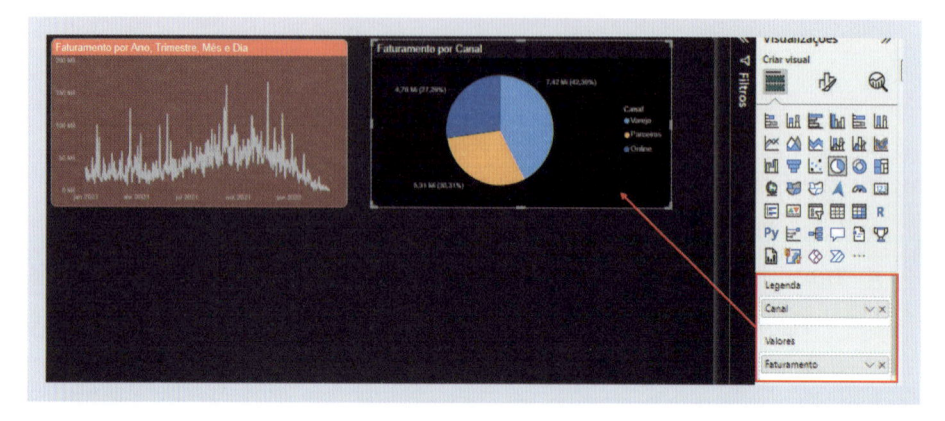

O rótulo do gráfico ainda está exibindo os valores absolutos e as respectivas porcentagens. No entanto, desejamos que exiba apenas as porcentagens. Para isso, será necessário fazer uma alteração na formatação desse recurso.

15. Selecione o gráfico e clique no ícone *Formatar seu visual*, no painel *Visualizações*.

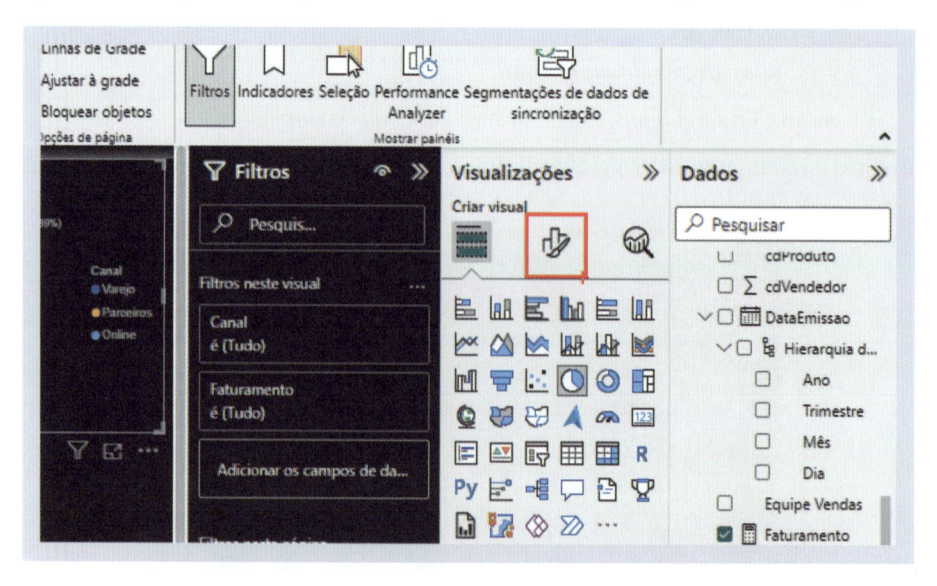

16. Na aba *Visual*, clique na opção *Rótulos de detalhe*.
17. Em *Opções*, encontre o *Conteúdo do rótulo*.
18. Clique na opção *Percentual do total*.

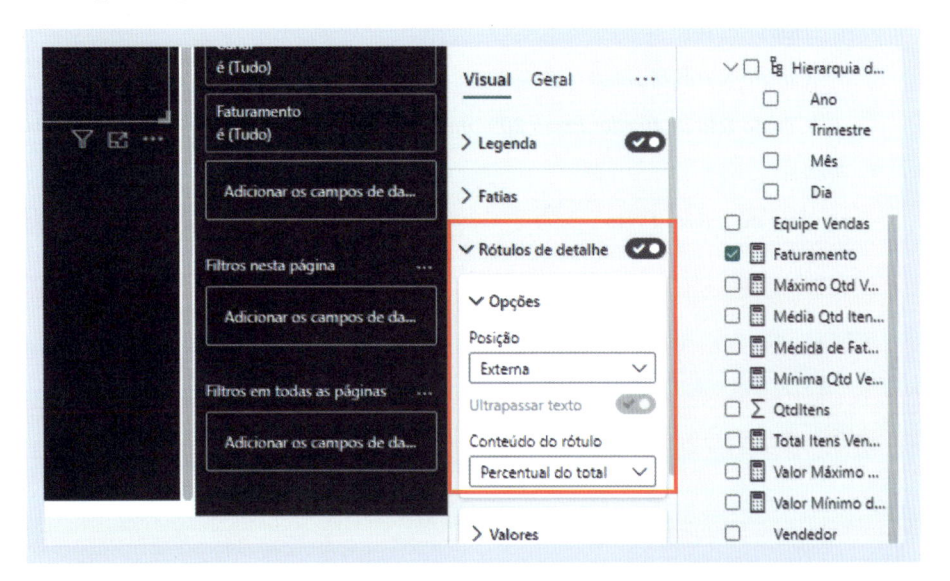

Ao realizar a alteração na formatação do rótulo, será possível fazer uma análise mais precisa do gráfico de pizza. Agora, as informações apresentadas se concentram exclusivamente nas porcentagens de cada canal de venda em relação ao faturamento, o que permite uma interpretação mais clara e objetiva dos dados. Isso torna a análise mais eficiente, facilitando a identificação de tendências, padrões e possíveis oportunidades de melhoria nos resultados da empresa.

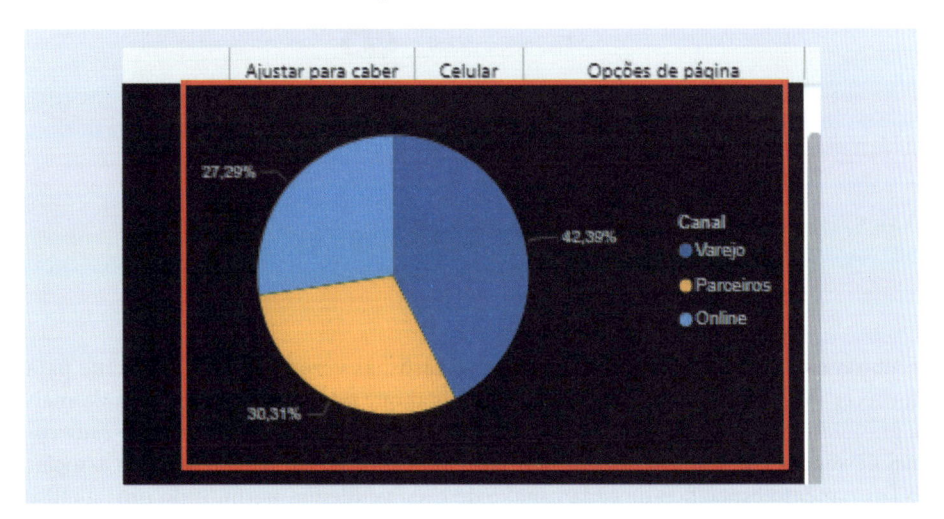

19. Ainda na formatação do gráfico de pizza, acesse:
- Geral, Propriedades, Tamanho: Altura = 300 e Largura = 550
- Título
  - Habilitado
  - Cor do texto: Branco
  - Cor da tela de fundo: Preto 20% mais claro
- Efeitos
  - Tela de fundo: Preto

- Fronteira visual
  - Cor: Branco
  - Cantos arredondados (px): 10

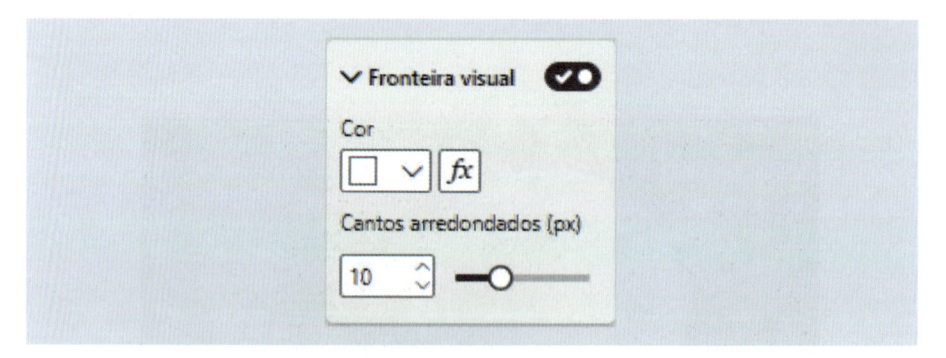

Embora essa visão possa ser útil em muitos casos, às vezes ela não é suficiente para fornecer insights valiosos. Então, é fundamental que possamos aumentar ainda mais a granularidade dos dados, a fim de compreender melhor o desempenho de cada canal de vendas e de cada vendedor. Por isso, uma abordagem mais refinada é associar o faturamento específico de cada canal e de cada vendedor, permitindo uma análise mais minuciosa e precisa.

20. Para isso, inclua o visual *Árvore hierárquica*.

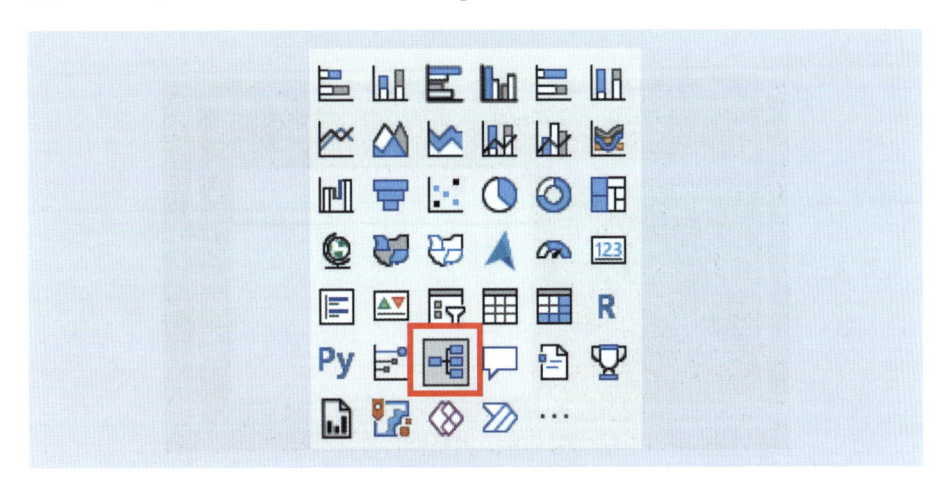

21. No campo *Analisar*, inclua o *Faturamento* da tabela *Vendas* e, no campo *Explicar por*, inclua *Canal* da tabela *dCanalVenda* e *Vendedor* da tabela *dVendedor*.

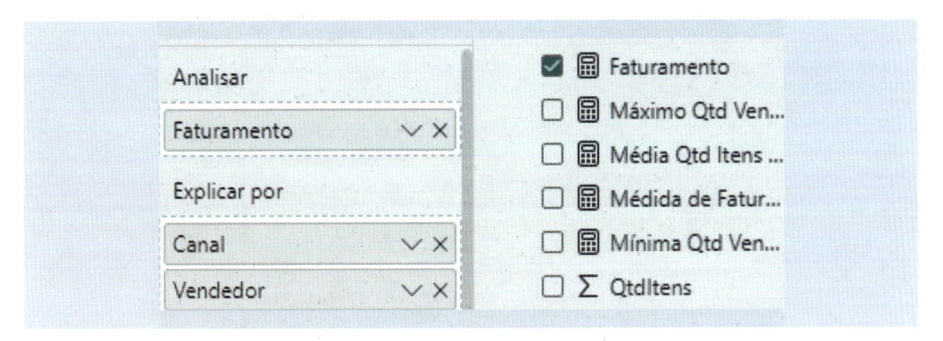

Observe que, ao adicionar o visual e o faturamento, aparecerá um sinal de adição, conforme a figura a seguir.

Faturamento
17.500.591,74

22. Clique no sinal de adição.

Será solicitada a definição da forma de indexação desejada – por um campo específico ou por valor alto/baixo.

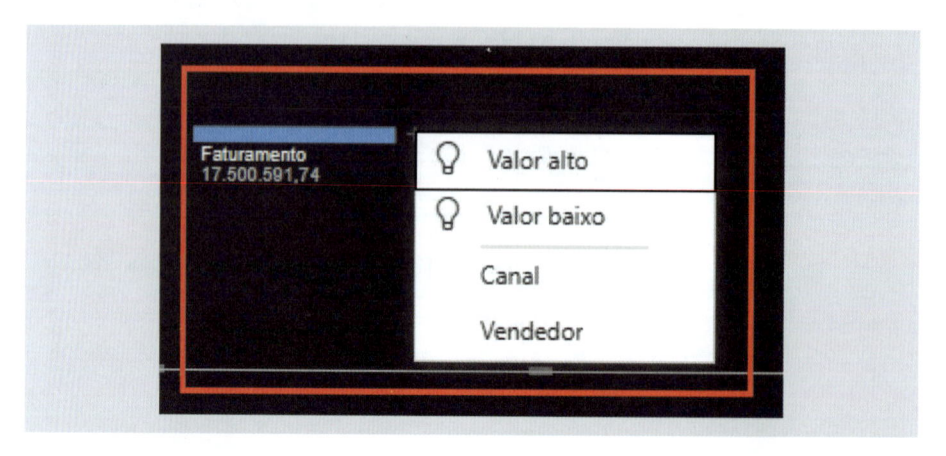

23. Clique no campo *Canal*.

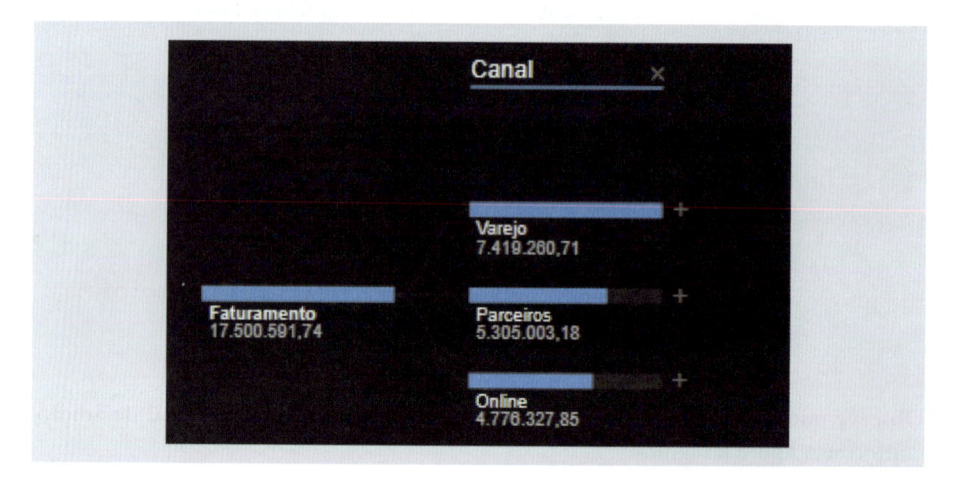

As informações de faturamento do campo *Canal* aparecerão: *Varejo*, *Parceiros* e *Online*.

Você poderá obter mais detalhamento dentro de cada um dos itens adicionados; para isso, basta clicar no sinal de adição da informação desejada.

24. Clique no sinal de adição da informação *Varejo* e escolha a opção *Vendedor*.

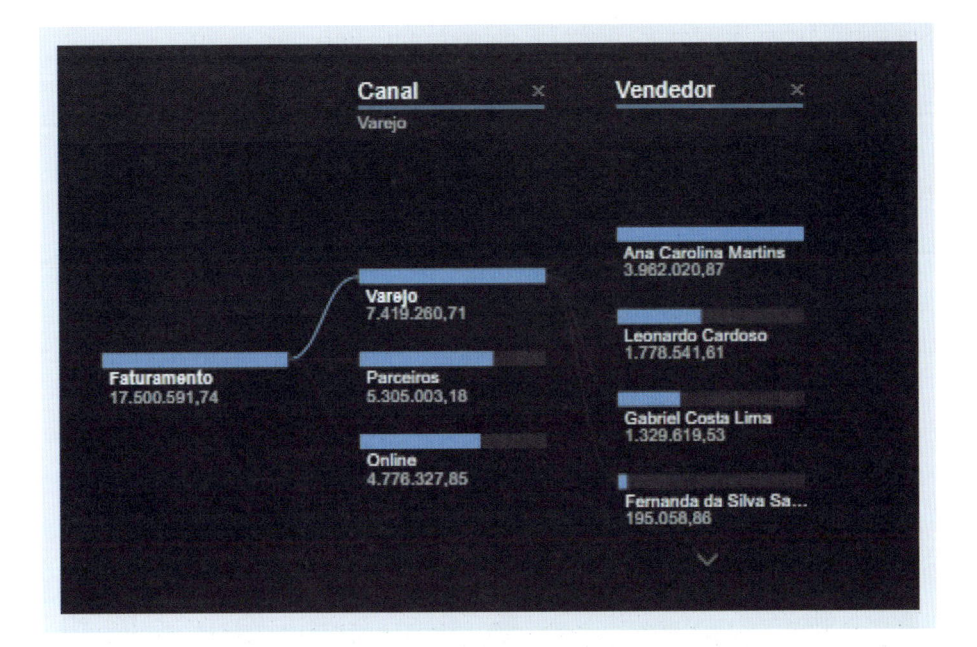

Para padronizar as configurações de fundo dos visuais, repita as ações.

25. No painel de visualizações, aplique os seguintes formatos:
    - *Geral, Propriedades, Tamanho*: Altura = 300 e Largura = 550
    - *Título*
        - Habilitado
        - Cor do texto: Branco
        - Cor da tela de fundo: Preto 20% mais claro
    - *Efeitos*
        - Fronteira visual
        - Cor: Branco
        - Cantos arredondados (px): 10

Seu visual *Árvore hierárquica* deverá se parecer com a imagem a seguir.

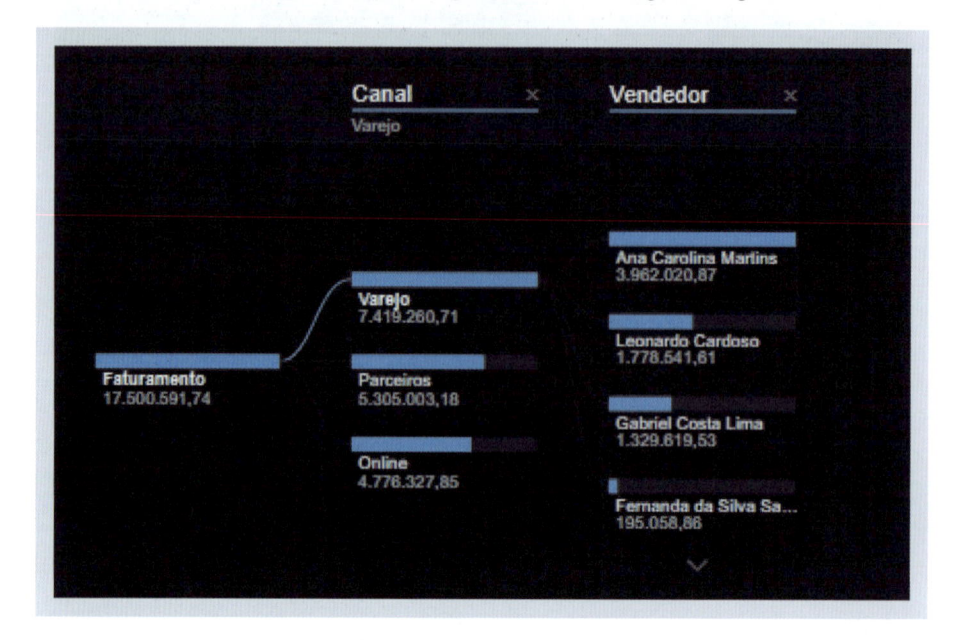

Agora, você vai inserir uma tabela analítica para que seja possível visualizar os dados de maneira mais clara e objetiva.

26. Insira um visual do tipo *Matriz* com os campos *Linhas* e *DataEmissão* da tabela *Vendas* e com o campo *Vendedor* da tabela *dVendedor*.

27. *Valores*: Faturamento e Total Itens Vendidos.

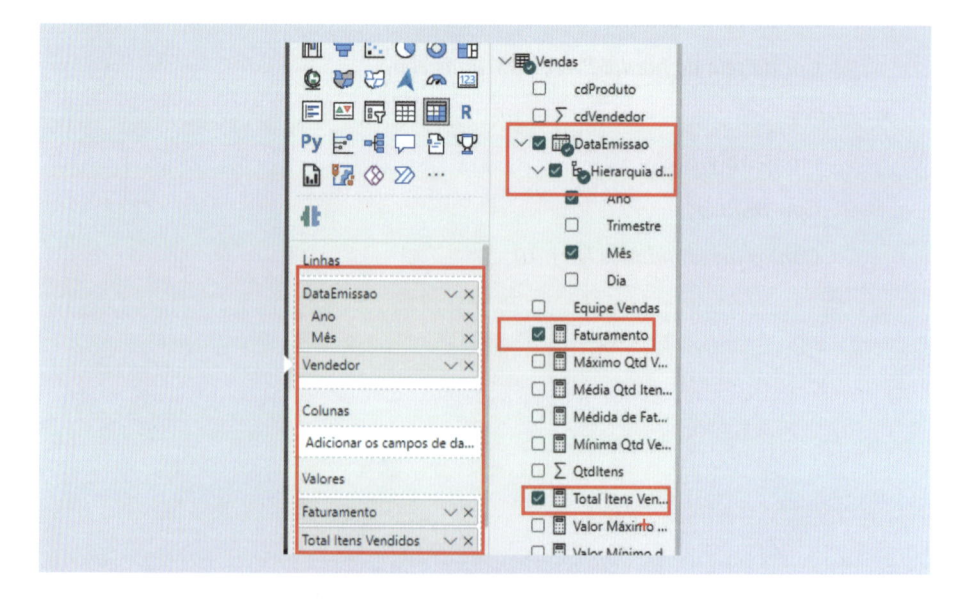

28. Aplique as seguintes formatações na matriz:
- *Geral, Propriedades, Tamanho: Altura = 300 e Largura = 550*
- *Título*
    - *Habilitado*
    - *Texto: Tabela Analítica*
    - *Cor do texto: Branco*
- *Cor da tela de fundo: Cor de laranja 20% mais claro*
- *Efeitos*
    - *Tela de fundo: Laranja 20% mais claro*
    - *Transparência: 40%*
    - *Fronteira Visual*
    - *Cor: Branco*
    - *Cantos arredondados (px): 10*
- *Visual*
    - *Predefinições de estilo: Nenhum*
    - *Grade, Opções, Tamanho da fonte global: 13*
    - *Valores: 13*
    - *Cor do texto: Branco*
    - *Cor da tela de fundo: Laranja 25% mais escuro*
    - *Cor do texto alternativo: Mostarda 20% mais claro*
- Cabeçalhos de colunas
    - *Texto: Fonte: 13*
    - *Cor do texto: Branco*
- *Cabeçalhos de colunas*
    - *Texto: Fonte: 13*
    - *Cor do texto: Branco*

29. Com o mouse, alinhe os quadros para que fiquem conforme a figura a seguir.

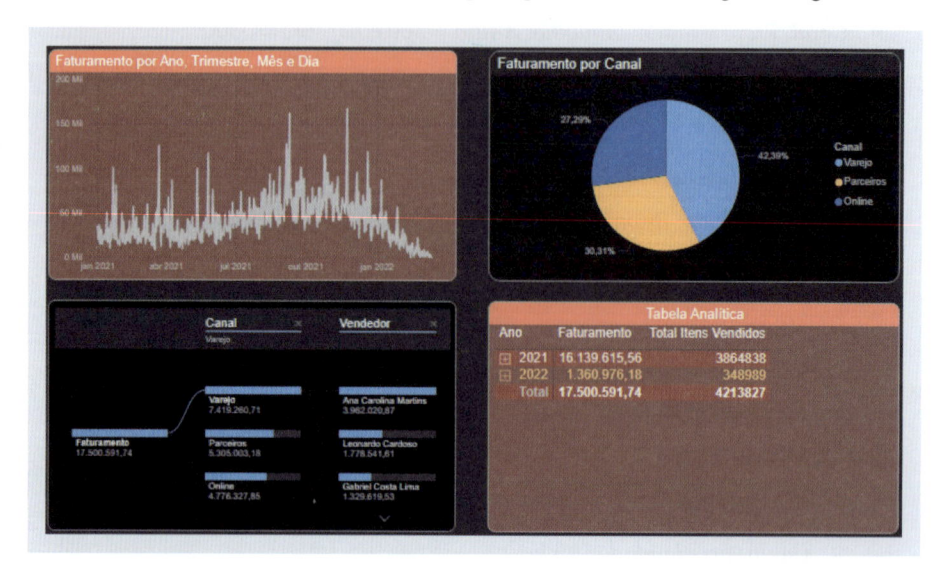

30. Salve seu arquivo na pasta \Curso Power BI\Capítulo 4 – Linguagem DAX\Arquivos utilizados\Atividade 1\Cap.4_ex01.pbix.

31. Feche o seu arquivo.

Criação de medidas com vários tipos de arquivos

Neste exercício, você trabalhará com dados de diferentes tipos de arquivo:

- XLSX: arquivo de planilha
- TXT/CSV: arquivo de texto
- PDF: arquivo eletrônico desenvolvido pela Adobe Systems
- ACCDB: arquivo de banco de dados

1. Importe todos os arquivos que estão localizados na pasta \Curso Power BI\Capítulo 4 – Linguagem Dax\Arquivos utilizados\Atividade 2.

Considerando que são muitos arquivos a serem importados, é recomendado escolher a opção *Carregar* para agilizar o processo respeitando cada tipo de extensão. Para isso, conforme feito em exercícios anteriores, clique na opção *Obter dados* na barra de ferramentas e escolha o tipo de arquivo que deseja importar, como Excel, CSV, etc. Após selecionar o arquivo, aparecerá a opção *Carregar* ou *Transformar*. Para grandes quantidades de arquivos, a opção *Carregar* é a mais interessante, pois, dessa forma, você conseguirá tratar os dados de todas as tabelas de uma única vez e não por partes. Portanto, faça as importações de todos os arquivos, respeitando os tipos de cada um.

> **Observação:** Para conseguir importar a base PDF e ACCDB, clique em *Obter dados* e depois na opção *Mais*, que abrirá a lista completa de opções de importação.

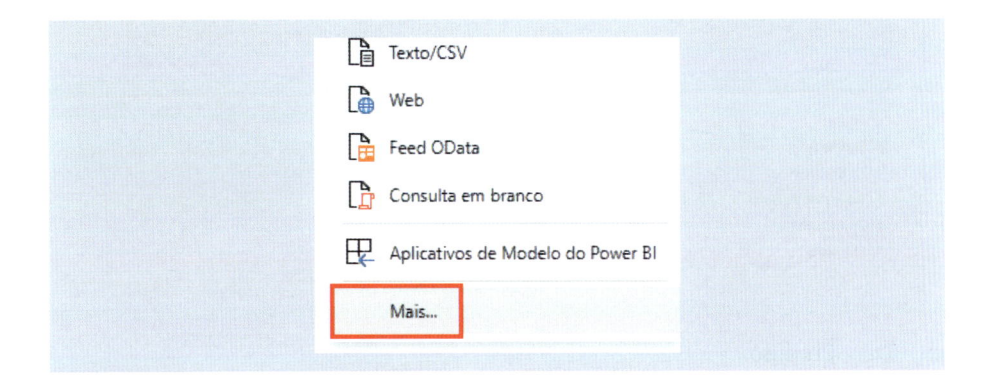

a. Planilha eletrônica – Vendedor

Durante esse processo, é necessário observar que, mesmo que o nome do arquivo seja *Vendedor.XLSX*, a opção que é preciso marcar é denominada *Planilha1*. Isso ocorre por causa do nome da guia presente dentro do arquivo Excel. No entanto, é possível renomear essa guia posteriormente, dentro do Power Query.

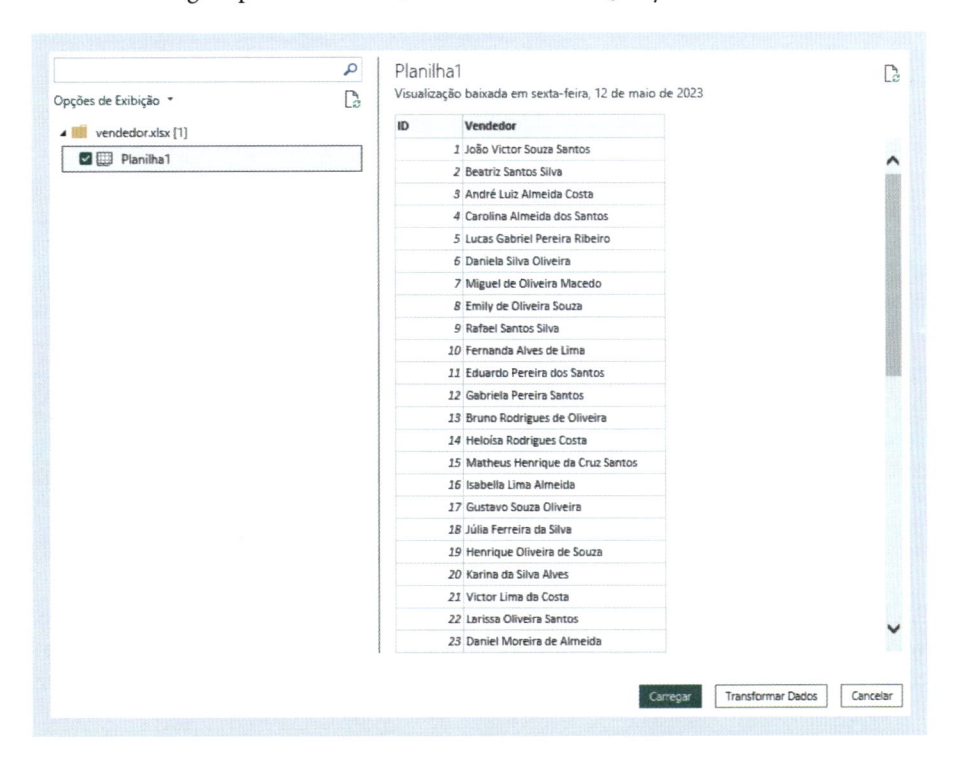

b. Arquivo texto/CSV – Estado

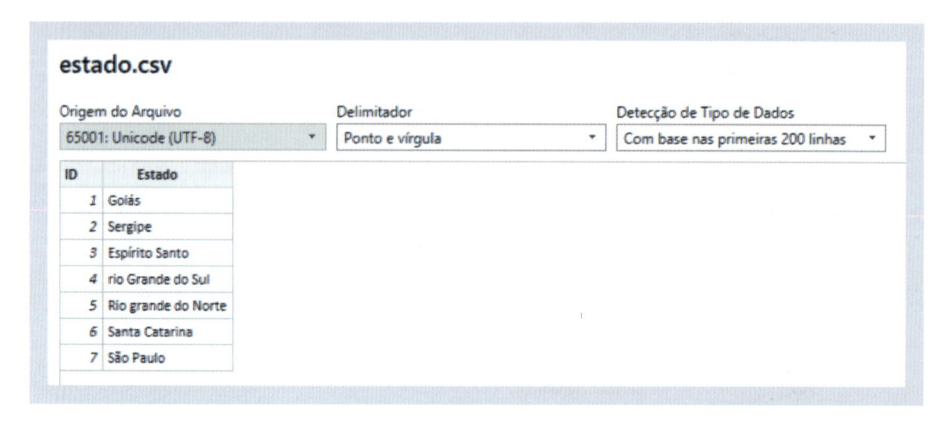

estado.csv

Origem do Arquivo	Delimitador	Detecção de Tipo de Dados
65001: Unicode (UTF-8)	Ponto e vírgula	Com base nas primeiras 200 linhas

ID	Estado
1	Goiás
2	Sergipe
3	Espírito Santo
4	rio Grande do Sul
5	Rio grande do Norte
6	Santa Catarina
7	São Paulo

c. PDF – Produto

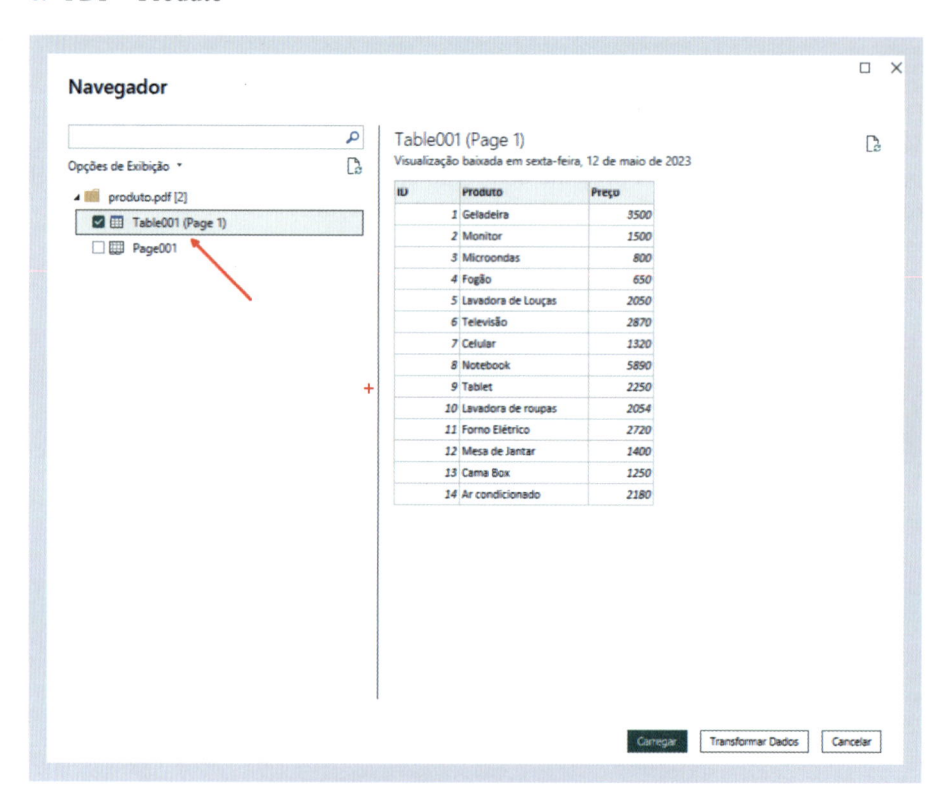

Navegador

Opções de Exibição
- produto.pdf [2]
  - ☑ Table001 (Page 1)
  - ☐ Page001

Table001 (Page 1)
Visualização baixada em sexta-feira, 12 de maio de 2023

ID	Produto	Preço
1	Geladeira	3500
2	Monitor	1500
3	Microondas	800
4	Fogão	650
5	Lavadora de Louças	2050
6	Televisão	2870
7	Celular	1320
8	Notebook	5890
9	Tablet	2250
10	Lavadora de roupas	2054
11	Forno Elétrico	2720
12	Mesa de Jantar	1400
13	Cama Box	1250
14	Ar condicionado	2180

[Carregar] [Transformar Dados] [Cancelar]

Ao lidar com arquivos em formato PDF ou XLSX durante o processo de importação, você encontrará duas opções disponíveis. Isso acontece pois o Power Query reconhece não apenas o formato de dados, mas também o formato de tabela. Sempre que isso ocorrer, é recomendado selecionar o formato de tabela, o que auxilia o Power Query a identificar corretamente as colunas.

d. ACCDB/(Banco de dados Access) – DB_Vendas

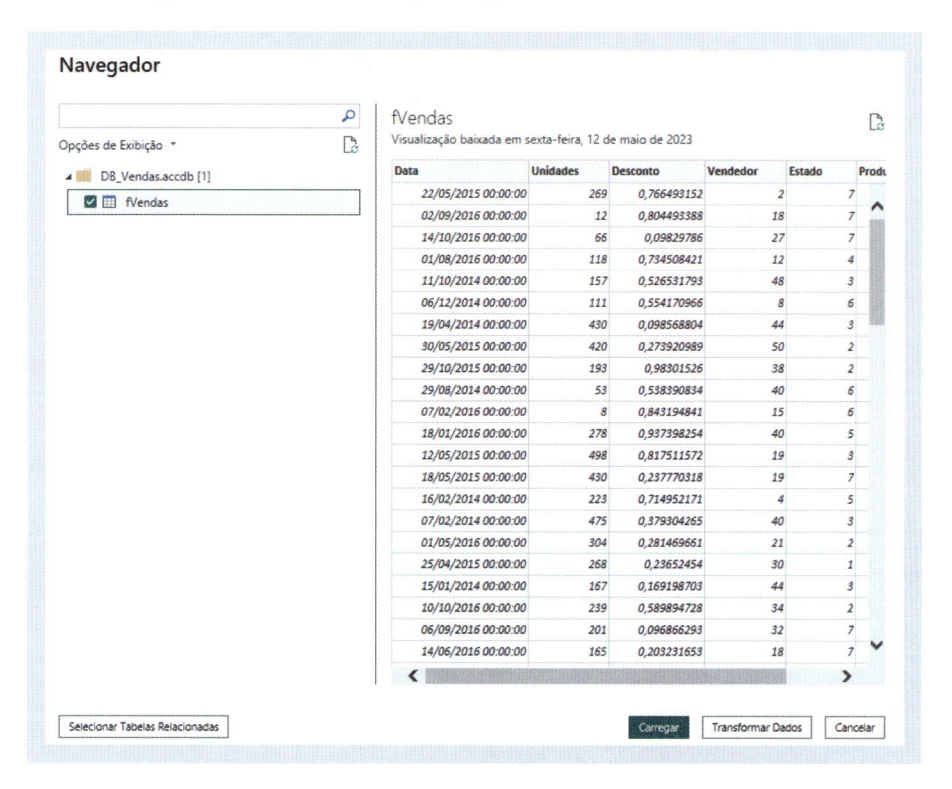

Data	Unidades	Desconto	Vendedor	Estado
22/05/2015 00:00:00	269	0,766493152	2	7
02/09/2016 00:00:00	12	0,804493388	18	7
14/10/2016 00:00:00	66	0,09829786	27	7
01/08/2016 00:00:00	118	0,734508421	12	4
11/10/2014 00:00:00	157	0,526531793	48	3
06/12/2014 00:00:00	111	0,554170966	8	6
19/04/2014 00:00:00	430	0,098568804	44	3
30/05/2015 00:00:00	420	0,273920989	50	2
29/10/2015 00:00:00	193	0,98301526	38	2
29/08/2014 00:00:00	53	0,538390834	40	6
07/02/2016 00:00:00	8	0,843194841	15	6
18/01/2016 00:00:00	278	0,937398254	40	5
12/05/2015 00:00:00	498	0,817511572	19	3
18/05/2015 00:00:00	430	0,237770318	19	7
16/02/2014 00:00:00	223	0,714952171	4	5
07/02/2014 00:00:00	475	0,379304265	40	3
01/05/2015 00:00:00	304	0,281469661	21	2
25/04/2015 00:00:00	268	0,23652454	30	1
15/01/2014 00:00:00	167	0,169198703	44	3
10/10/2016 00:00:00	239	0,589894728	34	2
06/09/2016 00:00:00	201	0,096866293	32	7
14/06/2016 00:00:00	165	0,203231653	18	7

> **Importante:** Durante a importação do arquivo *DB_Vendas.accdb* no Access, é possível que um erro seja exibido na tela. Esse problema pode ocorrer em razão da necessidade de instalar um conector para a importação de banco de dados. Mesmo sendo um banco de dados da Microsoft, é fundamental que o conector seja instalado para que a importação aconteça sem problemas.
>
> Acesse o link a seguir para instalar o conector solicitado e dar continuidade à importação (cabe observar que o link fornecido direciona para um Power BI em português com arquitetura de 64 bits): https://www.microsoft.com/pt-BR/download/details.aspx?id=54920.

2. Após efetuadas todas as importações, clique em *Transformar dados* para verificar a tipagem dos dados e eventuais problemas a serem tratados.

Note que, neste exemplo, será necessário trocar os nomes das tabelas importadas para *Vendedor* e *Produto*.

3. Renomeie a tabela *Table001 (Page 1)* como *Produto*.
4. Renomeie a tabela *Planilha1* como *Vendedor*.

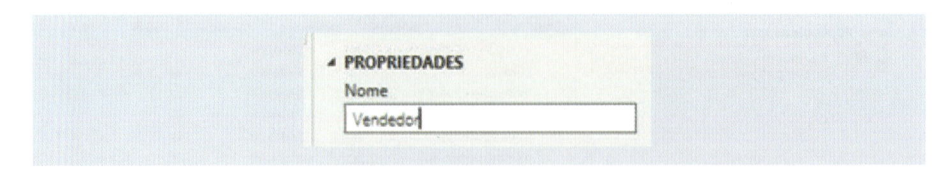

5. Clique em *Fechar e Aplicar* na guia *Página Inicial* para voltar para o Power BI e criar as medidas.

Visitando a exibição de relacionamentos, é fácil notar que os relacionamentos criados pelo Power BI não estão 100% corretos, pois ele relacionou a tabela *Vendedor* com a tabela *Produto* e a tabela *Vendedor* com a tabela *Estado*. Isso ocorreu por causa do nome do campo e do tipo.

6. Corrija os relacionamentos clicando com o botão direito do mouse em cima do traço do relacionamento e pressionando a tecla *Delete*.
7. Não esqueça que todas as tabelas *Dimensão* devem ficar relacionadas com a tabela *Fato*. Aplique os relacionamentos entre a tabela *Produto* (ID) e *fVendas* (Produto) e entre a tabela *Estado* (ID) e *fVendas* (Estado), além da tabela *Vendedor* (ID) e *fVendas* (Vendedor).

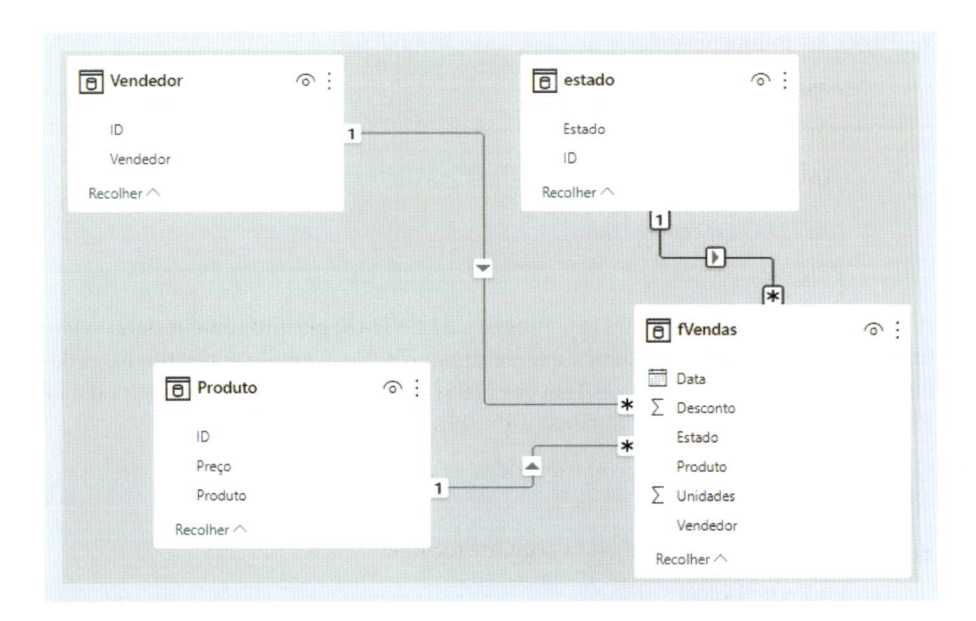

Criação de tabela *Calendario* via função DAX

Para que seja possível o desenvolvimento de medidas com inteligência temporal, conforme explicado no capítulo 3, é fundamental que tenhamos uma tabela *Calendario*.

No capítulo 3, criamos uma tabela *Calendario* utilizando o Power Query e sua poderosa linguagem M. Desta vez, vamos criar uma tabela *Calendario* recorrendo a funções DAX.

1. Clique no ícone *Modo de exibição de tabela* no lado esquerdo da tela.
2. No menu *Ferramentas da tabela*, clique na opção *Nova tabela*.

3. Digite a seguinte fórmula:

    Calendario =

    CALENDAR(

    FIRSTDATE(fVendas[Data]),

    LASTDATE(fVendas[Data])

)

A tabela *Calendario* será gerada pela função *CALENDAR*, permitindo que datas sejam inseridas de maneira tanto estática quanto dinâmica. No exemplo apresentado, as datas foram inseridas utilizando as funções *FIRSTDATE* e *LASTDATE* (primeira data e última data) do campo *Data* da tabela *Fato fVendas*.

Com a criação da tabela *Calendario*, todas as fórmulas subsequentes servirão para criar colunas.

4. Clique em *Nova coluna* e digite a seguinte fórmula:

    Ano = YEAR([Date])

    Depois, clique em *Confirmar*.

```
X ✓  1 Ano = YEAR([Date])
```

5. Clique em *Nova coluna* e digite a seguinte fórmula:

    Mês = MONTH([Date])

Depois, clique em *Confirmar*.

Embora a fórmula retorne o número correspondente ao mês, essa informação provavelmente não será utilizada como filtro no dashboard. No entanto, ela é necessária para que seja possível classificar corretamente o nome do mês. O motivo é que, ao utilizar o nome do mês em qualquer visualização, ele será exibido ou classificado em ordem alfabética.

6. Clique em *Nova coluna* e digite a seguinte fórmula:

    DiaMes = DAY([Date])

    Depois, clique em *Confirmar*.

7. Clique em *Nova coluna* e digite a seguinte fórmula:

    NomeMes = FORMAT([Date],"mmmm")

    Depois, clique em *Confirmar*.

8. Clique em *Nova coluna* e digite a seguinte fórmula:

   DiaSemana = FORMAT([Date],"dddd")

   Depois, clique em *Confirmar*.

9. Clique em *Nova coluna* e digite a seguinte fórmula:

   MesAno = FORMAT([Date], "mmm"&"/"&"yyyy")

   Depois, clique em *Confirmar*.

10. Clique em *Nova coluna* e digite a seguinte fórmula:

    Trimestre = QUARTER([Date])

    Depois, clique em *Confirmar*.

11. Clique em *Nova coluna* e digite a seguinte fórmula:

    TrimAno = CONCATENATE([Trimestre]&"º Trim - ",[Ano])

    Depois, clique em *Confirmar*.

12. Clique em *Nova coluna* e digite a seguinte fórmula:

    DiaUtil =

    NETWORKDAYS(

       FIRSTDATE(Calendario[Date]),

       LASTDATE(Calendario[Date]),

       1

)

    Depois, clique em *Confirmar*.

Explicação da fórmula

A função *NETWORKDAYS* é responsável por informar ao Power BI se determinado dia é considerado útil ou não. Para isso, é necessário fornecer como parâmetros a data inicial e a data final e definir quais dias da semana serão considerados fim de semana. Neste caso em particular, foi definido que o sábado e o domingo serão considerados dias não úteis.

Esse tipo de cálculo é extremamente valioso quando precisamos criar projeções mensais precisas e realistas, especialmente se a análise deve levar em conta apenas os dias úteis do mês. Essa abordagem é importante em particular em setores nos quais há uma grande variação nas vendas ao longo da semana, como no comércio varejista ou em empresas de serviços.

Para otimizar nossa análise, podemos utilizar a informação da coluna que classifica os dias como úteis ou não e criar uma medida capaz de agregar esses dados de modo eficiente. Assim, poderemos obter uma visão mais clara e concisa sobre o aproveitamento desses dias em nossos estudos ou projetos.

13. Para tanto, clique com o botão direito do mouse em cima do nome *Calendario*, opção *Nova medida*.

    Total Dias Uteis =

    CALCULATE(

    SUM(Calendario[DiaUtil]),

    ALLSELECTED(Calendario)

)

Essa função está somando quantos dias úteis ocorreram em um mês específico. Entretanto, a função CALCULATE nos ajuda a somar apenas os dias úteis, e não os dias não úteis.

Após a criação da tabela *Calendario*, é necessário voltar à exibição de relacionamento e relacioná-la com a tabela *Fato fVendas*.

14. Para isso, clique e arraste o campo *Date* da tabela *Calendario* até o campo *Date* da tabela *fVendas*.

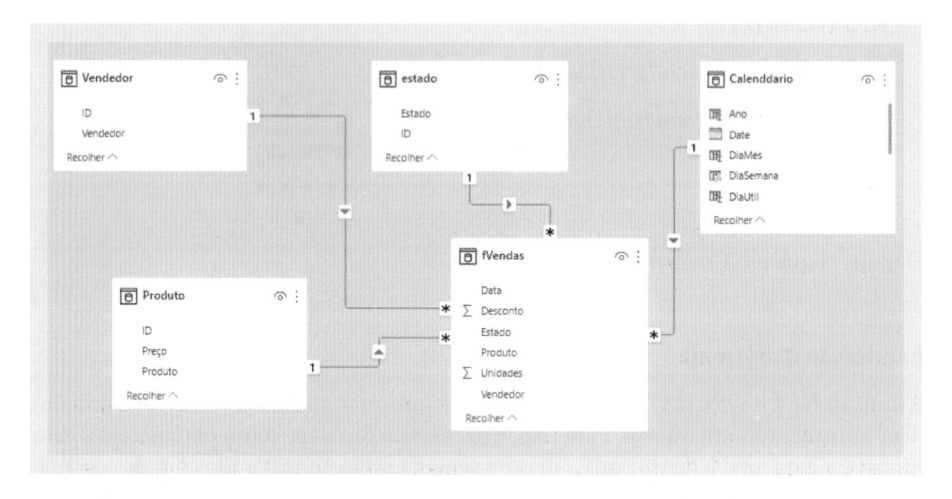

Observa-se que a modelagem empregada neste exercício é a do star schema, já que todas as relações apresentam a cardinalidade um para muitos.

Criação de medidas básicas de cálculo

A partir deste ponto, é fundamental dar início à criação das primeiras medidas. Essas medidas serão essenciais para a obtenção de informações valiosas que, posteriormente, farão toda a diferença na tomada de decisão.

Comece criando as funções de sumarização dos valores de venda, como: *SUM*, *MAX*, *MIN* e *AVERAGE*.

1. Para isso, clique no ícone *Modo de exibição de tabela* do lado esquerdo da tela e, com o botão direito do mouse, clique na tabela *fVendas*, opção *Nova medida*.

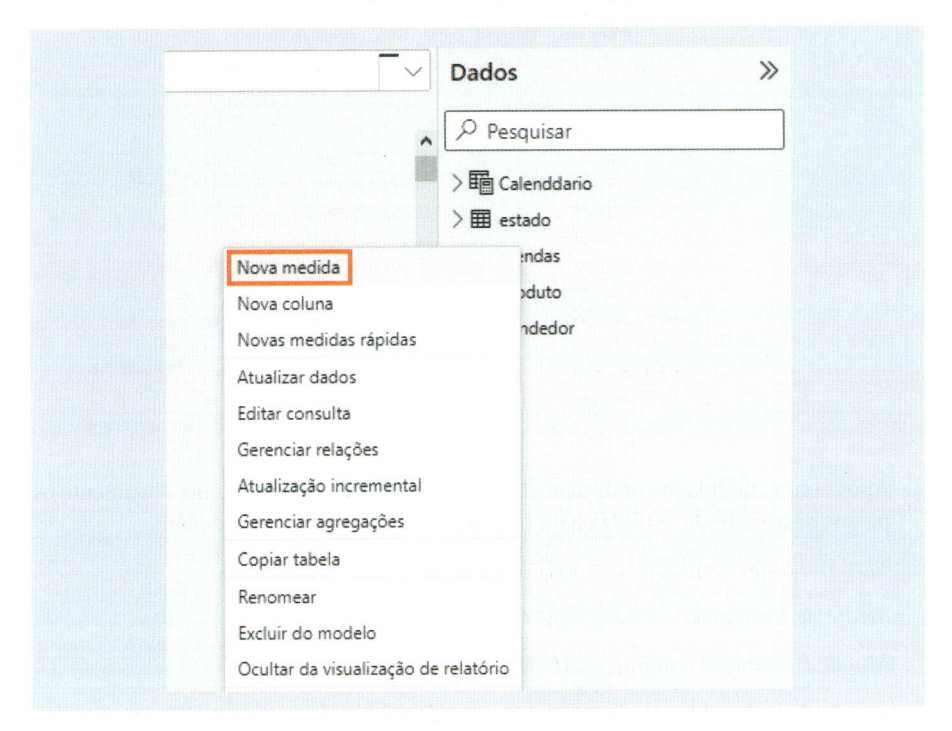

2. Digite a seguinte fórmula:

   Total Unidades Vendidas = SUM(fVendas[Unidades])

3. Depois de criar a medida e ainda com ela selecionada, clique no recurso *Separador de milhar* para que a exibição no dashboard fique melhor.

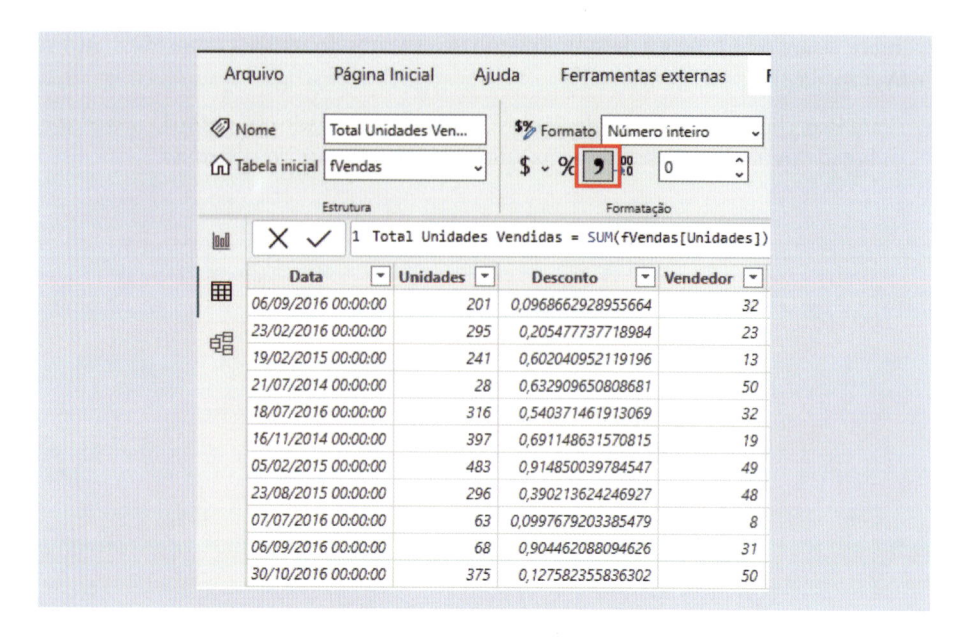

4. Após criar a medida de totalização de unidades na tabela *fVendas*, siga novamente os passos de criação de medidas para criar as seguintes medidas adicionais:

Max Unidades Vendidas = MAX(fVendas[Unidades])

Média de Unidades Vendidas = AVERAGE(fVendas[Unidades])

Min de Unidades Vendidas = MIN(fVendas[Unidades])

É importante notar que, até o momento, os valores obtidos refletem apenas a quantidade vendida. Portanto, não há informações sobre os custos e, consequentemente, não há dados sobre o faturamento ou qualquer outro indicador relacionado.

Agora é o momento de criar medidas mais sofisticadas que permitam analisar questões relevantes, como:

- Faturamento
- Média de faturamento
- Maior faturamento
- Menor faturamento
- Comparação de valores por mês, trimestre e semestre
- Porcentagem de *market share* de cada revenda
- Ranqueamento por revenda

Com essas medidas, será possível obter insights mais precisos sobre o desempenho das revendas e, por consequência, tomar decisões estratégicas embasadas em dados concretos.

5. Crie uma medida com a seguinte fórmula:

Faturamento =

SUMX(

   fVendas,

   fVendas[Unidades]*RELATED(Produto[Preço])

)

Ao criarmos uma medida para obter o valor de faturamento, é necessário multiplicar duas colunas. Para isso, utilizamos a função *SUMX*, que é uma função iterativa ou iterante. Com ela, será possível realizar o cálculo exigido de maneira eficiente e precisa.

A função *RELATED* é necessária para que seja possível o alcance da coluna *Preço* que está na tabela *Produto*.

6. Aproveite para inserir o separador de milhar nessa medida também.
7. Para criar a média de faturamento, digite a seguinte fórmula:

   Média de Faturamento =

   AVERAGEX(

      fVendas,

      fVendas[Unidades]*RELATED(Produto[Preço])

)

8. Repita os passos para criar as seguintes medidas:

   Maior Faturamento =

   MAXX(

      fVendas,

      fVendas[Unidades]*RELATED(Produto[Preço])

)

   Menor Faturamento =

   MINX(

      fVendas,

      fVendas[Unidades]*RELATED(Produto[Preço])

)

Cálculo da porcentagem (%) de representatividade

Uma informação muito relevante para os gestores é a porcentagem de representatividade de determinado item, estado ou vendedor em relação ao valor total. Para alcançar esse resultado, é necessário criar uma medida que não seja afetada pelo filtro aplicado.

O motivo para isso é que, ao incluir uma medida em um visual, o filtro presente nesse visual influencia o cálculo da medida. No entanto, para obter a porcentagem de representatividade desejada, é preciso que a medida considere o valor total, independentemente do filtro utilizado.

Para ilustrar melhor essa questão, confira a imagem a seguir.

Estado	Faturamento
Espírito Santo	736.191.566
Goiás	741.889.422
Rio grande do Norte	723.551.056
rio Grande do Sul	713.506.252
Santa Catarina	734.292.832
São Paulo	805.984.872
Sergipe	713.050.012
Total	**5.168.466.012**

Note que, para conseguir encontrar a porcentagem de representatividade de cada estado em relação ao valor total de faturamento, bastaria dividir o valor de Espírito Santo pelo total faturado. Entretanto, como fazer isso se os dois valores assinalados na imagem correspondem à mesma medida?

Para isso, é necessário criar uma medida que possa bloquear a ação do filtro no visual. Tente imaginar que o resultado desejado dessa medida seja o valor 5.168.466.012 para todos os estados, a fim de que, dessa forma, seja possível a divisão.

1. Para isso, digite a seguinte fórmula:

Faturamento Sem Filtros =

CALCULATE(

    [Faturamento],

    ALLSELECTED(fVendas)

)

Explicação da fórmula

A função *CALCULATE* executa com cálculo e com a possibilidade de modificação do filtro, ou de bloqueio dele. Portanto, estamos solicitando para o Power BI que calcule o faturamento tendo como referência a tabela *fVendas* inteira, isto é, a função *ALLSELECTED* está bloqueando o filtro interno do visual. O resultado será este:

Estado	Faturamento	Faturamento Sem Filtros
Espírito Santo	736.191.566	5.168.466.012
Goiás	741.889.422	5.168.466.012
Rio grande do Norte	723.551.056	5.168.466.012
rio Grande do Sul	713.506.252	5.168.466.012
Santa Catarina	734.292.832	5.168.466.012
São Paulo	805.984.872	5.168.466.012
Sergipe	713.050.012	5.168.466.012
Total	**5.168.466.012**	**5.168.466.012**

Para você recriar essa matriz em seu arquivo, basta realizar os seguintes passos:

2. Inclua um visual *Matriz*.
3. No campo *Linhas*, inclua o nome do estado.
4. No campo *Valores*, inclua as medidas *Faturamento* e *Faturamento sem Filtros*.

Vale lembrar que a medida *Faturamento sem Filtros* não será utilizada diretamente em nenhum visual, já que sua função é apenas permitir a divisão do valor de faturamento de cada estado por ela.

Essa é uma técnica muito empregada na criação de medidas complexas, nas quais é necessário realizar cálculos avançados que não podem ser feitos diretamente nos visuais. Ao criar uma medida intermediária como *Faturamento sem Filtros*, é possível realizar os cálculos necessários para obter as informações desejadas.

5. Crie mais uma medida com a seguinte fórmula:

    % *Representatividade* =

    DIVIDE([Faturamento],[Faturamento Sem Filtros],0)

A função *DIVIDE* vai dividir a medida *Faturamento* pela *Faturamento sem Filtros*. O zero (0) no final da medida é o resultado alternativo, ou seja, caso não seja possível a divisão, a medida automaticamente vai inserir o valor zero como resultado.

6. Formate a medida como porcentagem clicando no ícone % nas propriedades da medida.

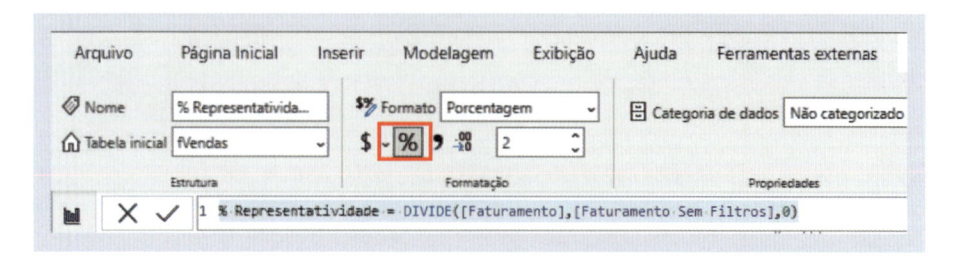

7. Inclua a *% Representatividade* na matriz e retire a medida *Faturamento sem Filtros*. A sua matriz deverá se parecer com a imagem a seguir.

Estado	Faturamento	% Representatividade
Espírito Santo	736.191.566	14,24%
Goiás	741.889.422	14,35%
Rio grande do Norte	723.551.056	14,00%
rio Grande do Sul	713.506.252	13,80%
Santa Catarina	734.292.832	14,21%
São Paulo	805.984.872	15,59%
Sergipe	713.050.012	13,80%
Total	**5.168.466.012**	**100,00%**

CRIAÇÃO DE UMA MEDIDA PARA RANQUEAMENTO DE VENDAS

Antes de implementar a medida de classificação de vendas por estado, é preciso esclarecer um ponto crucial. Ao contrário da maioria das outras medidas, que podem ser filtradas de maneira bem-sucedida por meio de vários filtros, a medida de ranqueamento não funciona dessa maneira. Isso ocorre porque precisamos especificar o critério de classificação que desejamos usar (por vendedor, por estado, por produto, entre outros), e isso torna impossível aplicar uma única medida sob a influência de qualquer filtro. Portanto, seria necessário ter medidas separadas para cada critério de classificação.

A fim de criar uma medida para ranquear as vendas por estado, siga estes passos:

1. Clique com o botão direito do mouse em cima do escrito *fVendas*, opção *Nova medida*.

2. Digite a seguinte fórmula:

   Ranking por Estado = RANKX(estado,[Faturamento])

   A partir da criação, insira essa medida na matriz que já existe em nosso exercício.

   Assim que a inserir, você deverá reparar que algo deu errado. Todos os estados aparecem ranqueados com 1.

Estado	Faturamento	% Representatividade	Ranking por Estado
Espírito Santo	736.191.566	14,24%	1
Goiás	741.889.422	14,35%	1
Rio grande do Norte	723.551.056	14,00%	1
rio Grande do Sul	713.506.252	13,80%	1
Santa Catarina	734.292.832	14,21%	1
São Paulo	805.984.872	15,59%	1
Sergipe	713.050.012	13,80%	1
Total	**5.168.466.012**	**100,00%**	**1**

   Mas por que isso aconteceu? O Power BI executou exatamente a solicitação de classificação por estado. No entanto, o problema está relacionado ao contexto de filtro que está sendo aplicado. Quando a medida é submetida ao filtro do estado, ela compara o estado selecionado com ele mesmo, posicionando-o em primeiro lugar no ranking.

   Para solucionar esse problema, é necessário bloquear a ação do contexto de filtro, como já mencionado quando criamos a medida de *% de Representatividade*. Nessa ocasião, utilizamos a função *ALLSELECTED*, mas há outras opções, como a função *ALL* e *REMOVEFILTERS*. Neste exemplo, vamos utilizar a função *ALL*.

3. Altere a medida da seguinte maneira:

   Ranking por Estado =

   RANKX(

      ALL(estado),

      [Faturamento]

)

   Observação: Atente-se aos parênteses da função *ALL* antes da vírgula.

Você terá a seguinte visão:

Estado	Faturamento	% Representatividade	Ranking por Estado
Espírito Santo	736.191.566	14,24%	3
Goiás	741.889.422	14,35%	2
Rio grande do Norte	723.551.056	14,00%	5
rio Grande do Sul	713.506.252	13,80%	6
Santa Catarina	734.292.832	14,21%	4
São Paulo	805.984.872	15,59%	1
Sergipe	713.050.012	13,80%	7
Total	**5.168.466.012**	**100,00%**	**1**

4. Para classificar em ordem crescente a sua matriz pelo ranqueamento recém-criado, basta clicar duas vezes em cima do nome da medida.

Estado	Faturamento	% Representatividade	Ranking por Estado
São Paulo	805.984.872	15,59%	1
Goiás	741.889.422	14,35%	2
Espírito Santo	736.191.566	14,24%	3
Santa Catarina	734.292.832	14,21%	4
Rio grande do Norte	723.551.056	14,00%	5
rio Grande do Sul	713.506.252	13,80%	6
Sergipe	713.050.012	13,80%	7
Total	**5.168.466.012**	**100,00%**	**1**

CRIAÇÃO DE UMA MEDIDA DE SUB-RANQUEAMENTO

Vamos criar agora uma medida de ranqueamento por vendedor.

1. Para isso, digite a seguinte fórmula:

   Ranking por Vendedor =

   RANKX(

      ALL(Vendedor),

      [Faturamento]

)

2. Inclua o vendedor em nossa matriz, logo abaixo do estado.

Você vai observar que na frente do estado ficará um símbolo +, indicando que ali há subitens ocultos. Isso se chama *drill down*, conforme explicado anteriormente.

Estado	Faturamento	% Representatividade	Ranking por Estado
São Paulo	805.984.872	15,59%	1
Goiás	741.889.422	14,35%	2
Espírito Santo	736.191.566	14,24%	3
Santa Catarina	734.292.832	14,21%	4
Rio grande do Norte	723.551.056	14,00%	5
rio Grande do Sul	713.506.252	13,80%	6
Sergipe	713.050.012	13,80%	7
Total	**5.168.466.012**	**100,00%**	1

Linhas: Estado, Vendedor
Colunas: Adicionar os campos de da...
Valores: Faturamento, % Representatividade, Ranking por Estado

3. Inclua agora a medida recém-criada no *Ranking por Vendedor*. Sua imagem deverá ficar bem parecida com esta:

Estado	Faturamento	% Representatividade	Ranking por Estado	Ranking por Vendedor
⊞ São Paulo	805.984.872	15,59%	1	1
⊞ Goiás	741.889.422	14,35%	2	1
⊞ Espírito Santo	736.191.566	14,24%	3	1
⊞ Santa Catarina	734.292.832	14,21%	4	1
⊞ Rio grande do Norte	723.551.056	14,00%	5	1
⊞ rio Grande do Sul	713.506.252	13,80%	6	1
⊞ Sergipe	713.050.012	13,80%	7	1
Total	**5.168.466.012**	**100,00%**	1	1

Isso ocorre pelo nível de nossa matriz. Atualmente, o contexto de filtro que está sendo aplicado é o de estado. Portanto, a classificação por estado está correta, mas a classificação por vendedor não está sendo feita adequadamente.

4. Clique no símbolo + do estado de São Paulo para verificar como a matriz e as medidas de classificação vão se comportar.

Faturamento	% Representatividade	Ranking por Estado	Ranking por Vendedor
805.984.872	15,59%	1	1
22.942.376	0,44%	1	5
24.347.126	0,47%	1	4
18.286.320	0,35%	1	16
27.443.734	0,53%	1	1
21.197.046	0,41%	1	7
19.120.370	0,37%	1	13
21.699.498	0,42%	1	6
18.041.300	0,35%	1	18
19.322.266	0,37%	1	12
19.003.420	0,37%	1	14
19.845.428	0,38%	1	10
26.645.114	0,52%	1	2
5.168.466.012	100,00%	1	1

Observe que a situação agora se inverteu: a classificação por vendedor está correta, mas a classificação por estado não está adequada. Isso ocorre por causa de uma combinação do comportamento da medida *RANKX* com o comportamento dos contextos de filtro quando se manifesta o *drill down*. O contexto de filtro é aplicado de modo diferente em cada nível de *drill down*, afetando a classificação dos dados.

Para solucionar esse problema, é necessário criar uma medida capaz de identificar em qual nível estamos em nossa matriz a fim de aplicar a medida adequada a cada caso. Dessa forma, poderemos garantir que as classificações por vendedor e por estado estejam corretas independentemente do nível de *drill down* em que estamos. A função que nos auxiliará nesse caso é a *ISINSCOPE*, combinada com uma estrutura condicional (*IF*).

5. Crie outra medida, agora chamada *Ranking Geral*, com a seguinte fórmula:

    Ranking Geral =
    IF(
        ISINSCOPE(
            Vendedor[Vendedor])=TRUE(),
        [Ranking por Vendedor],
        [Ranking por Estado]
)

6. Retire as outras medidas de ranqueamento e deixe somente *Ranking Geral*. Sua matriz deverá se parecer com esta:

Estado	Faturamento	% Representatividade	Ranking Geral
⊞ São Paulo	805.984.872	15,59%	1
⊞ Goiás	741.889.422	14,35%	2
⊞ Espírito Santo	736.191.566	14,24%	3
⊞ Santa Catarina	734.292.832	14,21%	4
⊞ Rio grande do Norte	723.551.056	14,00%	5
⊞ rio Grande do Sul	713.506.252	13,80%	6
⊞ Sergipe	713.050.012	13,80%	7
Total	**5.168.466.012**	**100,00%**	**1**

Estado	Faturamento	% Representatividade	Ranking Geral
⊟ **São Paulo**	**805.984.872**	**15,59%**	**1**
Camila Oliveira Silva	27.443.734	0,53%	1
Rafaela Almeida Costa	28.565.904	0,55%	1
Taís Oliveira Rodrigues	26.645.114	0,52%	2
Samuel Carvalho Costa	24.655.116	0,48%	3
Bruno Rodrigues de Oliveira	24.347.126	0,47%	4
Beatriz Santos Silva	22.942.376	0,44%	5
Júlia Ferreira da Silva	21.699.498	0,42%	6
Daniel Moreira de Almeida	21.197.046	0,41%	7
João Victor Souza Santos	20.675.480	0,40%	8
Carolina Almeida dos Santos	20.069.490	0,39%	9
Miguel de Oliveira Macedo	19.845.428	0,38%	10
Victor Lima da Costa	19.523.556	0,38%	11
Total	**5.168.466.012**	**100,00%**	**1**

Conseguimos, assim, fazer um sub-ranqueamento entre estado e vendedor.

7. Aproveite para criar o *Ranking por Produtos*, pois com certeza será muito útil na construção do dashboard.

Ranking por Produtos =

   RANKX(

   ALL(Produto),

   [Faturamento]

)

Variação ano a ano

Já que estamos analisando dados que incluem informações sobre faturamento, é importante observar como esse indicador se comporta em relação aos anos, meses e até mesmo dias, a fim de entender seu desempenho ao longo do tempo.

Para conseguir as informações pertinentes, será necessário desenvolver medidas que trabalhem com funções de inteligência temporal. Felizmente, isso será possível, pois já construímos nossa tabela *Calendario*, cuja presença é requerida por essas funções.

Com a análise do comportamento do faturamento em diferentes recortes temporais, poderemos identificar padrões e tendências ao longo do tempo. Isso permitirá que a empresa tome medidas para aumentar suas vendas em momentos de baixo faturamento ou aproveite picos de vendas em períodos específicos.

Como primeira medida, é preciso calcular as vendas do ano anterior, para que seja possível dividir o faturamento do ano vigente pelo ano anterior.

Existe mais de uma função com essa propriedade; entre elas, podemos citar: *SAMEPERIODLASTYEAR* e *DATEADD*. Em nosso exemplo, vamos adotar a *SAMEPERIODLASTYEAR*, pois teremos outra oportunidade para utilizar a *DATEADD*.

1. Clique com o botão direito do mouse em cima de *fVendas*, opção *Nova medida*, e digite a seguinte fórmula:

   Faturamento_AA =

   　CALCULATE(

   　　[Faturamento],

   　　SAMEPERIODLASTYEAR(Calendario[Date])

   　)

Nessa fórmula, estamos solicitando ao Power BI que calcule o faturamento no mesmo período do ano anterior.

2. Para verificar o resultado dessa medida e entender o motivo de sua criação, inclua uma nova matriz.

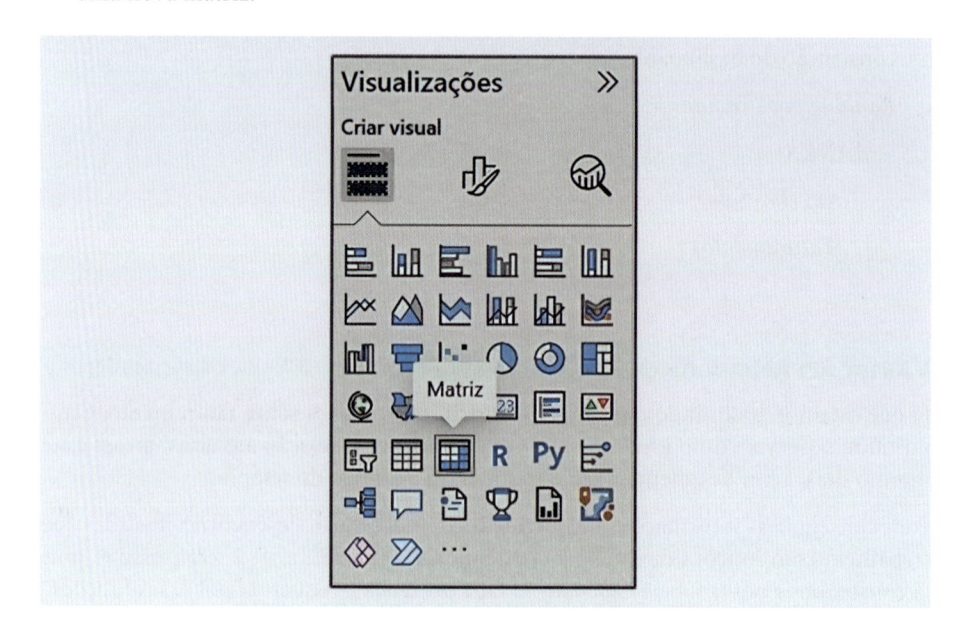

3. Navegue até a tabela *Calendario*, selecione o campo *Ano* e arraste-o até a opção *Linhas* da matriz.

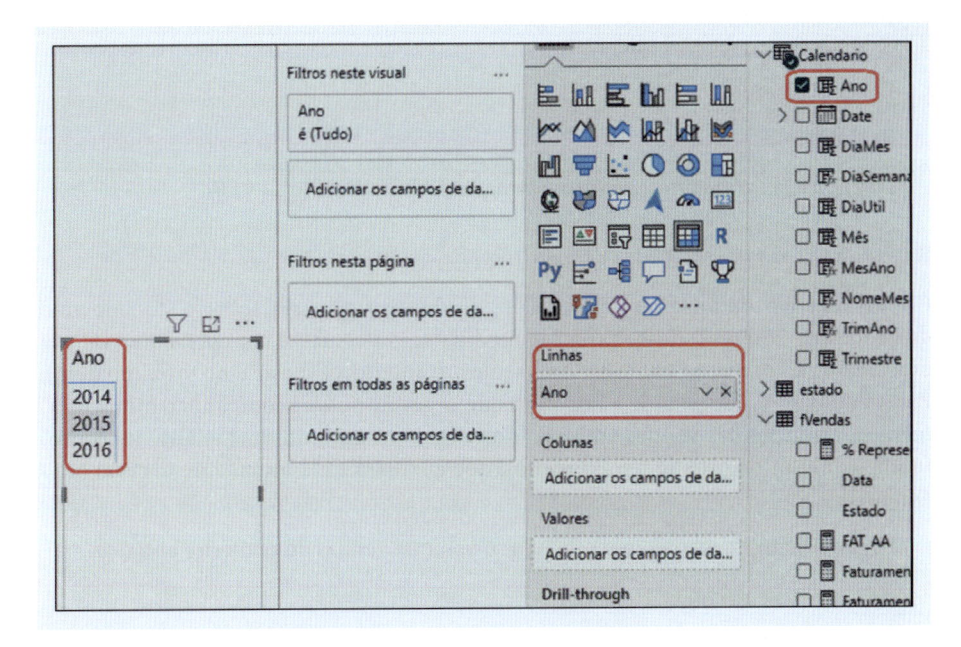

4. Agora, inclua na matriz, na parte de valores, as medidas *Faturamento* e *FAT_AA*. Sua tabela deverá ficar parecida com a desta imagem:

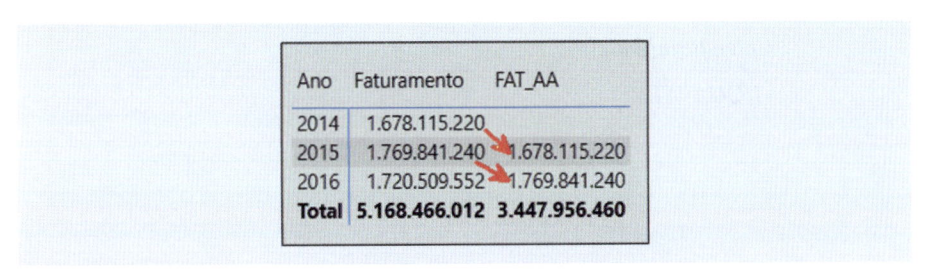

Ano	Faturamento	FAT_AA
2014	1.678.115.220	
2015	1.769.841.240	1.678.115.220
2016	1.720.509.552	1.769.841.240
Total	5.168.466.012	3.447.956.460

Ao observar a imagem, percebemos que não há valores na linha correspondente a 2014. Isso se deve ao fato de que a base de dados não contém informações anteriores a esse ano. Da mesma forma, não temos valores para o ano de 2017, o que impede a replicação dos valores de 2016.

A partir deste ponto, podemos dividir os valores para determinar a variação entre um ano e outro. Embora a operação aritmética de divisão possa ser usada para isso, ela talvez gere resultados incorretos, dependendo dos filtros que influenciam a fórmula. Para evitar esse problema, seria necessário utilizar uma função *IF* a fim de tratar o erro, o que não seria uma solução eficiente em termos de desempenho.

Uma solução mais sofisticada seria recorrer à função *DIVIDE*, que já inclui um argumento para um resultado alternativo, evitando, assim, a necessidade de usar uma função *IF* interna. Essa abordagem permitirá que encontremos a variação entre os anos de maneira precisa e eficiente.

5. Digite a seguinte medida:

% Var Ano =

DIVIDE([Faturamento]-[Faturamento_AA],[Faturamento_AA],0)

Faturamento do trimestre anterior

Com o objetivo de fornecer informações ainda mais precisas sobre o desempenho de vendas da empresa, nossa próxima medida se concentrará em apresentar valores específicos referentes ao trimestre e ao semestre anteriores (neste e no próximo item). Esses dados serão de grande valor para que o gestor possa acompanhar minuciosamente a evolução das vendas ao longo do tempo, permitindo uma análise mais profunda, com um recorte de tempo menor, que auxiliará uma tomada de decisão mais embasada.

1. Digite a seguinte medida para calcular o valor de vendas do trimestre anterior:

   Faturamento_TA =

       CALCULATE(

           [Faturamento],

           DATEADD(

               Calendario[Date],

               -1,QUARTER

)

)

   Note que nessa medida foi utilizada a função *DATEADD*. Essa função é muito flexível quando precisamos de recortes temporais específicos (*quarter* = trimestre).

2. Para verificar a medida que acabamos de criar, inclua outra matriz e coloque os campos *TrimAno* da tabela *Calendario* em linhas; em *Valores*, inclua os campos *Faturamento* e *Faturamento_TA* da tabela *fVendas*, conforme a figura.

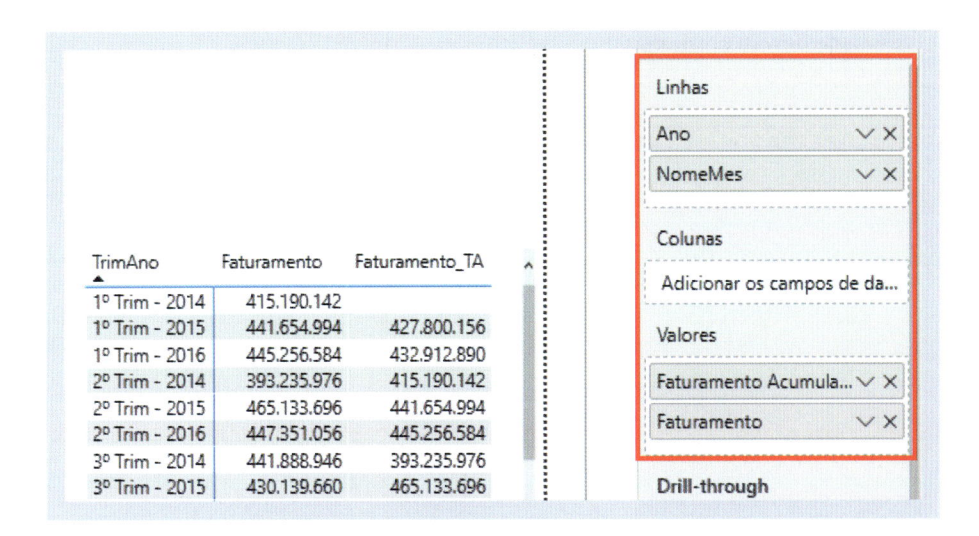

TrimAno	Faturamento	Faturamento_TA
1º Trim - 2014	415.190.142	
1º Trim - 2015	441.654.994	427.800.156
1º Trim - 2016	445.256.584	432.912.890
2º Trim - 2014	393.235.976	415.190.142
2º Trim - 2015	465.133.696	441.654.994
2º Trim - 2016	447.351.056	445.256.584
3º Trim - 2014	441.888.946	393.235.976
3º Trim - 2015	430.139.660	465.133.696

Embora nossa medida esteja calculando corretamente o faturamento do trimestre anterior, estamos enfrentando dificuldades para visualizá-lo por causa de um problema de classificação no campo *TrimAno*. Infelizmente, a classificação desse campo não é tão simples, pois ele é uma junção de informações e, se tentarmos classificá-lo apenas por trimestre ou por ano, não obteremos os resultados desejados.

Diante desse desafio, é fundamental criar outra coluna que possa servir para um cálculo de classificação mais preciso, levando em consideração tanto o trimestre quanto o ano a fim de organizar a coluna *TrimAno* de maneira adequada. Somente assim conseguiremos visualizar corretamente os valores de faturamento.

3. Para tanto, volte à exibição de dados clicando no ícone do meio do lado esquerdo da tela do Power BI e posicione na tabela *Calendario*.

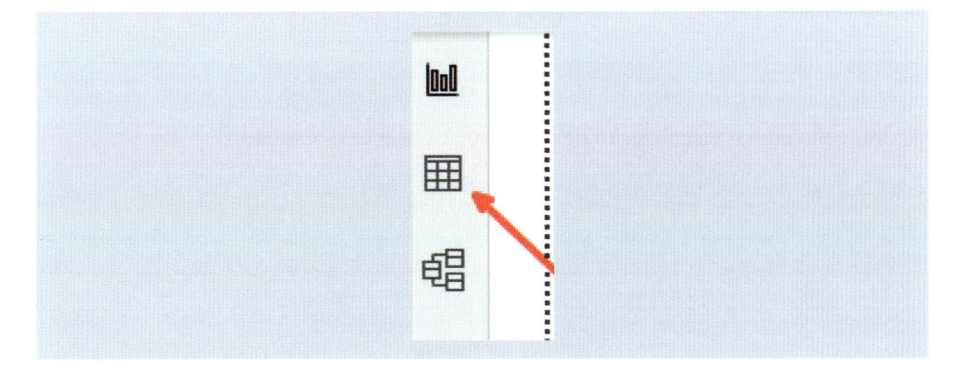

4. Em *Ferramentas de Tabela*, clique em *Nova coluna* na barra de opções.

5. Digite a seguinte fórmula:

   Classif TrimAno = Calendario[Trimestre]+(Calendario[Ano]*100)

O resultado deverá ser o seguinte:

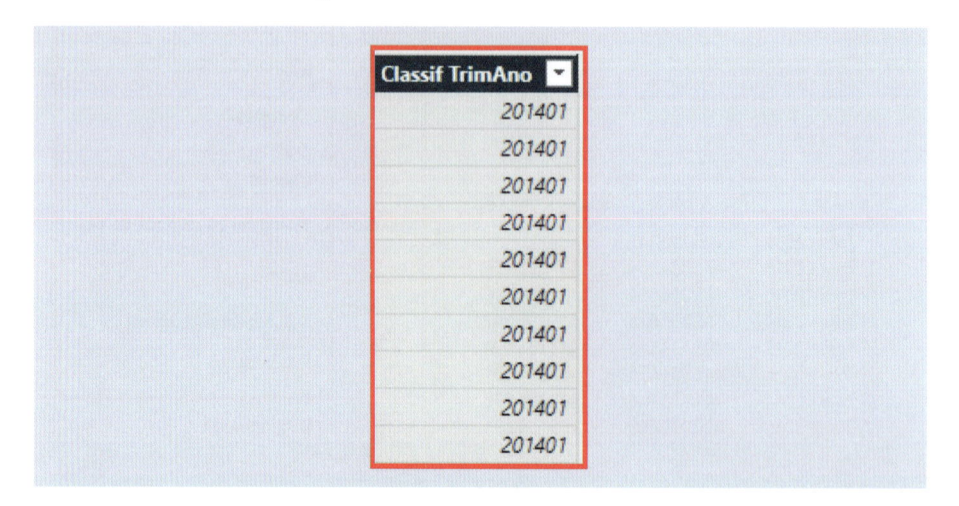

6. Selecione a coluna *TrimAno* e altere a classificação para *Classif TrimAno*.

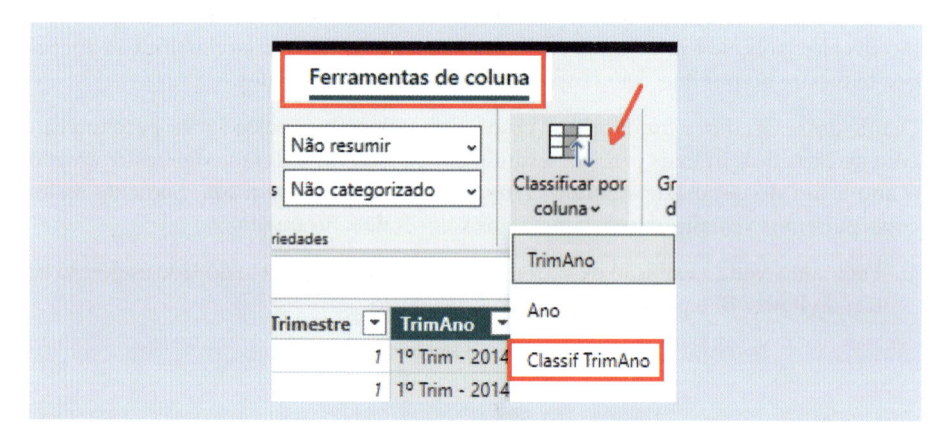

Agora, volte para a visualização de relatórios e observe o resultado.

TrimAno	Faturamento	Faturamento_TA
1º Trim - 2014	415.190.142	
2º Trim - 2014	393.235.976	415.190.142
3º Trim - 2014	441.888.946	393.235.976
4º Trim - 2014	427.800.156	441.888.946
1º Trim - 2015	441.654.994	427.800.156
2º Trim - 2015	465.133.696	441.654.994
3º Trim - 2015	430.139.660	465.133.696
4º Trim - 2015	432.912.890	430.139.660
1º Trim - 2016	445.256.584	432.912.890
Total	**5.168.466.012**	**4.733.765.018**

Faturamento do semestre anterior

Continuando nesse mesmo caminho, vamos estender nossos cálculos para incluir o semestre anterior. Isso nos permitirá comparar o desempenho atual com esse recorte temporal mais amplo e ter uma visão mais completa do progresso da empresa.

1. Para isso, digite a seguinte medida:

    Faturamento_SA =

    CALCULATE(

    [Faturamento],

    DATEADD(

    Calendario[Date],

    -6,MONTH

)

)

> **Importante:** Vale destacar que a medida que acabamos de criar não acumula os valores do semestre. Isso significa que, dependendo da forma como os campos são dispostos na visualização, você poderá observar um recorte comparável de seis meses dentro de cada mês. Esteja ciente dessa particularidade ao interpretar os dados e fazer as análises correspondentes.

Para entender melhor o resultado, dimensione os visuais de tabelas que estão em sua aba e inclua mais um visual *Matriz*:

2. Crie uma matriz.
3. No campo *Linhas*, coloque os dados de *Ano* e *NomeMes*.
4. No campo *Valores*, coloque os dados de *Faturamento* e *Faturamento_SA*.

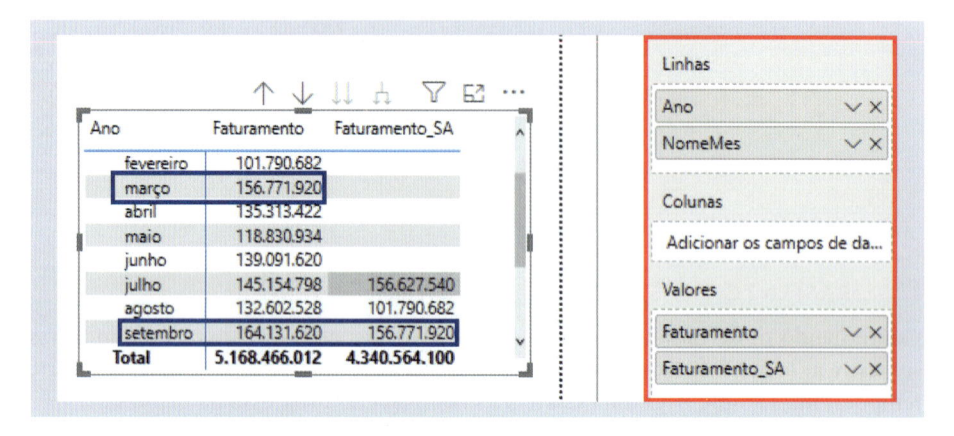

Coluna *Semestre*

Certamente seria confuso ter uma visualização na matriz que não fosse filtrada por semestre, pois seria difícil comparar e entender os dados apresentados. Por isso, é fundamental trazer valores já filtrados por semestre para facilitar a compreensão. Assim, vamos criar uma coluna na tabela *Calendario* que trará informações precisas sobre o semestre correspondente a cada data, permitindo agrupar e comparar os dados de maneira mais clara e objetiva. Com essa nova coluna, teremos uma visualização mais simplificada e informativa na matriz.

Existem duas maneiras básicas de criar essa coluna: a primeira é por meio da função *IF*, e a segunda pela função *SWITCH*. A função *IF* funciona de maneira semelhante à função *SE* do Excel e é amplamente conhecida e versátil para resolver problemas condicionais. No entanto, a sua utilização pode não ser muito recomendada em razão de sua demanda de processamento, o que tem chances de afetar o desempenho do modelo. Já a função *SWITCH* é capaz de resolver problemas condicionais de maneira semelhante à função *IF*, mas com um desempenho melhor. Para nosso caso, será utilizada a função *SWITCH* com o intuito de criar a coluna na tabela *Calendario*, garantindo uma solução mais eficiente e rápida ao problema em questão.

1. Acesse novamente a exibição de dados para que seja facilitada a criação da coluna.
2. Na tabela *Calendario*, clique na opção *Nova coluna*.
3. Digite a seguinte fórmula:

   Semestre =

   SWITCH(

   TRUE(),

   Calendario[Mês]<=6,"1º Semestre",

   "2º Semestre").

4. Para constatar como a visualização ficou mais simplificada, basta retirar da última matriz construída a coluna *NomeMes* e incluir em seu lugar a coluna *Semestre*.

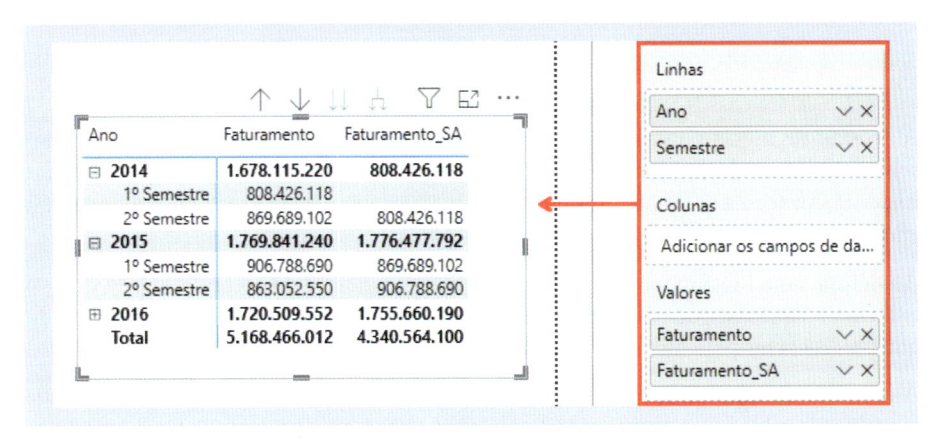

Variação de semestre para semestre e de trimestre para trimestre

Não teria sentido criar as medidas de semestre e de trimestre se não quiséssemos fazer uma comparação com o faturamento atual e ter a porcentagem de variação entre eles.

1. Em *Calendario*, crie uma medida:

   % Var Trimestre =

   DIVIDE([Faturamento]-[Faturamento_TA],[Faturamento_TA],0)

2. Não se esqueça de formatar como porcentagem, clicando no ícone %.
3. Crie outra medida digitando a seguinte fórmula:

   % Var Semestre =

   DIVIDE([Faturamento]-[Faturamento_SA],[Faturamento_SA],0)

4. Formate novamente como porcentagem clicando no ícone %.
5. Inclua agora essas medidas em suas respectivas matrizes, isto é, matriz do cálculo do semestre e matriz do cálculo do trimestre.

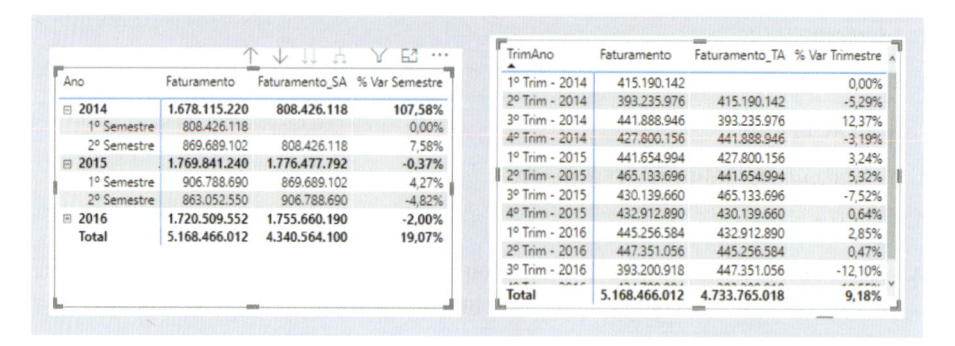

Ano	Faturamento	Faturamento_SA	% Var Semestre
⊟ 2014	1.678.115.220	808.426.118	107,58%
1º Semestre	808.426.118		0,00%
2º Semestre	869.689.102	808.426.118	7,58%
⊟ 2015	1.769.841.240	1.776.477.792	-0,37%
1º Semestre	906.788.690	869.689.102	4,27%
2º Semestre	863.052.550	906.788.690	-4,82%
⊟ 2016	1.720.509.552	1.755.660.190	-2,00%
Total	5.168.466.012	4.340.564.100	19,07%

TrimAno	Faturamento	Faturamento_TA	% Var Trimestre
1º Trim - 2014	415.190.142		0,00%
2º Trim - 2014	393.235.976	415.190.142	-5,29%
3º Trim - 2014	441.888.946	393.235.976	12,37%
4º Trim - 2014	427.800.156	441.888.946	-3,19%
1º Trim - 2015	441.654.994	427.800.156	3,24%
2º Trim - 2015	465.133.696	441.654.994	5,32%
3º Trim - 2015	430.139.660	465.133.696	-7,52%
4º Trim - 2015	432.912.890	430.139.660	0,64%
1º Trim - 2016	445.256.584	432.912.890	2,85%
2º Trim - 2016	447.351.056	445.256.584	0,47%
3º Trim - 2016	393.200.918	447.351.056	-12,10%
Total	5.168.466.012	4.733.765.018	9,18%

Meta e porcentagem de atingimento

A criação de metas é essencial para qualquer empresa que busque crescer e se desenvolver de modo sustentável. Uma meta bem definida e estruturada pode ajudar uma organização a se concentrar em seus objetivos principais e trabalhar de maneira eficiente para alcançá-los.

Ao definir uma meta baseada em uma porcentagem acrescida ao faturamento do ano anterior, a empresa pode ter uma visão clara e específica de aonde deseja chegar e do que precisa fazer para alcançar esse objetivo.

Além disso, ao monitorar o progresso em relação à meta estabelecida, a empresa pode identificar problemas e oportunidades de melhoria, o que lhe permite tomar medidas corretivas para se manter no caminho certo.

Para exemplificar a importância da criação de metas, vamos definir um objetivo de aumentar o faturamento em 20% em relação ao ano anterior. Em seguida, utilizaremos a porcentagem (%) de atingimento como uma ferramenta de monitoramento para avaliar o desempenho da empresa referente à meta estabelecida.

1. Para tanto, clique com o botão direito do mouse na tabela *fVendas* e digite a seguinte medida:

    Meta = [Faturamento_AA]*1.20

2. Insira outra matriz em sua aba e inclua *Ano* no campo *Linhas*; no campo *Valores*, insira as medidas *Faturamento_AA* e *Meta*.

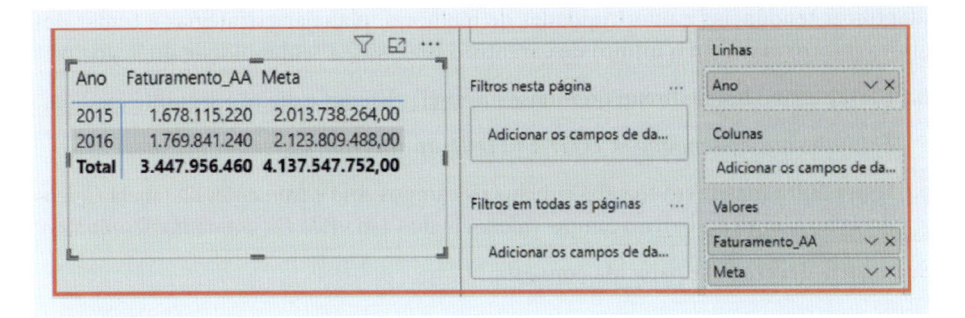

Ano	Faturamento_AA	Meta
2015	1.678.115.220	2.013.738.264,00
2016	1.769.841.240	2.123.809.488,00
Total	3.447.956.460	4.137.547.752,00

Agora, basta calcular a porcentagem de atingimento da meta, comparando-a com os valores de faturamento atuais.

> **Observação:** Tenha em mente que o cálculo de meta pode variar de empresa para empresa, por vezes sendo necessários vários estudos para se chegar a um indicador. O exemplo aqui apresentado é apenas uma simulação fictícia.

3. Clique com o botão direito do mouse na tabela *fVendas* e digite a seguinte medida:

    % Atingimento Meta = DIVIDE([Faturamento],[Meta],0)

4. Altere o formato para porcentagem e deixe zero nas casas decimais.

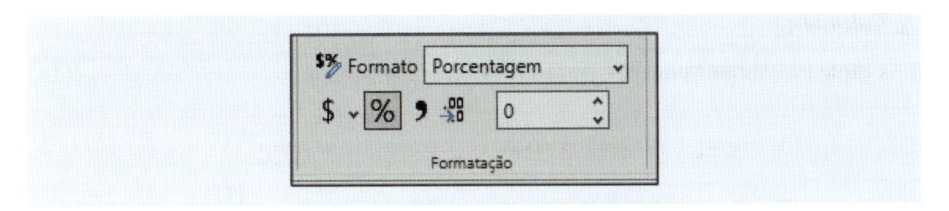

5. Inclua essa última medida em nossa matriz da meta, que deverá ficar assim:

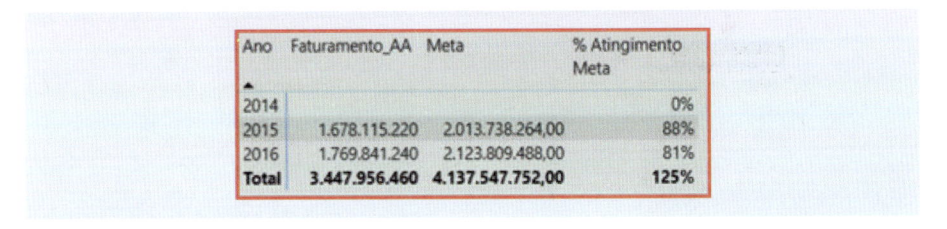

Ano	Faturamento_AA	Meta	% Atingimento Meta
2014			0%
2015	1.678.115.220	2.013.738.264,00	88%
2016	1.769.841.240	2.123.809.488,00	81%
Total	3.447.956.460	4.137.547.752,00	125%

O próximo passo será criar uma medida que possa trazer valores acumulados, seja de quantidade, seja de faturamento, pois ter indicadores como esses aplicados a um recorte temporal é essencial para que a empresa consiga monitorar o próprio desempenho, identificar tendências e oportunidades de melhoria, planejar estratégias e tomar decisões informadas com o intuito de garantir o sucesso e a rentabilidade do negócio.

6. Clique com o botão direito do mouse na tabela *fVendas* e digite a seguinte medida:

   Faturamento Acumulado = TOTALYTD([Faturamento],Calendario[Date])

7. Insira outra matriz em sua aba e inclua os campos *Ano* e *NomeMes* da tabela *Calendario* no campo *Linhas*; no campo *Valores*, inclua a medida *Faturamento Acumulado*.

Sua matriz deverá ficar parecida com esta:

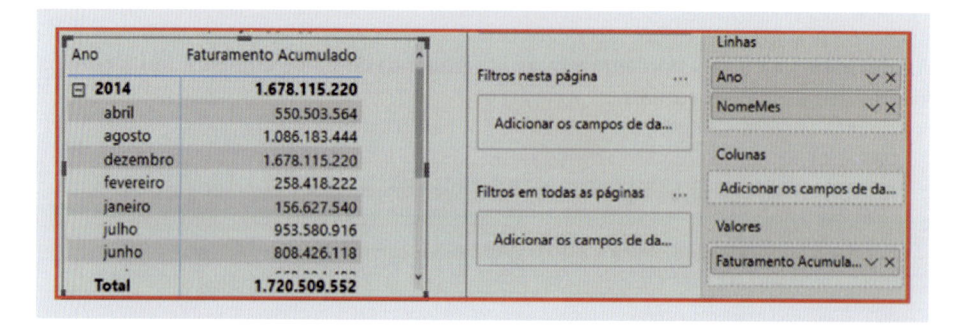

Ano	Faturamento Acumulado
⊟ 2014	1.678.115.220
abril	550.503.564
agosto	1.086.183.444
dezembro	1.678.115.220
fevereiro	258.418.222
janeiro	156.627.540
julho	953.580.916
junho	808.426.118
Total	**1.720.509.552**

É fácil observar que há um problema na classificação do nome dos meses. Isso ocorre porque o Power BI está classificando esses nomes em ordem alfabética.

8. Para resolver isso, é necessário acessar a visualização de dados e clicar na tabela *Calendario*.

9. Clique na coluna *NomeMes*, opção *Classificar por coluna*.

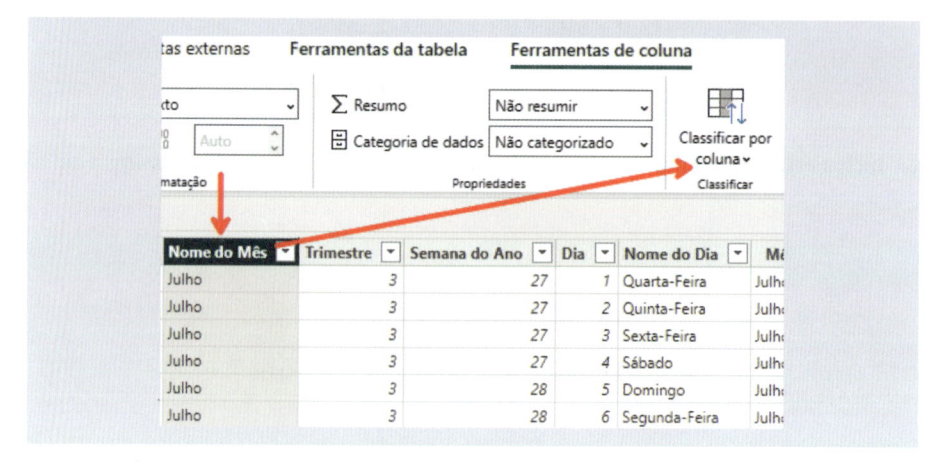

10. Escolha a opção *Mês*.

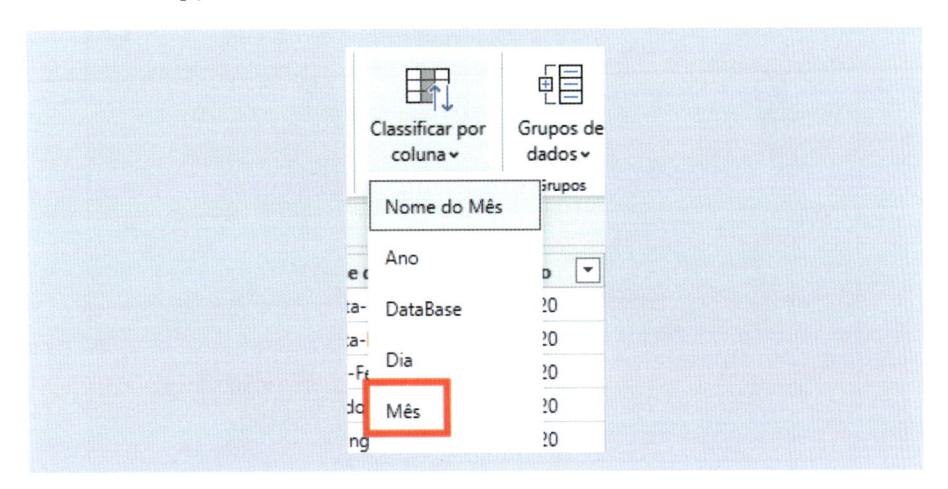

Voltando para a exibição de relatório, é possível verificar que o problema foi corrigido.

Ano	Faturamento Acumulado
⊟ **2014**	**1.678.115.220**
janeiro	156.627.540
fevereiro	258.418.222
março	415.190.142
abril	550.503.564
maio	669.334.498
junho	808.426.118
julho	953.580.916
agosto	1.086.183.444
setembro	1.250.315.064
outubro	1.394.417.828
Total	**1.720.509.552**

11. Para conseguir observar corretamente o acúmulo da medida criada, inclua nessa matriz a medida *Faturamento*.

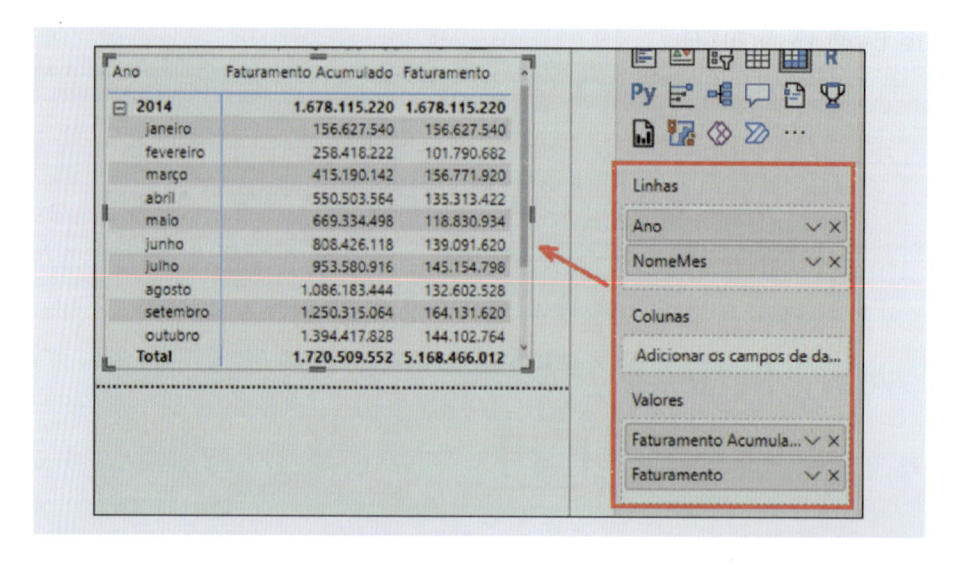

Note que, ao somar as vendas de janeiro, que totalizam 156.627.540, com as vendas de fevereiro, que perfazem 101.790.682, obtém-se o valor acumulado de vendas em fevereiro, que é de 258.418.222. Esse processo se repete para os meses seguintes, permitindo o acompanhamento do total acumulado de vendas ao longo do tempo.

Ao considerar a análise de dados, uma medida adicional que pode ser bastante útil é a média móvel. Com ela, é possível calcular o valor médio de um conjunto de dados em determinado período, o que proporciona uma visão mais suave e geral das tendências ao longo do tempo.

12. Para isso, clique com o botão direito do mouse na tabela *fVendas*, opção *Nova medida*, e digite a seguinte medida:

Média Móvel de vendas =

CALCULATE(

[Média de Faturamento],

DATESBETWEEN(calendario[date],

   MAX(fVendas[Data])-15,

   MAX(fVendas[Data])

)

)

Explicação da medida

Essa medida usa a função *CALCULATE* para calcular a média móvel de vendas em um intervalo de quinze dias antes da data mais recente em que foram feitas as vendas.

A função *DATESBETWEEN* é empregada para especificar o intervalo de datas, enquanto a função *MAX* é adotada para obter a data mais recente. A medida da *Média de faturamento* será a base do cálculo. Essa medida se atualiza automaticamente, conforme novos dados são adicionados à tabela.

Dando continuidade à análise de dados, uma medida adicional que pode ser bastante útil é a quantidade de pedidos vendidos, pois ela permite entender o desempenho das vendas em termos de unidades vendidas. Ao analisar a quantidade de pedidos feitos, é possível identificar quais produtos, serviços ou datas têm mais demanda e quais podem precisar de mais esforços de marketing para o impulsionamento das vendas. Além disso, essa informação é essencial para a gestão de estoques e para a tomada de decisões sobre planejamento de produção e logística.

Inicialmente, é recomendável adotar uma visão menos granular, ou seja, menos detalhada, para analisar as vendas. No entanto, depois, é possível aumentar a granularidade, acrescentando informações específicas, como a data das vendas.

13. Para criar essa medida, clique com o botão direito do mouse em cima da tabela *fVendas*, opção *Nova medida*, e digite a seguinte fórmula:

    Qtdade de pedidos Geral = COUNTROWS(fVendas)

Vamos agora aumentar a granularidade dos dados, acrescentando informações mais específicas, como a data das vendas. Para essa análise, vamos utilizar uma medida que calcula a contagem distinta de pedidos, evitando a contagem de pedidos repetidos. É importante destacar que essa medida seria ainda mais precisa se tivéssemos o ID dos pedidos, mas, como estamos lidando com um exemplo didático, utilizaremos a data das vendas para realizar o cálculo.

14. Para criar essa medida, clique com o botão direito do mouse em cima da tabela *fVendas*, opção *Nova medida*, e digite a seguinte fórmula:

    Qtdade de Pedidos Data = DISTINCTCOUNT(fVendas[Data])

15. Agora, crie duas visualizações do tipo *Cartões* e coloque as duas medidas criadas em cada uma delas para que você possa verificar a diferença.

Criação de uma projeção de vendas

No contexto da gestão, a projeção é um elemento fundamental para a tomada de decisão, pois permite prever resultados futuros e, consequentemente, planejar ações para alcançar metas e objetivos. Por exemplo, ao criar uma medida que projete a receita anual com base no histórico de vendas e nos dados do mercado, os gestores podem analisar diferentes cenários, como a inclusão de um novo produto ou a entrada em um novo mercado, e avaliar o impacto dessas ações na receita esperada.

Para calcular uma projeção, é fundamental considerar informações relevantes, como os dias úteis de cada mês e os valores das vendas já realizadas, a fim de obter uma média de vendas diárias. Dessa forma, podemos ter uma estimativa realista e fundamentada em dados para o período futuro.

Vamos começar calculando a quantidade de dias passados para posteriormente calcular a média de vendas para esses dias.

1. Digite a seguinte medida:

    Qtdade Dias Acumulado =

    TOTALMTD([Total Dias Uteis],Calendario[Date]

)

2. Agora, é fundamental calcular a média de vendas dos dias úteis já transcorridos. Para isso, digite a seguinte medida:

    Média da Projeção =

    DIVIDE([Faturamento Acumulado],[Qtdade Dias Acumulado],0)

Vamos agora calcular a projeção. Basta multiplicar a média da projeção pela quantidade de dias úteis na tabela *Calendario*. Essa etapa é bem simples, pois a tabela *Calendario* já contém os dias úteis calculados previamente. Dessa forma, podemos chegar a uma estimativa mais precisa do que esperar em termos de resultados ou desempenho.

3. Portanto, crie uma medida para calcular a projeção.

    Projeção =

    [Média da Projeção][Total Dias Uteis]*

Para ser possível visualizar os cálculos encontrados, vamos montar uma tabela no Power BI.

4. Clique no símbolo + no rodapé para criar outra aba.

5. Inclua uma tabela nessa aba. Atente-se que não é a *Matriz*.

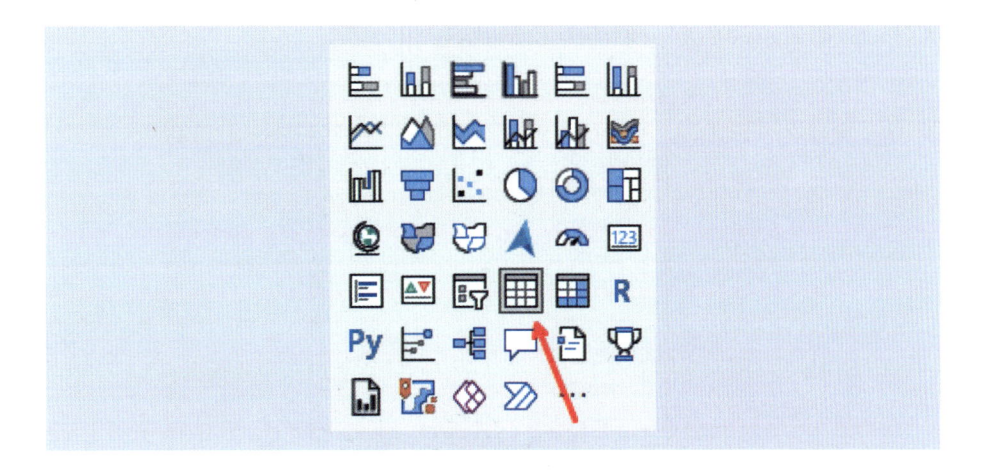

6. Inclua os campos *DiaMes*, *Qtdade Dias Acumulado*, *Faturamento* e *Projeção* no campo *Colunas*.

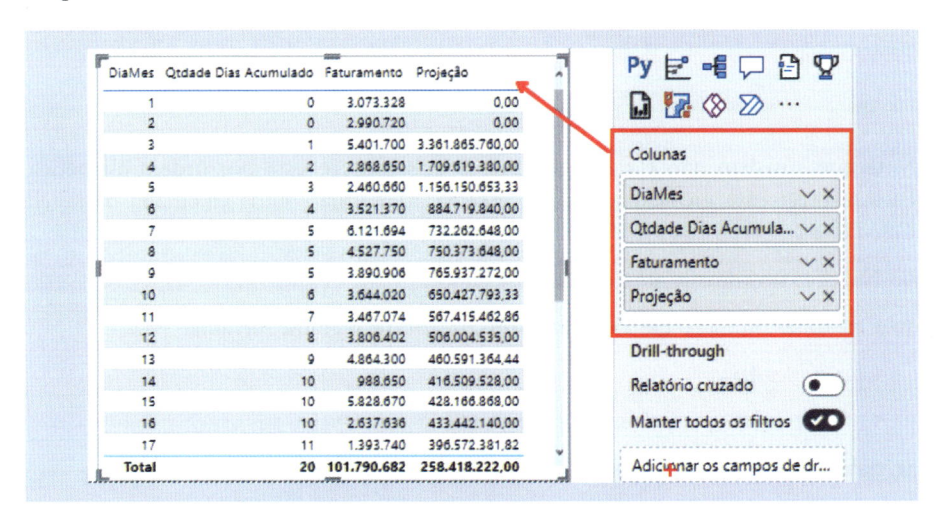

DiaMes	Qtdade Dias Acumulado	Faturamento	Projeção
1	0	3.073.328	0,00
2	0	2.990.720	0,00
3	1	5.401.700	3.361.865.760,00
4	2	2.868.650	1.709.619.380,00
5	3	2.460.660	1.156.150.653,33
6	4	3.521.370	884.719.840,00
7	5	6.121.694	732.262.648,00
8	5	4.527.750	750.373.648,00
9	5	3.890.906	765.937.272,00
10	6	3.644.020	650.427.793,33
11	7	3.467.074	567.415.462,86
12	8	3.806.402	506.004.535,00
13	9	4.864.300	460.591.364,44
14	10	988.650	416.509.528,00
15	10	5.828.670	428.166.868,00
16	10	2.637.636	433.442.140,00
17	11	1.393.740	396.572.381,82
Total	20	101.790.682	258.418.222,00

7. Para filtrar os meses e, assim, poder acompanhar os dados de maneira clara e concisa, inclua um segmentador.

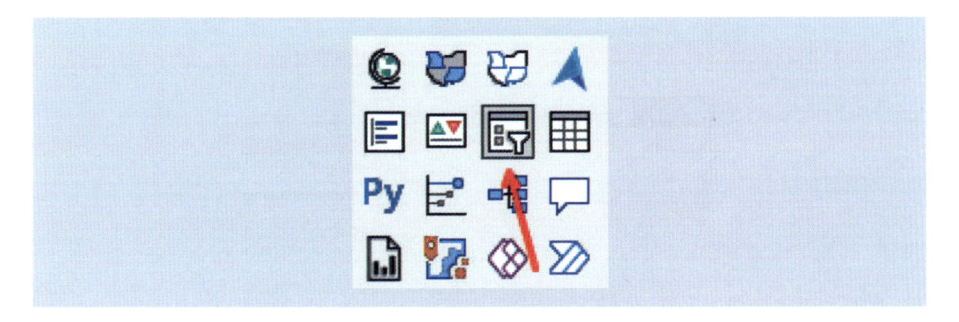

8. Inclua a coluna *MesAno* na tabela *Calendario*.

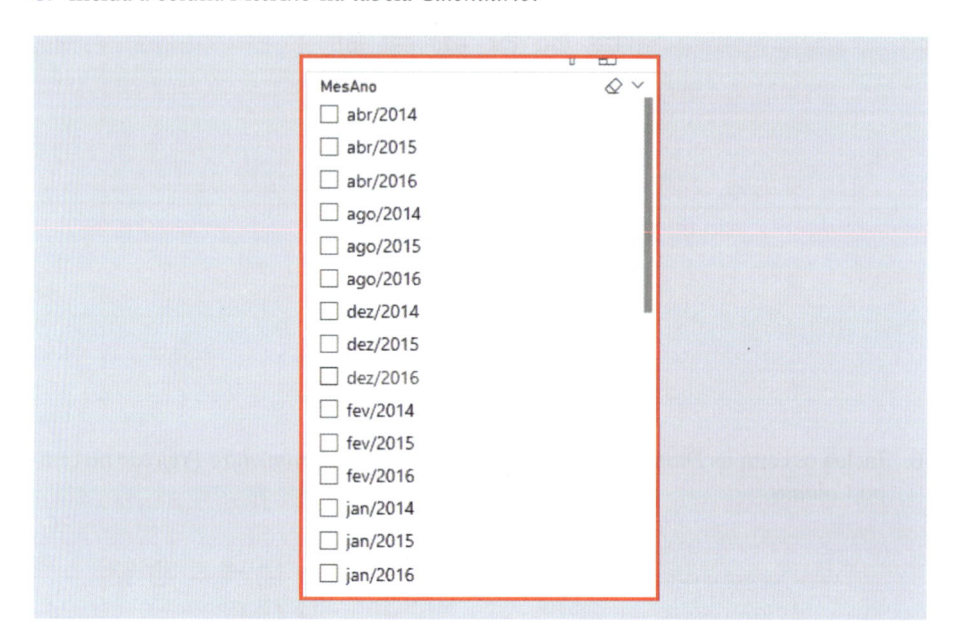

Note que a ordem não é a correta, pois a classificação está por ordem alfabética. Para resolver esse problema, será necessário criar uma coluna calculada na tabela *Calendario*.

9. Navegue novamente até a exibição de dados.
10. Crie uma coluna na tabela *Calendario* contendo a seguinte fórmula:

    Classif MesAno =

    Calendario[Mês]+(Calendario[Ano]*100)

11. Selecione a coluna *MesAno* e clique na opção *Classificar por coluna*.

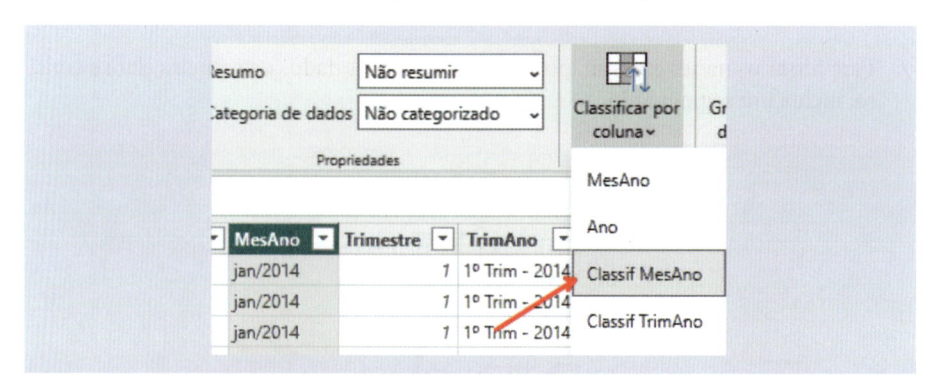

12. Selecione a coluna *Classif MesAno*.

13. Volte para a exibição de relatório e verifique se ficou desta maneira:

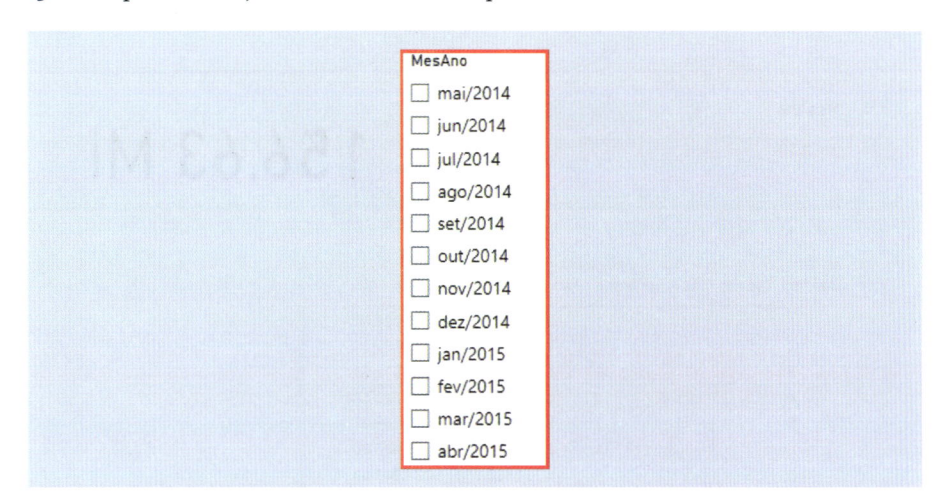

Para trocar a forma de exibição da segmentação, siga estes passos:

14. Com o visual *Segmentação* selecionado, acesse o painel de visualizações, opção *Formatar o visual*.
15. Clique na opção *Configurações de Segmentação*.
16. Acesse *Opções* e selecione o tipo *Suspenso*.

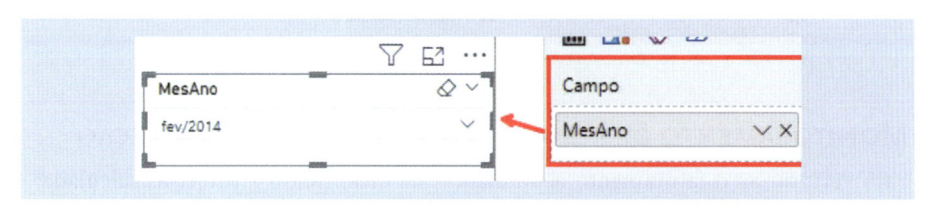

17. Para finalizar a exibição, insira um cartão a fim de acompanhar a projeção daquele mês selecionado na segmentação.
18. Inclua a projeção no cartão.

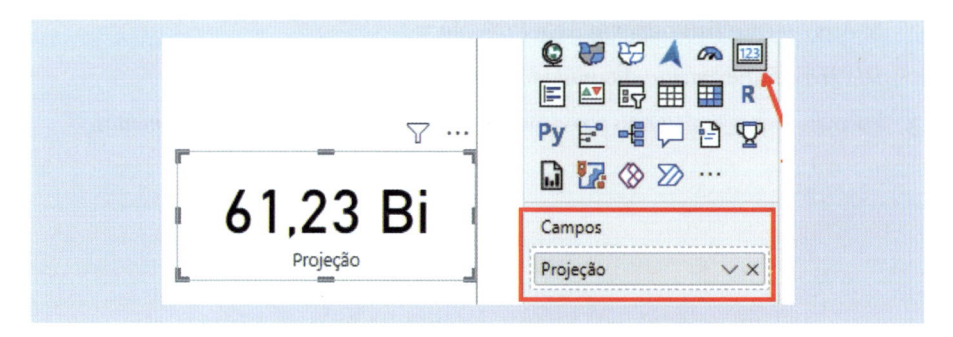

19. Posicione os visuais e selecione datas no segmentador para observar as transformações nos valores. Observe que, em nossa imagem, o mês *jan/2014* está selecionado.

MesAno				
jan/2014				**156,63 Mi**
				Projeção

DiaMes	Qtdade Dias Acumulado	Faturamento	Projeção
1	1	8.792.536	202.228.328,00
2	2	3.471.050	141.031.239,00
3	3	1.430.420	104.987.379,33
4	3	6.125.270	151.947.782,67
5	3	3.825.066	181.273.288,67
6	4	9.467.562	190.393.448,00
7	5	4.233.150	171.787.248,40
8	6	4.373.940	159.922.810,33
9	7	5.737.876	155.929.715,71
10	8	9.284.576	163.131.657,25
11	8	4.213.376	175.245.113,25
12	8	4.550.730	188.328.462,00
13	9	7.115.332	185.586.703,56
14	10	6.279.812	181.471.600,80
15	11	5.223.880	175.896.840,73
16	12	1.860.430	164.804.594,83
17	13	4.660.336	160.372.528,15
Total	23	156.627.540	156.627.540,00

Monitoramento de resultados acumulados x projeção

Para verificar se o faturamento acumulado está alcançando a projeção calculada, é possível fazer uma medida simples e adicioná-la à nossa tabela.

1. Clique com o botão direito do mouse em cima da tabela *fVendas*, opção *Nova medida*.

2. Digite a seguinte fórmula:

   % Atingimento Faturamento Ac x Projeção =

   DIVIDE([Faturamento Acumulado],[Projeção],0)

3. Formate como % clicando na opção correspondente na *Barra de ferramentas*.

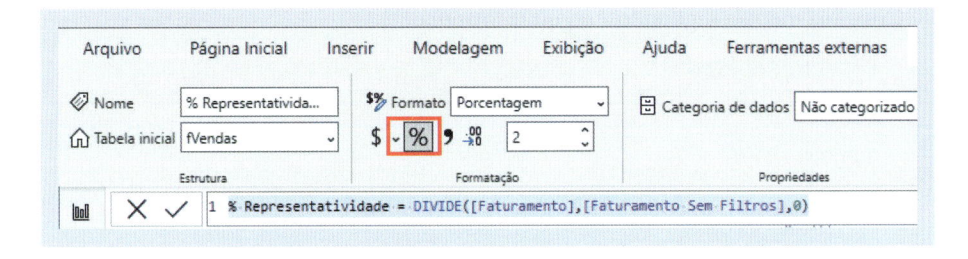

4. Inclua na tabela existente a medida recém-criada para observar o resultado.

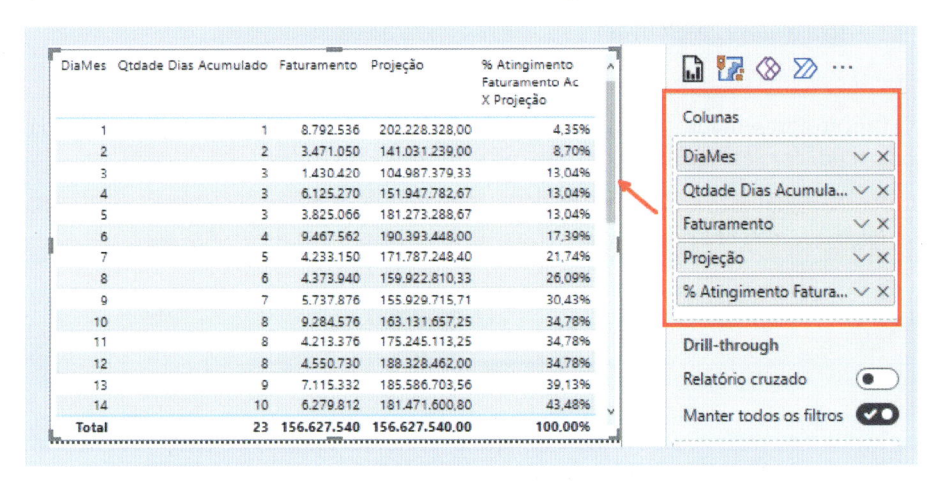

DiaMes	Qtdade Dias Acumulado	Faturamento	Projeção	% Atingimento Faturamento Ac X Projeção
1	1	8.792.536	202.228.328,00	4,35%
2	2	3.471.050	141.031.239,00	8,70%
3	3	1.430.420	104.987.379,33	13,04%
4	3	6.125.270	151.947.782,67	13,04%
5	3	3.825.066	181.273.288,67	13,04%
6	4	9.467.562	190.393.448,00	17,39%
7	5	4.233.150	171.787.248,40	21,74%
8	6	4.373.940	159.922.810,33	26,09%
9	7	5.737.876	155.929.715,71	30,43%
10	8	9.284.576	163.131.657,25	34,78%
11	8	4.213.376	175.245.113,25	34,78%
12	8	4.550.730	188.328.462,00	34,78%
13	9	7.115.332	185.586.703,56	39,13%
14	10	6.279.812	181.471.600,80	43,48%
Total	23	156.627.540	156.627.540,00	100,00%

Classificação de desempenho de vendas por vendedor

Já ampliamos a granularidade das vendas por meio de ranqueamentos e recortes temporais que levaram em conta variações de ano, semestre e trimestre. Agora, nosso próximo passo é ampliar a granularidade das vendas sob a ótica dos vendedores.

Para isso, vamos classificar os vendedores de acordo com suas vendas com o intuito de facilitar a análise dos dados no dashboard e quantificar as vendas. Essa classificação será baseada em uma métrica de valores que nos permitirá avaliar se as vendas estão abaixo, dentro ou acima das expectativas.

Os critérios de classificação serão os seguintes:

- Vendas abaixo de R$ 1.000.000 estão abaixo das expectativas.
- Vendas entre R$ 1.000.000 e R$ 6.000.000 correspondem às expectativas.
- Vendas entre R$ 6.000.000 e R$ 8.500.000 estão acima das expectativas.
- Vendas acima de R$ 8.500.000 excedem as expectativas.

Essa medida será essencial para identificar quais vendedores estão tendo uma boa performance e quais precisam melhorar suas vendas.

1. Crie uma medida digitando a seguinte fórmula:

    Classificação Vendas =

    SWITCH(

    TRUE(),

    [Faturamento]>8500000, "Excedeu às expectativas",

    [Faturamento]>6000000, "Acima das expectativas",

    [Faturamento]>1000000, "Correspondeu às expectativas",

    "Abaixo das expectativas"

)

    Na função apresentada, utilizamos a função *SWITCH* para verificar em qual categoria cada vendedor se enquadra, com base no valor de suas vendas.

2. Para a visualização, clique no símbolo + no rodapé da tela, ao lado do nome da aba *Página 1*, para criar outra aba.

3. Inclua uma matriz na nova aba e coloque os seguintes campos: no campo *Linhas*, coloque *Ano*, *NomeMes* e *Vendedor*; no campo *Valores*, coloque a medida *Faturamento* e a nova medida *Classificação Vendas*.

4. Dê um clique no cabeçalho em que está escrito *Ano* para classificar as vendas por ano em ordem crescente. Clicando no símbolo + de 2014, sua matriz deverá ficar desta maneira:

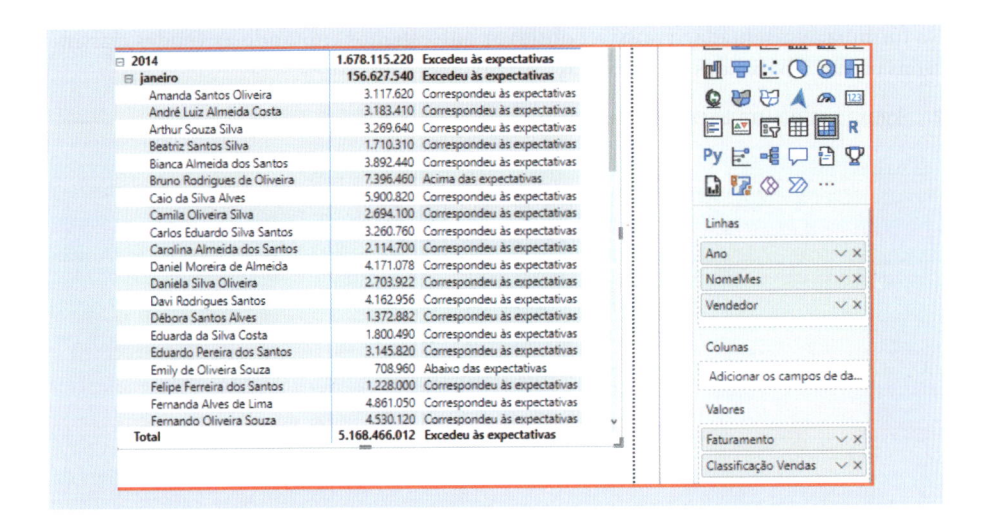

⊟ 2014	1.678.115.220	Excedeu às expectativas
⊟ janeiro	156.627.540	Excedeu às expectativas
Amanda Santos Oliveira	3.117.620	Correspondeu às expectativas
André Luiz Almeida Costa	3.183.410	Correspondeu às expectativas
Arthur Souza Silva	3.269.640	Correspondeu às expectativas
Beatriz Santos Silva	1.710.310	Correspondeu às expectativas
Bianca Almeida dos Santos	3.892.440	Correspondeu às expectativas
Bruno Rodrigues de Oliveira	7.396.460	Acima das expectativas
Caio da Silva Alves	5.900.820	Correspondeu às expectativas
Camila Oliveira Silva	2.694.100	Correspondeu às expectativas
Carlos Eduardo Silva Santos	3.260.760	Correspondeu às expectativas
Carolina Almeida dos Santos	2.114.700	Correspondeu às expectativas
Daniel Moreira de Almeida	4.171.078	Correspondeu às expectativas
Daniela Silva Oliveira	2.703.922	Correspondeu às expectativas
Davi Rodrigues Santos	4.162.956	Correspondeu às expectativas
Débora Santos Alves	1.372.882	Correspondeu às expectativas
Eduarda da Silva Costa	1.800.490	Correspondeu às expectativas
Eduardo Pereira dos Santos	3.145.820	Correspondeu às expectativas
Emily de Oliveira Souza	708.960	Abaixo das expectativas
Felipe Ferreira dos Santos	1.228.000	Correspondeu às expectativas
Fernanda Alves de Lima	4.861.050	Correspondeu às expectativas
Fernando Oliveira Souza	4.530.120	Correspondeu às expectativas
Total	5.168.466.012	Excedeu às expectativas

Agora podemos visualizar as vendas de cada vendedor e sua respectiva classificação. Vale ressaltar que essa classificação não poderá ser inserida em uma segmentação de dados, uma vez que não é possível inserir uma medida nesse tipo de visual.

Quantificação das classificações de vendas

Com foco principal nas vendas que obtiveram resultados inferiores, é crucial quantificar essa categoria e determinar sua representatividade percentual. No entanto, o visual *Cartão* não oferece um filtro interno, o que significa que não podemos incluir essa classificação diretamente nele.

Para contornar esse problema, é necessário criar uma medida com um filtro interno. Existem basicamente duas abordagens para fazer isso: a primeira envolve adicionar cada classificação de vendas como filtro na função *CALCULATE*, e a segunda utiliza a função *FILTER*. Neste exemplo, optaremos pelo uso da função *FILTER*.

1. Crie uma medida digitando a seguinte fórmula:

    Total Vendas Abaixo =
    CALCULATE(
        COUNTROWS(
            fVendas),
        FILTER(
            fVendas,
            [Classificação Vendas]="Abaixo das expectativas"
)
)

Na fórmula apresentada, é possível observar que estamos contando as vendas classificadas como "Abaixo das expectativas".

2. Agora inclua um cartão no relatório.

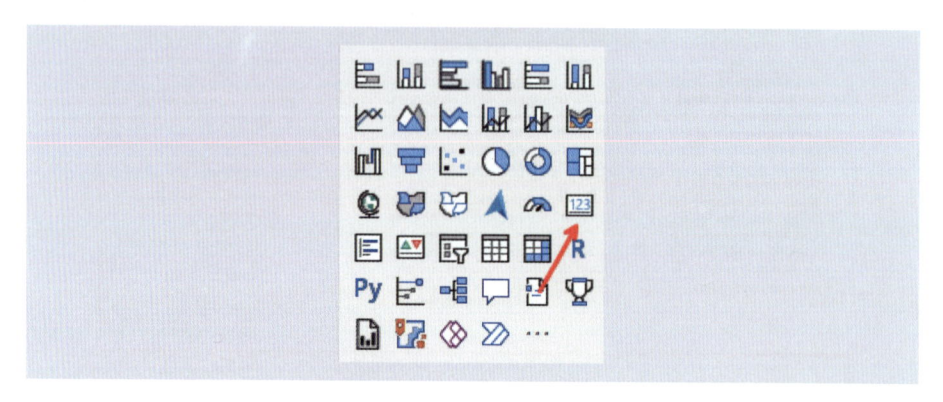

3. Insira a medida *Total Vendas Abaixo*.

4. Navegue clicando nas opções da matriz ou da segmentação *MesAno* criada e observe as transformações nos valores dos cartões.

5. Na imagem a seguir, clicamos em fevereiro do ano 2014 para observar a contabilidade de cada classificação nesse mês.

> **Importante:** Caso você queira observar mais alterações na contabilidade, altere os valores na medida *Classificação Vendas*.

Criação de contêiner de medidas

Para manter um arquivo de projeto grande organizado e com fácil manutenção, é impreterível adotar boas práticas de organização de medidas. Uma maneira de fazer isso é criar um contêiner de medidas para agrupar todos os cálculos em um só lugar. Dessa forma, evita-se a dispersão de cálculos por diferentes tabelas, o que pode dificultar o acesso e a manutenção das medidas em um momento posterior. Ao agrupar as medidas em um contêiner, é possível acessá-las de maneira mais rápida e organizada, o que torna a experiência de trabalho mais profissional e eficiente.

1. Comece acessando a guia *Página Inicial*.
2. Clique agora em *Inserir dados*.

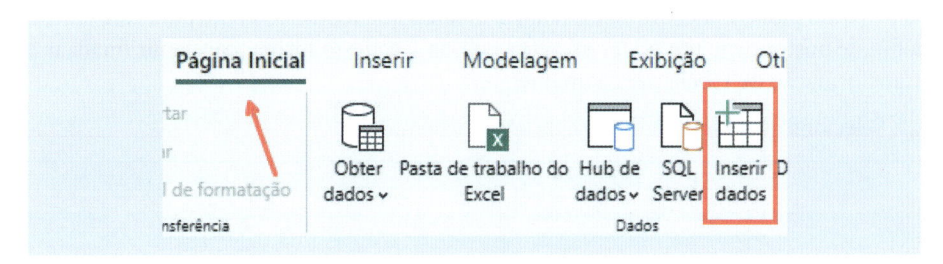

3. Digite o nome *Medidas* e clique em *Carregar*.

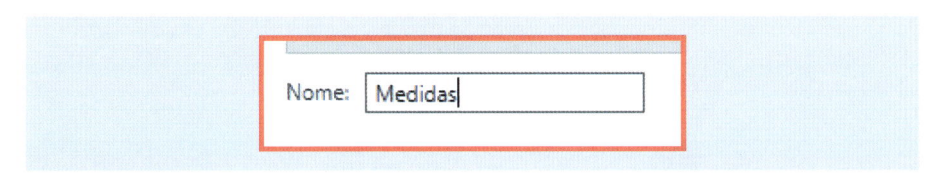

Note que, após ter criado a tabela *Medidas*, ela será exibida com as demais tabelas do projeto.

Obviamente não é esse o intuito desta atividade.

O próximo passo é encaminhar qualquer medida que tenha sido feita para essa tabela, a fim de posteriormente poder excluir a coluna 1 e, dessa forma, conseguir finalizar a transformação de tabela para contêiner.

4. Selecione qualquer medida criada anteriormente.

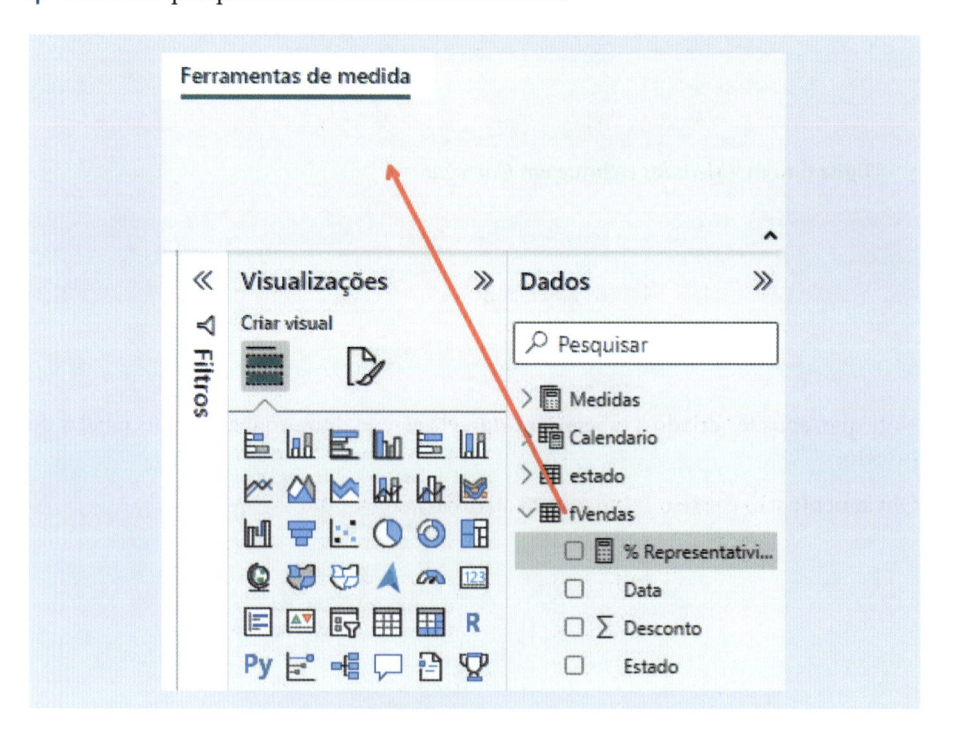

5. Na guia *Ferramentas de medida*, acesse a opção *Tabela inicial* para direcionar à tabela *Medidas*.

Note que a medida que estava localizada dentro da tabela *fVendas* agora é exibida na tabela *Medidas*.

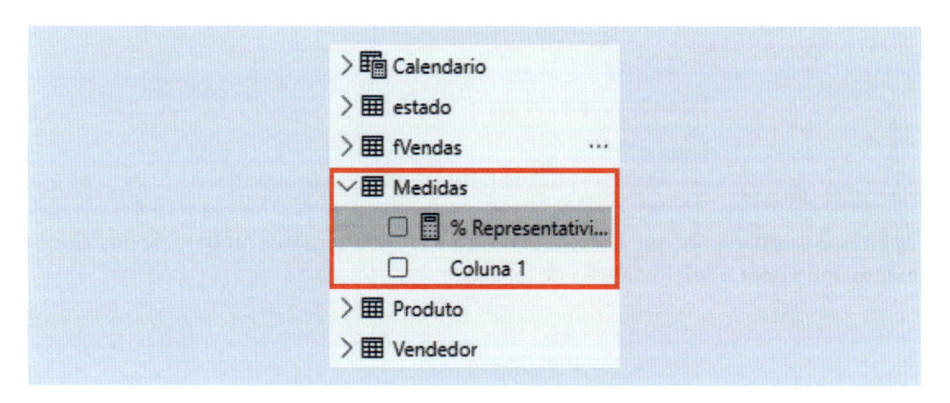

6. Agora clique nos três pontinhos do lado direito da coluna 1 e depois na opção *Excluir do modelo*.

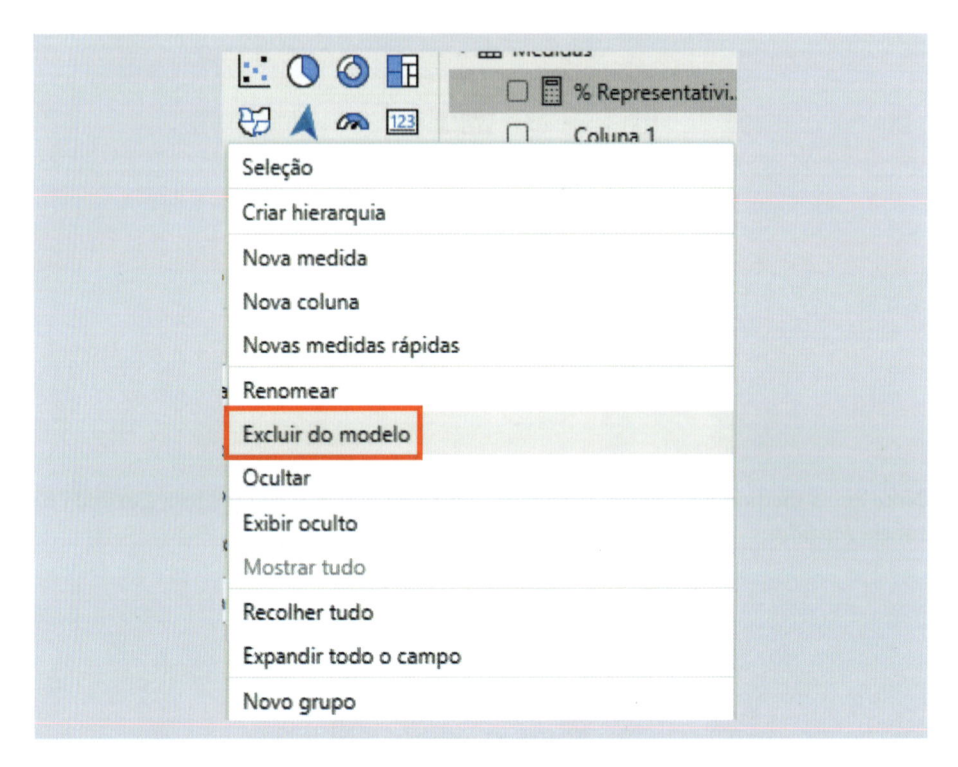

Após esse passo, repare que nossa tabela terá o ícone alterado e mudará de posicionamento, indo para o início da lista de tabelas.

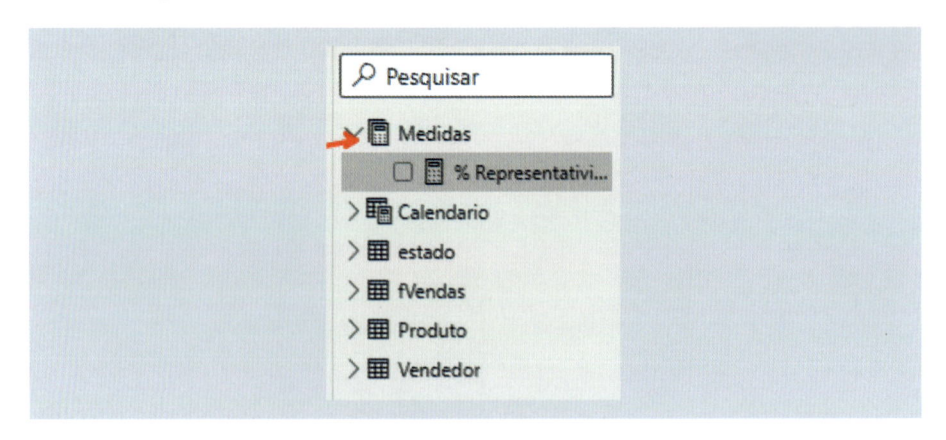

7. Repita os passos de transferência de tabelas para enviar todas as medidas ao contêiner.

> Medidas
> - ☐ % Atingimento Meta
> - ☐ % Representatividade
> - ☐ % Var Ano
> - ☐ % Var Semestre
> - ☐ % Var Trimestre
> - ☐ Classificação Vendas
> - ☐ Faturamento
> - ☐ Faturamento Acumulado
> - ☐ Faturamento Sem Filtros
> - ☐ Faturamento_AA
> - ☐ Faturamento_SA
> - ☐ Faturamento_TA
> - ☐ Maior Faturamento
> - ☐ Max Unidades Vendidas
> - ☐ Média de Faturamento
> - ☐ Média de Unidades Vendidas

Uma vez que todas as medidas foram transferidas para o contêiner, apenas os campos que fazem parte da fonte permanecerão nas tabelas. Ou seja, serão preservadas as colunas que não foram calculadas e aquelas que foram calculadas, como é o caso da do calendário.

8. Salve o arquivo na pasta *Curso Power BI\Capítulo 4 – Linguagem DAX\Arquivos utilizados\Atividades 2\Cap.4_ex02.pbix*.

9. Feche o arquivo.

Anotações

5
Desenvolvimento de dashboards

OBJETIVOS

» Familiarizar-se com a construção de dashboards
» Trabalhar com diversos tipos de visual

Neste capítulo, exploraremos alguns recursos visuais disponíveis no Power BI que podem ajudar na elaboração de relatórios analíticos. Sabe-se que a imagem que o relatório transmite ao cliente é fundamental para sua aceitação e, por isso, é importante que o design e os recursos visuais sejam explorados adequadamente. Portanto, a combinação exata de ícones, cores e visuais é um exemplo dos cuidados que podem fazer a diferença em seu relatório e facilitar a compreensão das informações apresentadas. Além disso, esses recursos contribuem para tornar o relatório mais intuitivo e fácil de navegar, favorecendo a interpretação dos dados.

Começo pelo básico: plano de fundo

O papel de parede, ou plano de fundo, é um elemento visual que pode contribuir significativamente para a apresentação de um projeto em Power BI. Ele é a imagem de fundo do relatório e pode ser escolhido de acordo com a temática do projeto ou a identidade visual da empresa.

A escolha adequada do papel de parede dá nova vida ao relatório e o deixa mais atraente para o cliente final. Ademais, ajuda a transmitir a mensagem desejada e favorece a identificação do público com a marca ou a temática abordada.

Algumas ferramentas que podem ser utilizadas para criar planos de fundo personalizados para projetos em Power BI incluem pacote Adobe, Canva, PowerPoint, Figma e a própria plataforma Power BI. É importante criar o plano de fundo com qualidade e em sintonia com a mensagem que se deseja transmitir no relatório. Em nosso exemplo de construção, utilizaremos os planos de fundo do próprio Power BI, que serão detalhados nos tópicos a seguir.

Aba *Consolidado* do dashboard

Para adicionar um fundo de tela personalizado ao seu relatório no Power BI, siga estes passos simples e rápidos. Comece abrindo o arquivo *Cap. 4_ex02.pbix*, que está na pasta \Curso Power BI\Capítulo 4\Arquivos utilizados\Atividade 2.

1. Clique com o botão direito do mouse em cima de *Página 1* no rodapé do Power BI para renomear essa aba. Renomeie-a como *Consolidado*.

Visando melhorar o visual da aba *Consolidado*, vamos começar removendo todos os visuais existentes e adicionando um plano de fundo adequado. Em seguida, vamos incluir os visuais de modo a apresentar informações relevantes para a tomada de decisão.

Para remover um visual no Power BI, você pode selecioná-lo e pressionar a tecla *Delete* ou clicar nos três pontos que aparecem ao passar o mouse sobre o visual e selecionar a opção *Remover*.

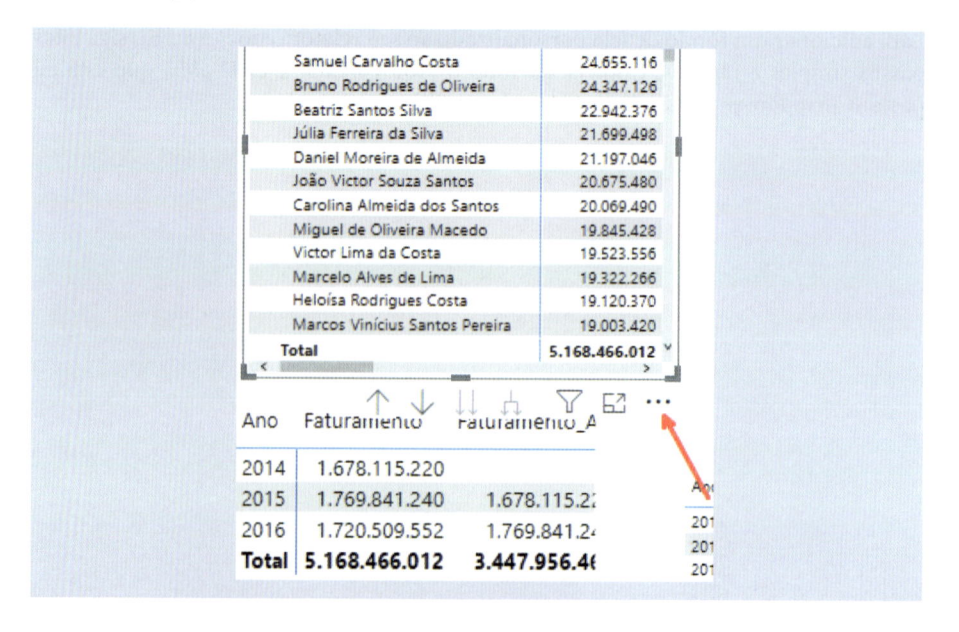

2. Repita esses passos de exclusão até não ter mais qualquer visual na tela.

3. Quando não houver mais nenhum visual, clique no símbolo de folha de papel com pincel do lado direito da tela.

Essa opção sempre será acessada quando quisermos formatar algum visual ou mesmo a tela do arquivo. É importante salientar que, para cada visual, essa opção trará recursos diferentes de formatação.

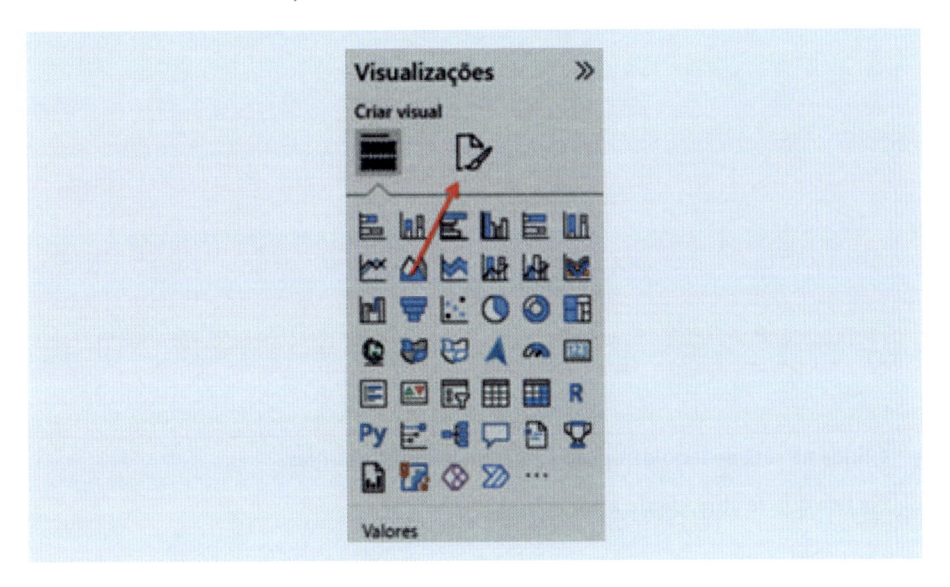

Ao clicar na opção de formatação, você terá acesso aos recursos para configurar a tela do arquivo. Dentre eles, estão disponíveis:

- *Configurações de tela*: útil para trocar o tamanho da tela.
- *Tela de fundo*: útil para trocar a cor de fundo ou inserir um arquivo.

4. Clique na opção *Tela de fundo* para colocar uma cor de fundo no arquivo.

Nessa opção, teremos o local para simplesmente trocar uma cor sólida, como também inserir um arquivo como papel de parede.

Fique atento a essa opção com a transparência. Assim que trocar a configuração, será necessário reduzir a transparência para que a alteração seja visualizada.

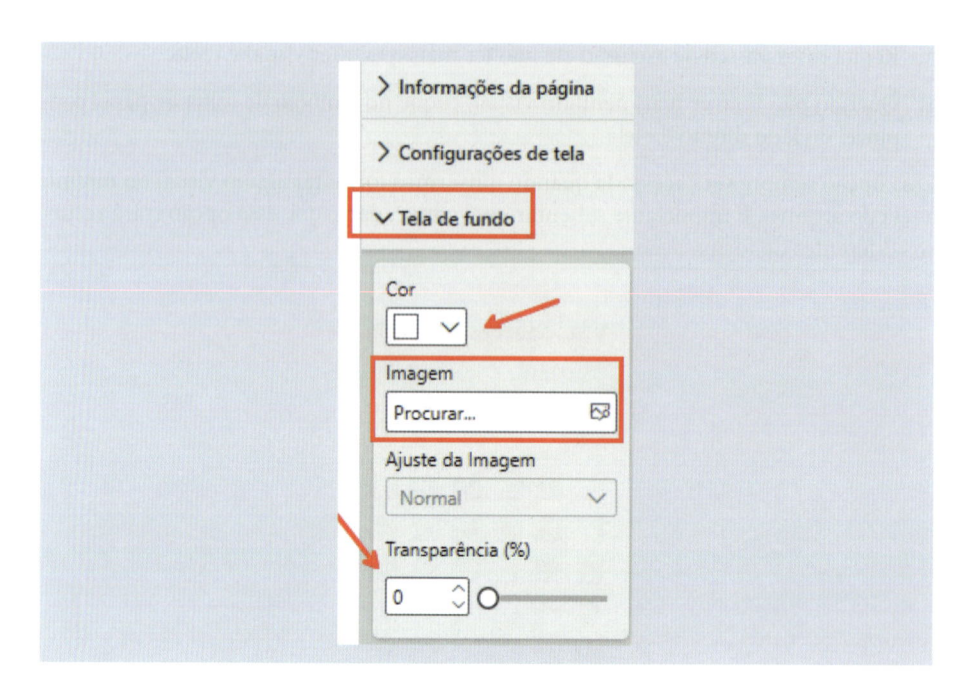

5. Clique na seta ao lado da opção *Cor* e então em *Mais cores*.
6. Na tela que se abre, digite a cor *#030A39*.

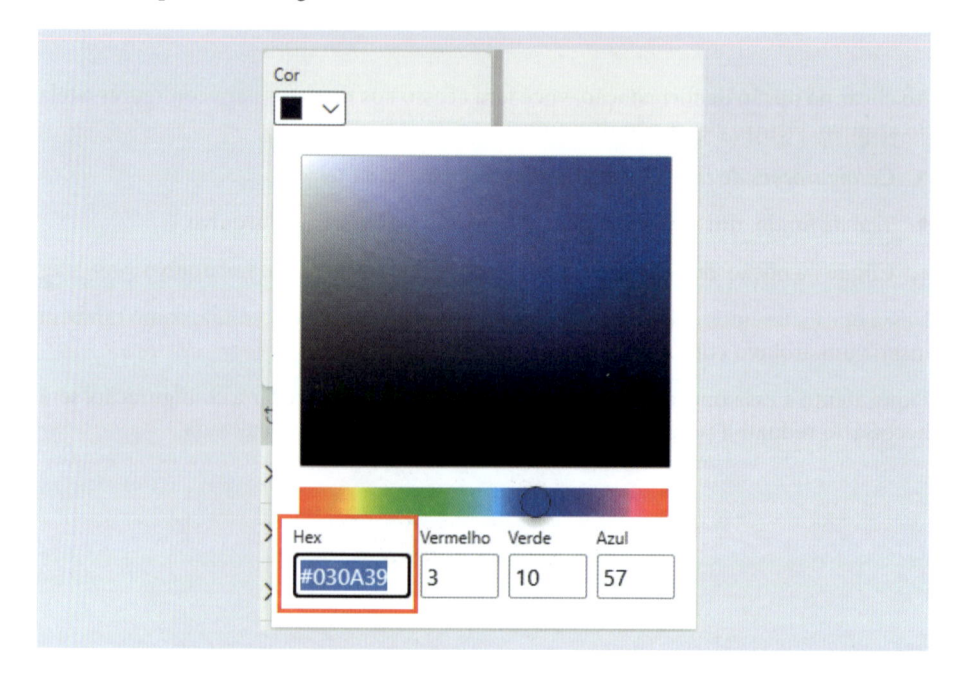

7. Clique em qualquer espaço fora da tela das cores.

8. Retire a transparência da cor arrastando o bastão para a esquerda ou digitando *0* no local em que está *100*.

Inserir ícones ou imagens

Incluir ícones e imagens em um dashboard do Power BI pode ajudar a melhorar a compreensão dos dados pelos usuários. Os ícones, por exemplo, são uma forma visual de representar informações e podem ajudar a chamar a atenção para pontos relevantes do relatório.

> **Dica:** Existem vários sites na internet nos quais se podem baixar ícones de maneira gratuita. Algumas sugestões são:
>
> https://app.logomakr.com/
>
> https://www.flaticon.com/
>
> https://www.iconfinder.com/

Ao baixar ícones para utilizá-los em um dashboard no Power BI, é fundamental manter um padrão dos tamanhos e das cores escolhidas. Isso porque a desproporcionalidade pode distrair o usuário e dificultar a compreensão das informações apresentadas.

1. Para inserir um ícone, clique na guia *Inserir*, opção *Imagem*.
2. Navegue até a pasta na qual salvou o ícone baixado, ou acesse a pasta do exercício no caminho *Capítulo 5 – Desenvolvendo dashboards\Arquivos utilizados\Ícones*.
3. Insira o ícone *Vendas.png*.
4. Após inseri-lo, clique nos cantos para dimensioná-lo dentro da área do dashboard.

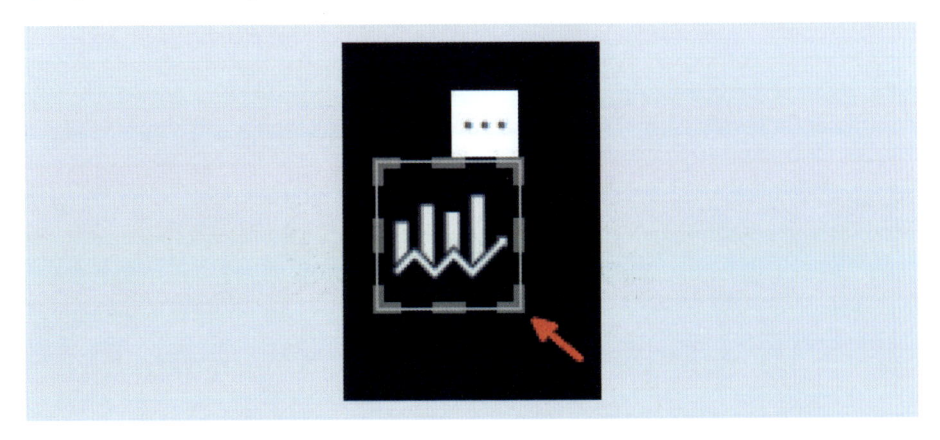

Você vai repetir os passos de 1 a 3 com todos os ícones ou imagens incluídas.

Formatação de cartões

1. Insira três cartões clicando na opção mostrada a seguir.

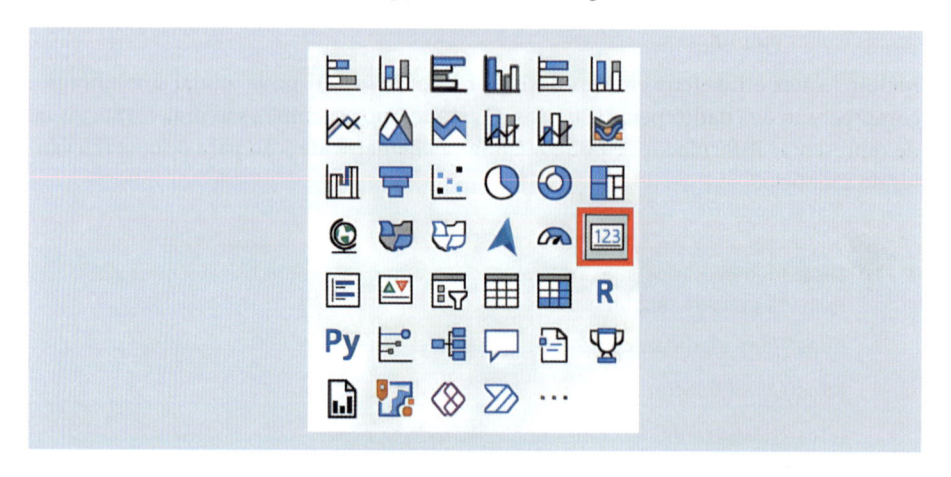

2. Em um cartão, insira a medida *Faturamento*.
3. No segundo cartão, insira a medida *Média de Faturamento*.
4. No último cartão, insira a medida *Total Unidades Vendidas*.

Para alterar as formatações dos cartões, siga estes passos:

5. Selecione um cartão.
6. Clique no ícone *Formatar o visual* do lado direito da tela.

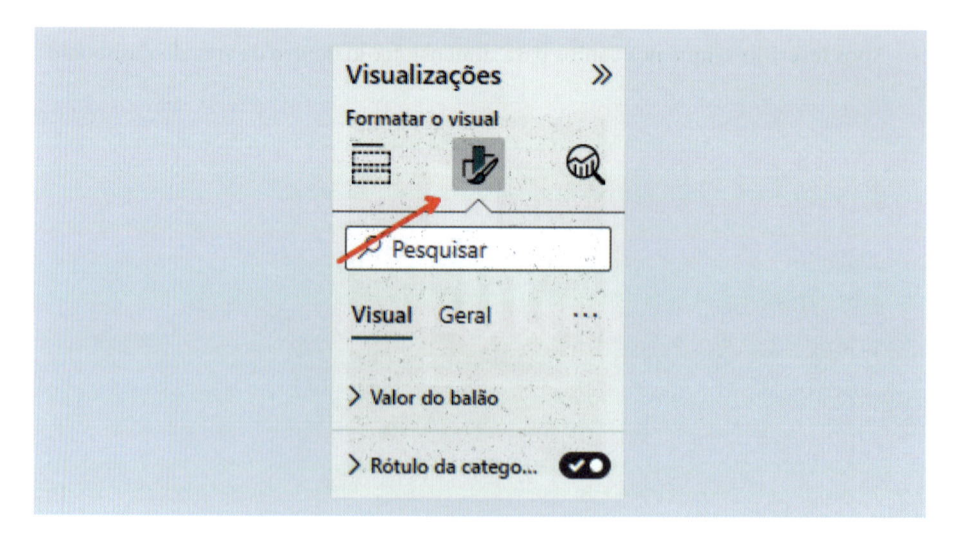

7. Clique na opção *Valor do balão*.

Ajuste as configurações dos cartões.

- *Valor do Balão*:
  - *Fonte*: 28
  - *Cor*: Branco
- *Rótulo de Categoria*:
  - *Fonte*: 10
  - *Cor*: Branco

8. Clique na opção *Geral* para acessar mais configurações.

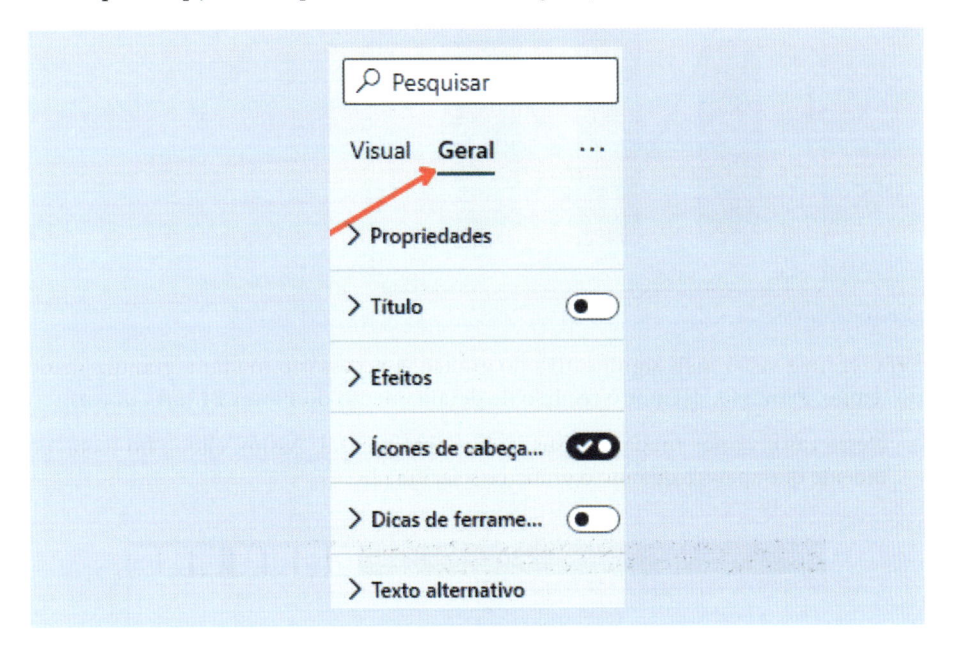

9. Clique em *Efeitos* e logo depois na opção *Tela de Fundo*.
   - *Cor*: Preto
   - *Transparência*: 65%
10. Habilite a *Fronteira Visual*.
    - *Cor*: Preto
    - *Cantos Arredondados*: 25 px
11. Replique essa configuração em todos os cartões selecionando o cartão formatado e clicando no ícone *Pincel*.
12. Após ter clicado no ícone *Pincel*, clique em um cartão não formatado para que a configuração seja transferida a ele.

Gráfico Colunas agrupadas e linhas

1. Insira agora um gráfico *Colunas agrupadas e linhas* com as seguintes informações:
   - Eixo X: *Date* da tabela *Calendario*
   - Eixo Y da coluna: *Faturamento*
   - Eixo Y da linha: *Média Móvel de Vendas*

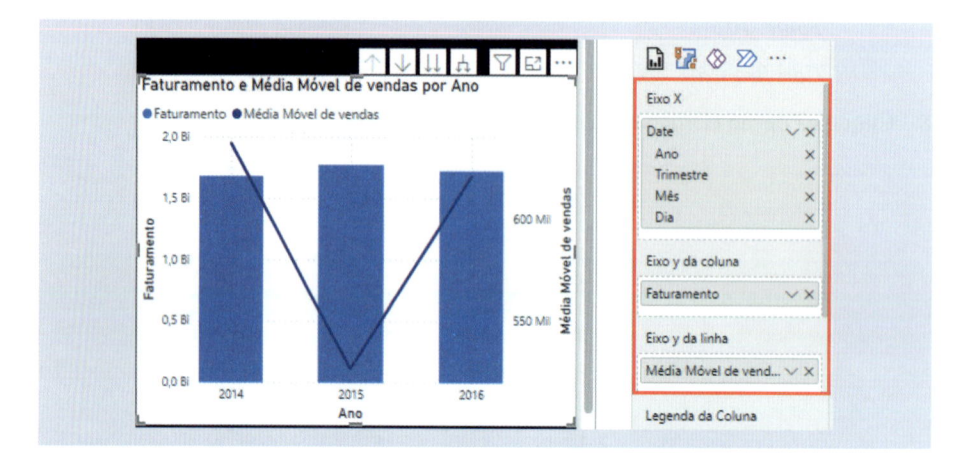

Para ter uma visão mais significativa do gráfico, é necessário mudar a granularidade do tempo. Para isso, usamos o recurso de detalhamento do Power BI (*drill down*).

2. Nesse caso, vamos mudar a visualização para mensal. Assim, clique no ícone de bidente que aparece quando o gráfico é selecionado.

3. Clique no ícone duas vezes para alcançar o mesmo resultado da imagem anterior.
4. Exclua do *Eixo X* a fatia de tempo *Trimestre*.

```
Eixo X

Date              ∨ ×
Ano                 ×
Trimestre           ×
Mês                 ×
Dia                 ×

Eixo y da coluna

Faturamento       ∨ ×

Eixo y da linha

Média Móvel de vend... ∨ ×
```

Para ajudar com as configurações do gráfico *Colunas agrupadas e linhas*, siga estes passos:

5. Selecione o gráfico.
6. Selecione o ícone *Formatar o visual* no painel de visualizações.
7. Na opção *Eixo X*:
   - *Fonte*: 10
   - *Cor*: Branco
   - *Título*: Desabilitado
8. Na opção *Eixo Y*, clique em *Valores* e selecione:
   - *Fonte*: 10
   - *Cor*: Branco
   - *Título*: Desabilitado
9. Na opção *Eixo Y Secundário*, clique em *Valores* e selecione:
   - *Cor*: branco
   - *Exibir Unidades*: Milhares
10. Na opção *Legenda*:
    - *Texto*: Cor branco

11. Na opção *Colunas*:
    - *Cores*: *#A38600*
12. Na opção *Linhas*.
    - *Opção de cores*: *#028B92*
13. Clique na opção *Geral*.
    - *Título*: *Desabilitado*
    - *Efeitos*:
        - *Tela de Fundo*:
            - *Cor*: *Preto*
            - *Transparência*: *65%*

Formatação de matriz

1. Inclua agora uma matriz com as seguintes informações:
    - Em *Linhas*:
        - Ano da tabela *Calendario*.
        - Vendedor da tabela *Vendedor*.
    - Em *Valores*:
        - Média de Faturamento.
        - Qtdade de pedidos geral.

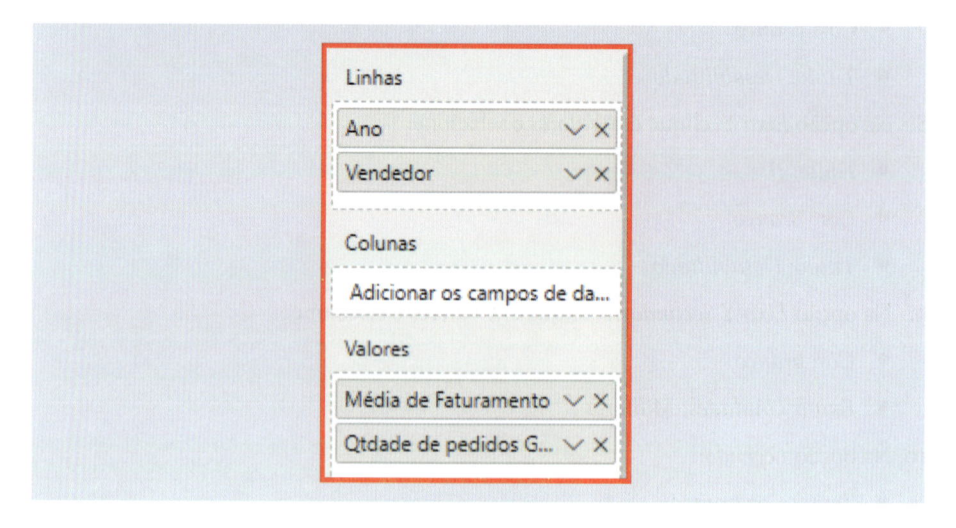

Para ajudar com as configurações da matriz, siga estes passos:

2. Clique no ícone *Formatar o visual* no painel de visualizações.
3. Opção *Predefinições de Estilo*:
   - *Nenhum*
4. Item *Grade*:
   - *Opções*:
     - *Tamanho da Fonte Global*: 15
5. *Valores*:
   - *Cor do texto*: Branco
   - *Cor do Texto alternativo*: #A38600
6. *Cabeçalho da coluna*:
   - *Cor do texto*: Branco
   - *Fonte*: 18
7. *Cabeçalho da Linha*:
   - *Cor do texto*: Branco
   - *Fonte*: 18
8. *Subtotais da coluna*:
   - *Valores*:
     - *Cor do texto*: Branco
     - *Fonte*: 18
9. *Subtotais da Linha*:
   - *Valores*:
     - *Cor do texto*: Branco
     - *Fonte*: 18
10. *Total geral de colunas*:
    - *Cor do texto*: Branco
    - *Fonte*: 18
11. *Total Geral de Linhas*:
    - *Cor do texto*: Branco
    - *Fonte*: 18
12. Clique no ícone *Geral*.
13. Opção *Efeitos*:

- *Tela de Fundo*:
  - Cor: Preto
- *Transparência*: 65%

Gráfico Linha

1. Inclua o visual do tipo gráfico *Linha*.

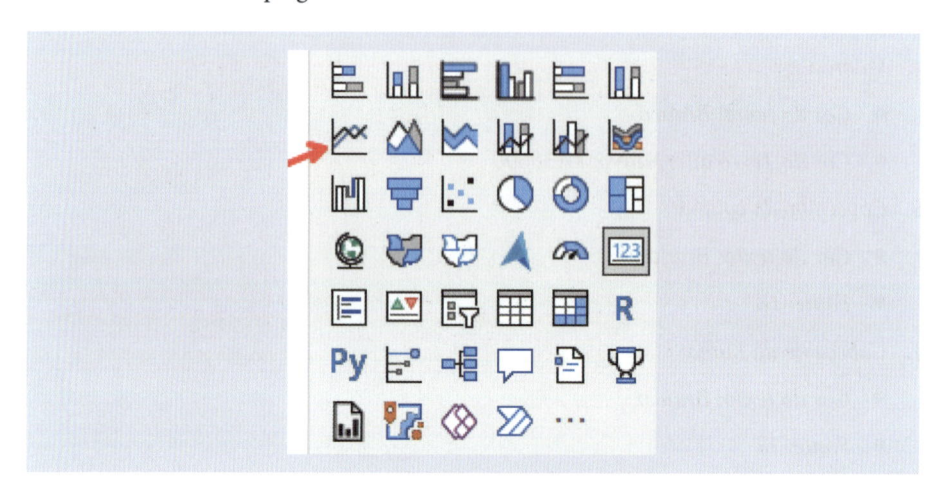

2. Inclua no visual inserido o campo *Date* da tabela *Calendario* no *Eixo X*.
3. No *Eixo Y*, inclua a medida *Meta*.

Para ter uma visão mais significativa do gráfico, é necessário mudar a granularidade do tempo. Nesse sentido, vamos utilizar novamente o recurso de detalhamento do Power BI (*drill down*).

4. Como no caso anterior, vamos mudar a visualização para mensal. Assim, clique novamente no ícone de bidente que aparece quando o gráfico é selecionado.

5. Clique no ícone duas vezes para alcançar o mesmo resultado da imagem anterior.

6. Exclua novamente do *Eixo X* a fatia de tempo *Trimestre*.
7. Selecione o gráfico *Colunas agrupadas e linhas* e clique no recurso *Pincel de formatação* para pegar as configurações básicas do gráfico *Colunas agrupadas e linhas*.

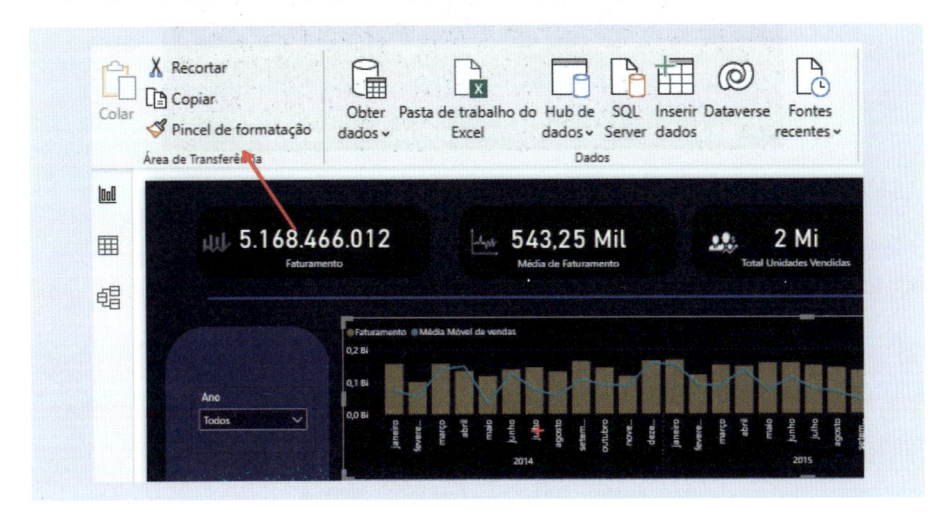

Note que o programa carregou a configuração da tela de fundo e as cores das fontes, mas deixou a linha do gráfico em azul.

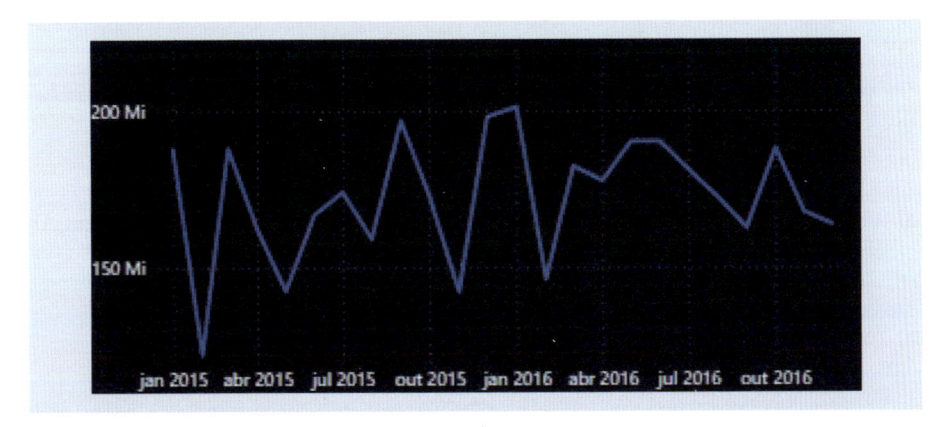

8. Selecione o gráfico *Linha* e clique na opção *Formatar o visual* no painel de visualizações.
9. Navegue até a opção *Linhas* e depois *Cores*.
10. Insira a cor *#A38600*.

Após as alterações, o resultado será igual ao da imagem a seguir.

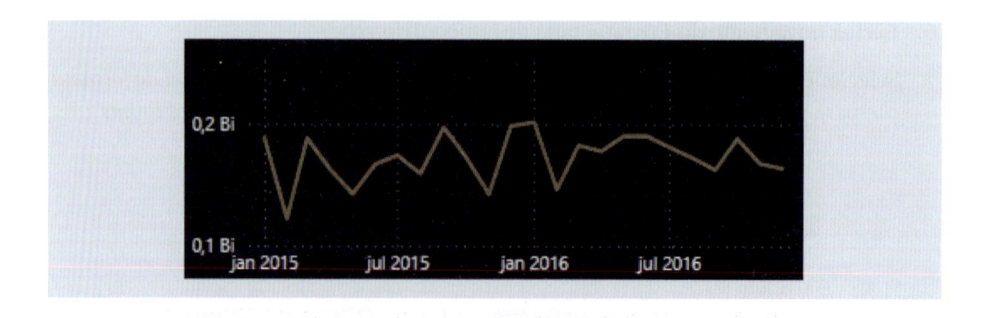

Visual Mapas

1. Insira agora um visual *Mapas*.

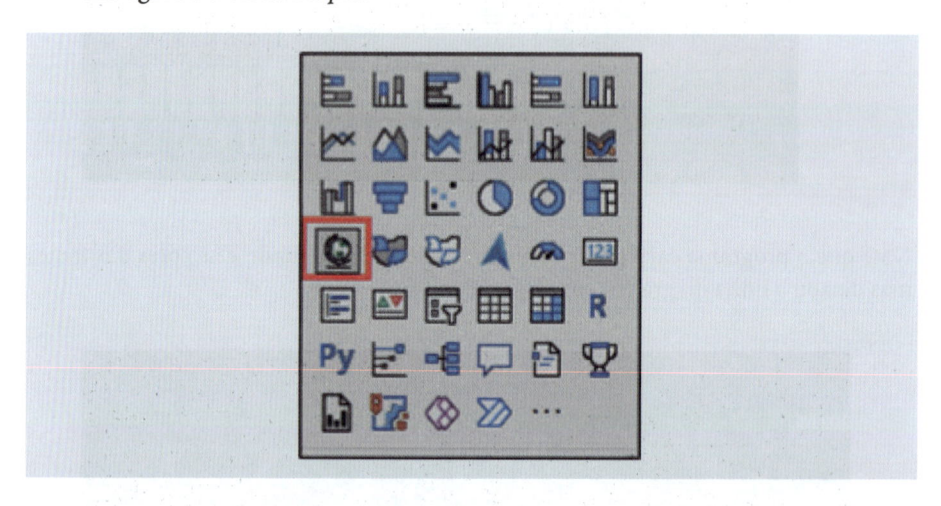

2. Caso o Power BI retorne um erro solicitando uma configuração, acesse o menu *Arquivo* e clique em *Opções e Configurações* e depois em *Opções*.

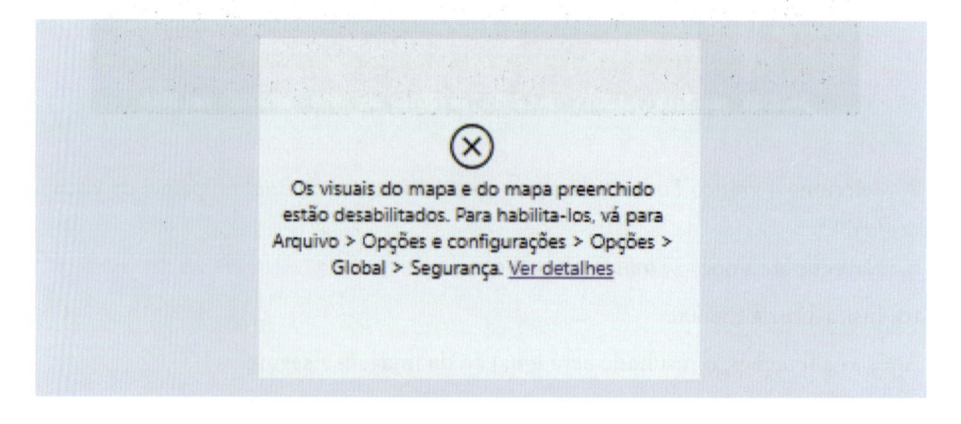

3. Clique em *Segurança*.
4. Encontre a categoria *Mapa e Visuais de Mapa Preenchido*.
5. Marque a caixa de seleção *Usar Visuais de Mapa e Mapa Preenchido*.
6. Salve e feche o arquivo.
7. Abra o arquivo novamente.
8. No campo *Localização*, coloque o campo *Estado* da tabela *Estado*.
9. No campo *Tamanho da Bolha*, coloque a medida *Faturamento*.
10. Clique na opção *Formatar o visual*.
11. Expanda *Configurações do Mapa*, opção *Estilo*.
12. Selecione o tipo *Aéreo*.

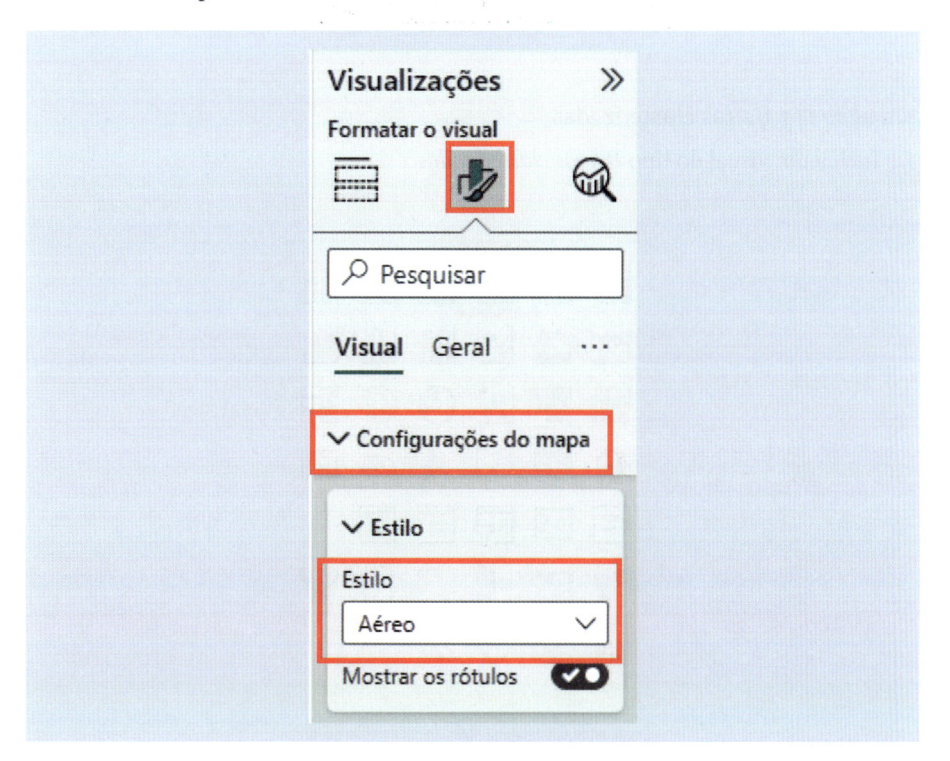

13. Navegue até a opção *Bolhas*.
14. Logo depois, expanda a opção cores. Inclua a cor *#E1C233*.
15. Clique na opção *Geral*.
16. Desmarque *Título*.

17. Na opção *Efeitos*, desmarque também a *Tela de fundo*.

Após as configurações, seu visual ficará semelhante a este:

Visual do tipo Barras clusterizadas

1. Inclua um visual do tipo *Barras clusterizadas*.

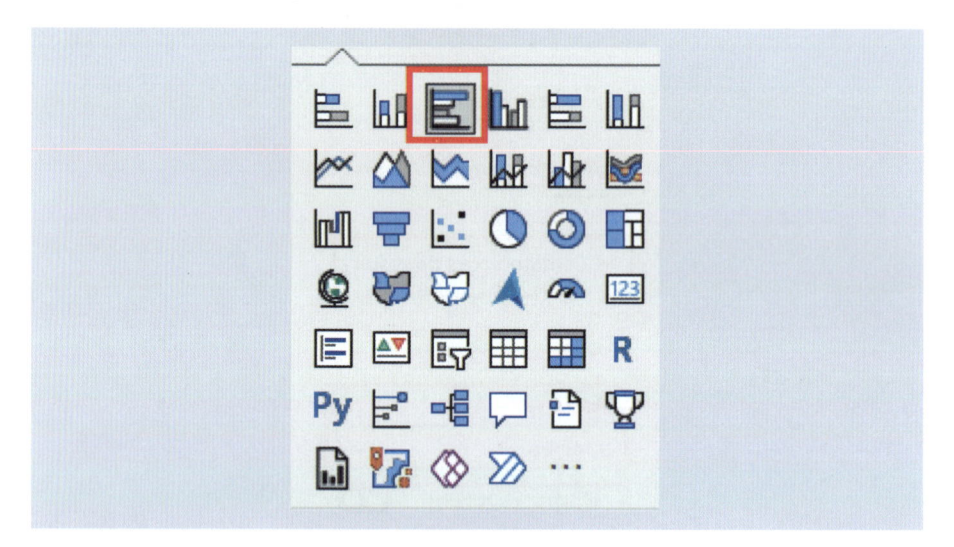

2. No *Eixo Y*, inclua o campo *Produto* da tabela *Produto*.

3. No *Eixo X*, inclua a medida *Faturamento*.

As configurações do 1º visual *Barras* são:

1. Clique no ícone *Formatar o visual* no painel de visualizações.
2. Acesse o *Eixo Y*:
   - *Valores*:
     - *Fonte*: 9
     - *Cor*: Branco
3. Acesse o *Eixo X*:
   - *Valores*:
     - *Fonte*: 9
     - *Cor*: Branco
4. Acesse a opção *Barras*:
   - *Cor*: #E1C233
5. Clique na opção *Geral*:
   - *Efeitos*:
     - *Tela de Fundo*:
       - *Cor*: Preto
       - *Transparência*: 65%
6. Adicione outro visual *Barras clusterizadas*.
7. No *Eixo Y*, inclua o campo *Vendedor* da tabela *Vendedor*.
8. No *Eixo X*, inclua a medida *Faturamento*.

As configurações do 2º visual *Barras* são:

1. Clique no ícone *Formatar o visual* no painel de visualizações.
2. Acesse o *Eixo Y*:
   - *Valores*:
     - *Fonte*: 9
     - *Cor*: Branco
3. Acesse o *Eixo X*:
   - *Valores*:
     - *Fonte*: 9
     - *Cor*: Branco

4. Acesse a opção *Barras*:
   - Cor: #8E571F
5. Clique na opção *Geral*.
   - *Efeitos*:
     - *Tela de Fundo*:
       - Cor: Preto
       - Transparência: 65%

Ao finalizar o processo, o resultado será este:

Gráfico Faixas

1. Inclua um visual do tipo gráfico *Faixas*.

2. No campo *Eixo X*, inclua a hierarquia *Date* da tabela *Calendario*.
3. Aproveite para deixar somente os campos *Ano* e *Mês*.

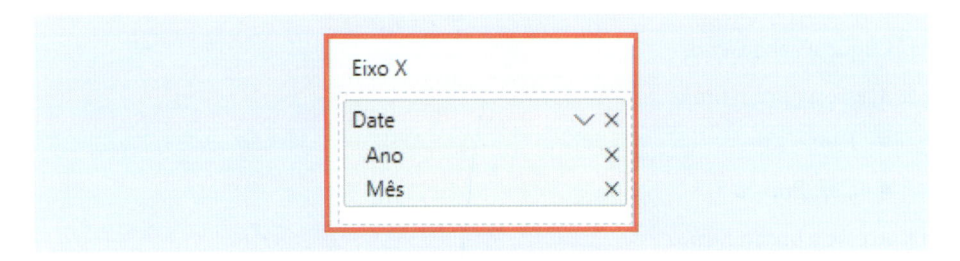

4. Clique no ícone de bidente uma vez para que seja possível aumentar a granularidade e visualizar o gráfico no recorte temporal *Mês*.

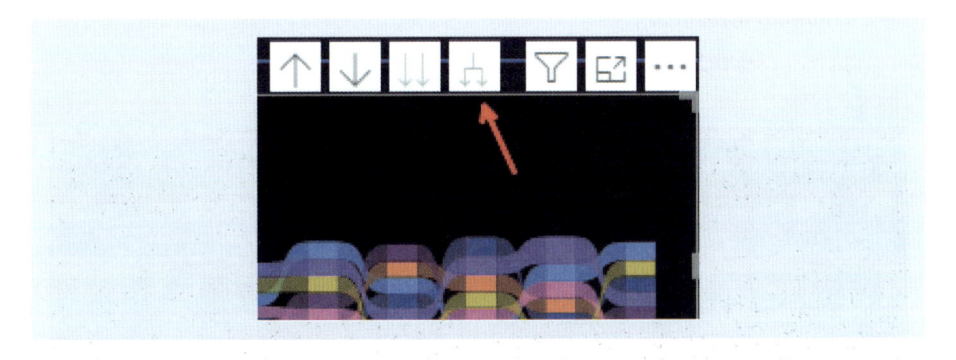

5. No *Eixo Y*, coloque a medida *Meta*.
6. No campo *Legenda*, coloque o campo *Estado* da tabela *Estado*.
7. Clique no painel *Formatar o visual* no painel de visualizações.
8. Acesse o *Eixo X*:
    - *Valores*:
        - *Fonte*: 9
        - *Cor*: Branco
    - *Legenda*
        - *Texto*
        - *Fonte*: 9
        - *Cor*: Branco

9. Em *Faixa de Opções*, selecione *Espaçamento*.

10. Na opção *Largura mínima da categoria*, coloque o valor 60. Isso vai ajudar a visualização das faixas.

11. Clique na aba *Geral*.

12. Acesse a opção *Título*.
    - *Fonte*: 14
    - *Cor*: Branco

13. Acesse a opção *Efeitos*.

14. Clique em *Tela de Fundo*:
    - *Cor*: Preto
    - *Transparência*: 65%

Seu gráfico deverá ficar parecido com este:

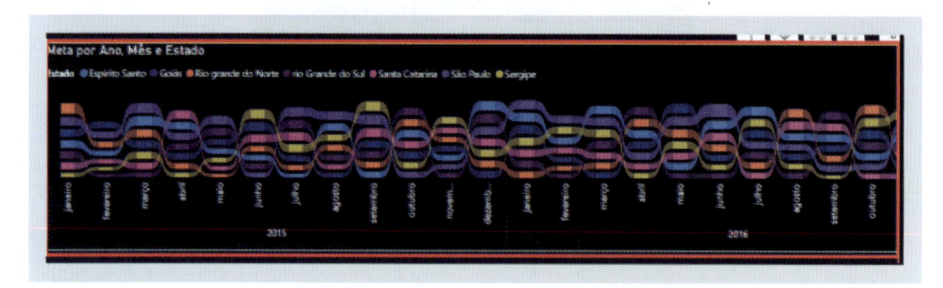

Objeto retângulo para menu lateral

Após finalizada a etapa de formatações dos visuais, estamos prontos para avançar com o desenvolvimento do menu lateral, que desempenhará um papel fundamental no destaque das funcionalidades de navegação e segmentação. Por meio dele, será possível acessar as outras abas e utilizar filtros para segmentar o relatório de maneira eficiente e intuitiva.

1. Acesse a guia *Inserir*, opção *Formas*, e insira a forma de retângulo com cantos arredondados.

2. Acesse o painel *Formato* a fim de trocar a cor para *#07146D* nas propriedades do retângulo – opção *Estilo*, *Preencher*, *Cor*.

Para colocar segmentadores que vão filtrar nosso relatório, siga estes passos:

3. Clique em algum espaço em branco.

4. Insira uma segmentação de dados para cada campo a seguir.

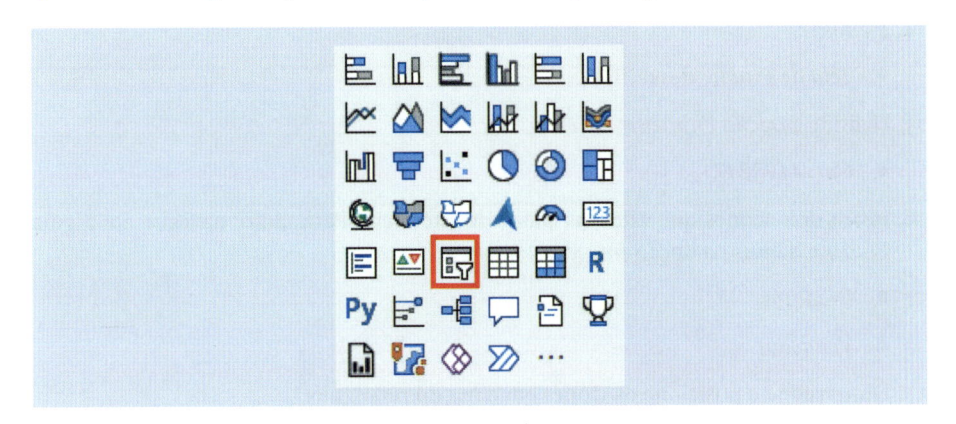

5. Coloque os seguintes campos em cada uma das segmentações:
   - *Ano* da tabela *Calendario*.
   - *Estado* da tabela *Estado*.
   - *Produto* da tabela *Produto*.
   - *Vendedor* da tabela *Vendedor*.

As configurações das segmentações são:

6. Selecione uma segmentação.
7. Acesse o painel de visualizações.
8. Clique na opção *Formatar o visual*.
9. Clique na opção *Configurações da Segmentação*.
   - *Opções*
   - *Estilo*: Suspenso
10. Acesse a opção *Cabeçalho de segmentação*.
11. Clique na opção *Texto*.
    - *Fonte*: 12
    - *Cor*: Branco
12. Clique na opção *Valores* novamente.
    - *Fonte*: 12
    - *Cor*: Branco
    - *Tela de Fundo*:
      - *Cor*: #190247

13. Clique na opção *Geral*.
14. *Efeitos*:
    - *Tela de Fundo*: desabilite
15. Habilite a opção *Fronteira Visual*.
    - *Cor*: #190247
16. Insira dois ícones que estão na pasta do exercício. Para tanto, navegue até a guia *Inserir* e depois na opção *Imagens*.
    - Produtos
    - Vendedor
17. Dimensione e posicione os ícones em cima do retângulo.
18. Navegue até a guia *Inserir* novamente para inserir uma caixa de texto.
19. Insira duas caixas de texto, uma escrita *Produtos,* e a outra, *Vendedor*.

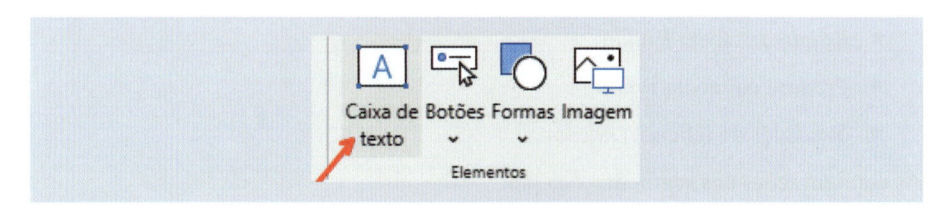

20. Com a caixa de texto selecionada, habilite o título para escrever os textos indicados no item anterior.
21. *Fonte*: 21
    - *Cor*: *Branco* para as duas caixas de texto

Ao finalizar o processo do menu lateral, ele deverá ficar parecido com a imagem a seguir.

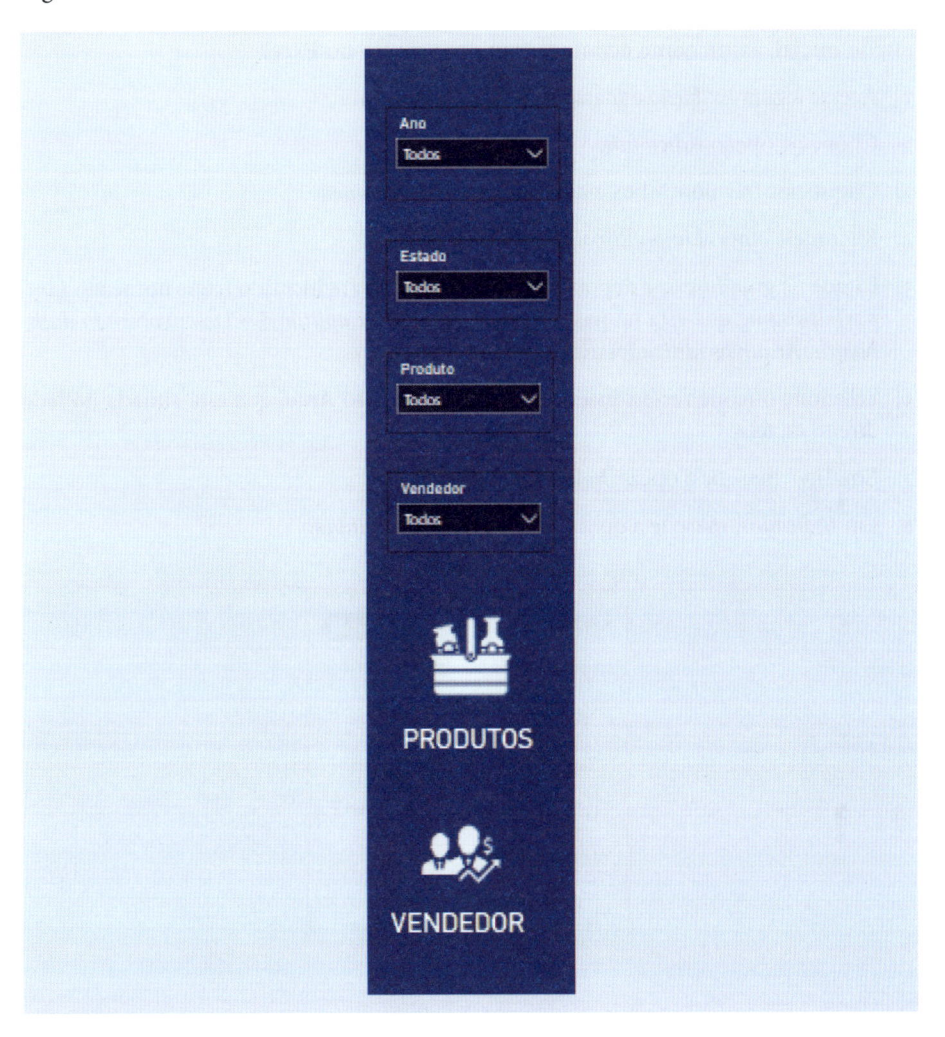

Indicadores: limpeza de filtros

Agora vamos adicionar indicadores para automatizar os processos associados aos botões e ícones. No Power BI, quando são acionados, os indicadores funcionam como "fotografias" capturadas na tela que retornam o relatório para um momento específico. Limpar filtros aplicados ou adicionar determinados filtros são exemplos comuns de indicadores que permitem aos usuários restaurar rapidamente a visualização anterior do dashboard, facilitando a análise e a navegação pelos dados.

Ao desenvolver um indicador de limpeza de filtro, é fundamental garantir que nenhum filtro esteja afetando o relatório naquele momento específico. Isso significa que, ao executá-lo por meio de um botão, por exemplo, o relatório será restaurado a seu estado inicial, assim como acontece com uma macro no Excel.

1. Acesse a guia *Exibição* e marque a opção *Indicadores*.
2. Clique na opção *Adicionar*.
3. Clique nos três pontinhos e depois na opção *Renomear*.
4. Renomeie como *LimpafiltrosConsolidado*.
5. Clique na guia *Inserir* e depois na opção *Imagens* para incluir o ícone nomeado *LimparFiltros.png* que está na pasta *\Curso Power BI\Capítulo 5 – Desenvolvendo dashboards\Arquivos utilizados\Ícones*.
6. Selecione o ícone recém-inserido e habilite a opção *Ação*, que está situada no lado direito da tela.
7. Em *Tipo*, marque a opção *Indicador*.
8. Em *Indicador*, marque a opção *LimpaFiltrosConsolidado*.

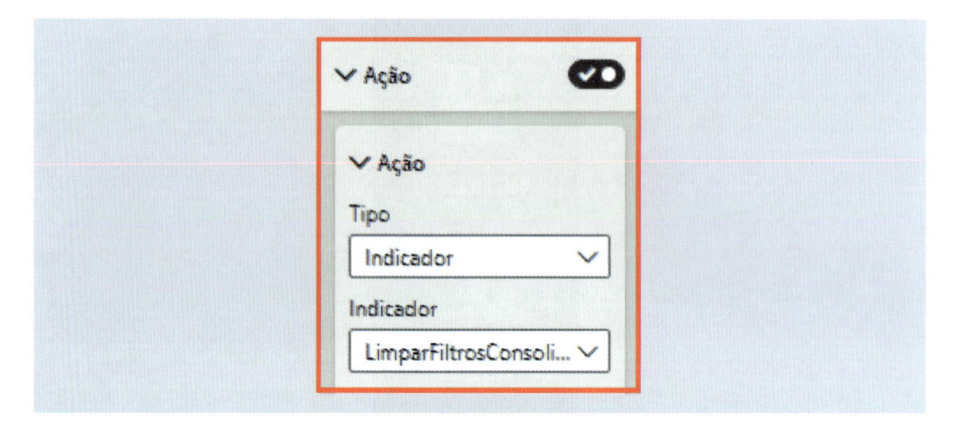

Indicadores: navegação

Para inserir um indicador de navegação entre as abas, siga estes passos:

1. Clique com o botão direito do mouse em cima da aba *Consolidado* e, em seguida, clique na opção *Página Duplicada*, para poder aproveitar algumas formatações existentes nessa aba.
2. Renomeie essa página recém-criada como *Produtos*.
3. Repita os passos 1 e 2 para criar a aba *Vendedor*.
4. Selecione novamente a aba *Consolidado*.

5. Selecione o ícone *Produtos* do menu lateral e habilite a opção *Ação*, que está situada no lado direito da tela.
6. Em *Tipo*, marque a opção *Navegação na página*.
7. Em *Destino*, marque *Produtos*.

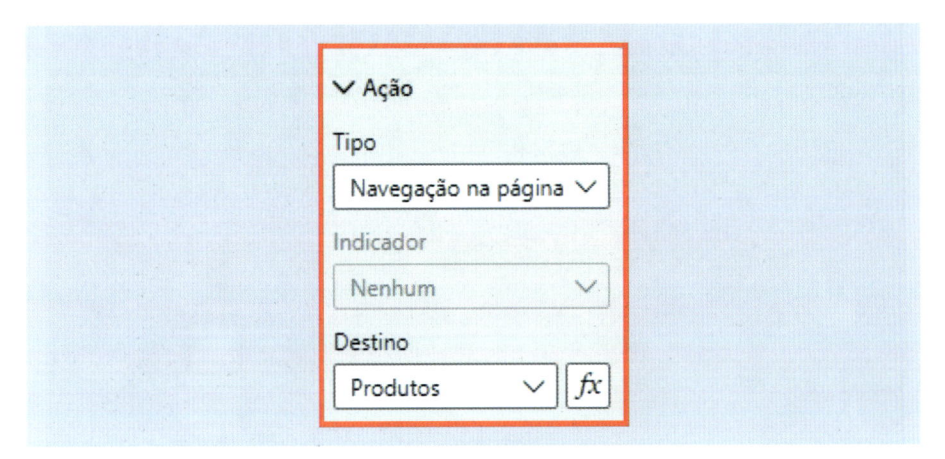

8. Repita os passos de 4 a 7 para criar a navegação da aba *Vendedor*.

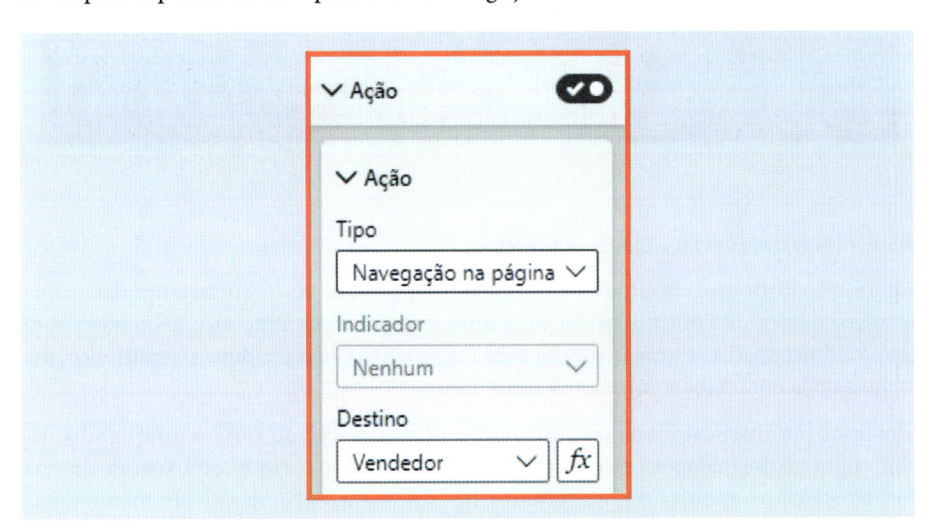

Ao concluir a configuração, seu dashboard deverá ter uma aparência semelhante a esta:

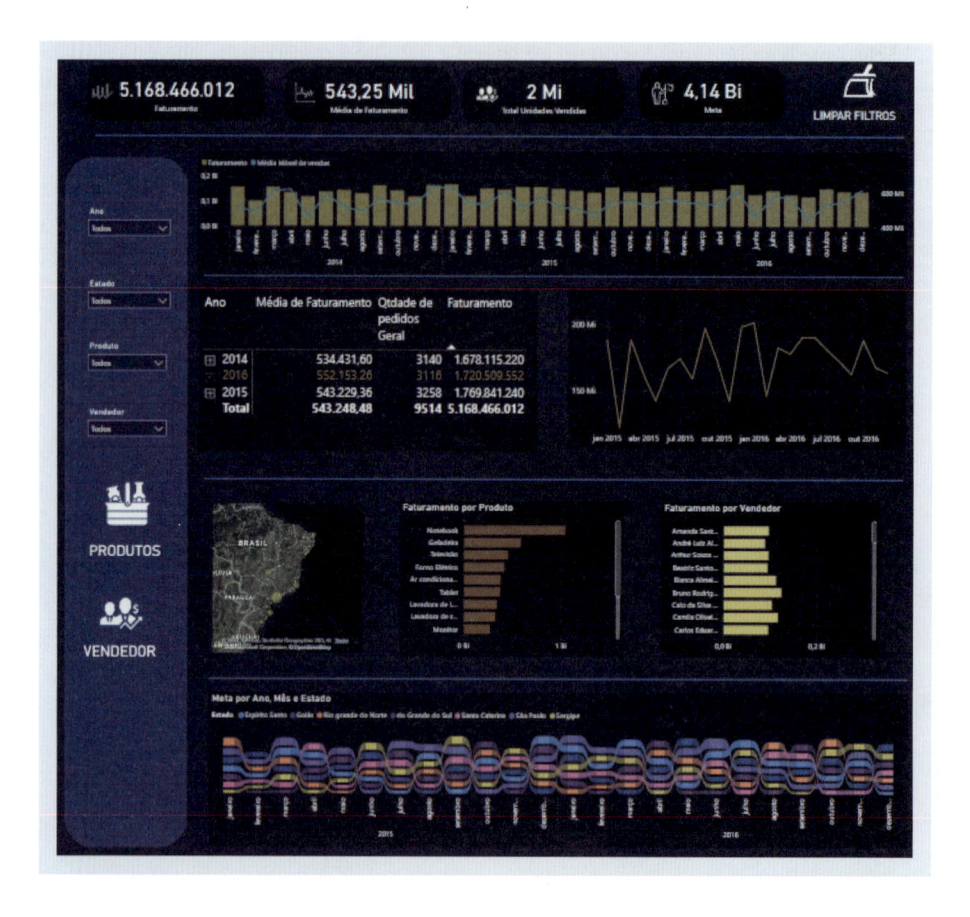

Aba Produtos do dashboard

Agora que dispomos de uma aba que nos oferece uma visão abrangente das informações, é hora de aprofundar nossa análise e aumentar a precisão dos dados. Para isso, vamos introduzir uma nova aba com foco principal no produto, permitindo uma análise mais detalhada e minuciosa desse item.

Optamos por duplicar a aba anterior para evitar começar do zero, aproveitando, assim, algumas formatações para a nova aba. No entanto, caso queira trocar alguma formatação, por exemplo a cor do fundo, fique à vontade. No desenvolvimento dessa nova aba, para facilitar o trabalho, adotaremos a estratégia de realizar algumas modificações visuais.

Vamos começar com a substituição de algumas informações nos cartões, buscando agregar mais dados quantitativos a essa aba.

Formatação de cartões

Faça as seguintes trocas:

1. No cartão *Faturamento*, coloque *Qtdade de pedidos geral*.
2. No cartão *Média de Faturamento*, coloque *Média de Unidades Vendidas*.
3. No cartão *Meta*, coloque *Max Unidades Vendidas*.

Gráfico Colunas agrupadas e linhas

Para comparar a quantidade vendida com a média móvel, no gráfico *Colunas agrupadas e linha*, troque a medida *Faturamento* pela medida *Total Unidades Vendidas*.

Gráfico Funil

1. Exclua o gráfico *Linha* e coloque um gráfico *Funil* com os seguintes campos e medidas: em *Categoria*, insira o campo *Produto* da tabela *Produto*; em *Valores*, insira a medida *Meta*.

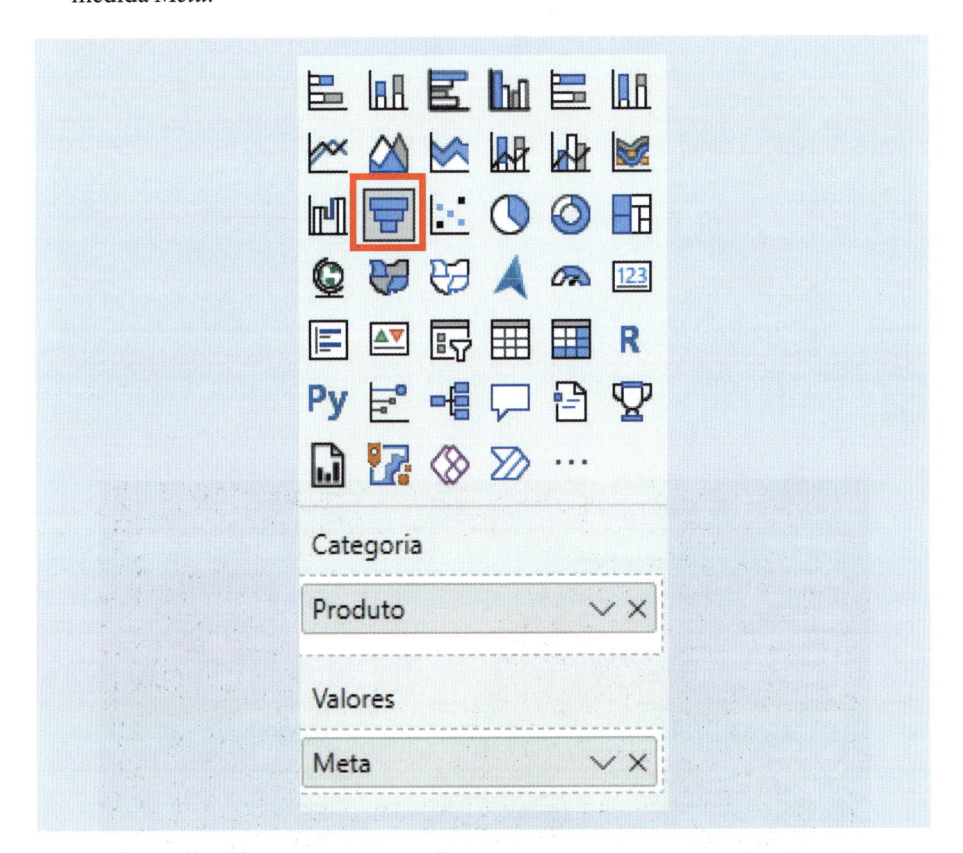

2. Clique no painel de visualizações, opção *Formatar o visual*.
3. Acesse a opção *Cores*.
    - *Cor*: #A38600

4. Acesse a opção *Rótulo de Dados*.
   - *Valores*:
     - *Fonte*: 10
     - *Cor*: Branco
5. Acesse a opção *Rótulo de Categoria*.
   - *Valores*:
     - *Fonte*: 10
     - *Cor*: Branco
6. Acesse a opção *Etiquetas de taxa de conversão*.
   - *Valores*:
     - *Fonte*: 10
     - *Cor*: Branco
7. Acesse a opção *Geral*.
   - *Efeitos*:
     - *Tela de fundo*:
       - *Cor*: Preto
       - *Transparência*: 65%

Após as configurações, seu visual *Funil* deverá ficar parecido com o da imagem a seguir.

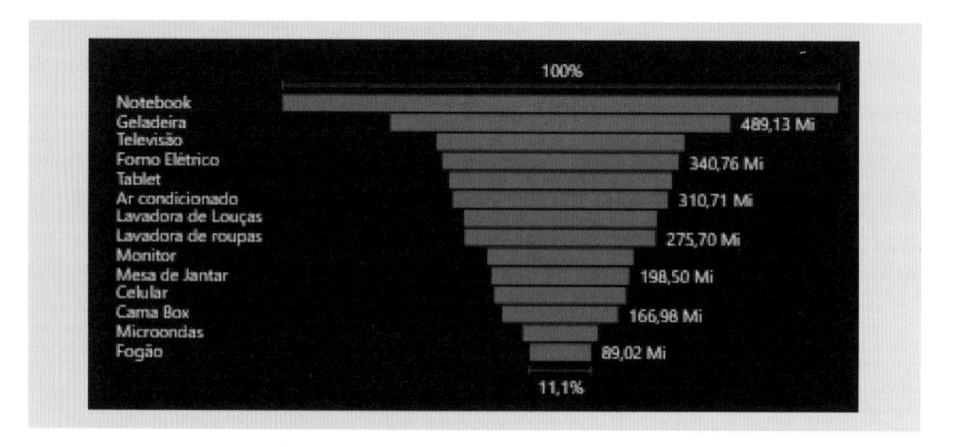

Configurações adicionais

1. No visual *Matriz*, troque, somente no campo *Linhas*, a opção *Vendedor* por *Produto*.

2. Exclua o visual *Mapa*.

3. Posicione o visual *Barras* ao lado do visual *Faixas* que está na parte inferior de seu dashboard. Posteriormente, vamos corrigir essa ação. Aproveite e troque no visual *Barras* a medida do *Eixo X* de *Faturamento*, pois já temos essa informação na aba anterior pela medida *Projeção*.

Visual Cascata

1. No espaço que foi criado no centro do relatório, inclua o visual *Cascata*, para que seja possível visualizar a variação entre os produtos por ano.

2. No campo *Categoria*, insira o item *Ano* da tabela *Calendario*; no campo *Divisão*, o item *Produto* da tabela *Produto*; e, por fim, a medida *Faturamento* no *Eixo Y*.

Essa visualização em *Cascata* é um recurso bastante útil, especialmente quando lidamos com uma grande quantidade de produtos. É importante considerar que, se houver um número excessivo de itens, o gráfico pode se tornar confuso e desorganizado por conta da grande quantidade de colunas.

Para solucionar esse problema e manter a clareza na apresentação dos dados, podemos recorrer a um recurso chamado *Divisão*, que está nas opções do painel *Formatar o visual*. Esse recurso permite exibir apenas os valores mais relevantes e representativos, eliminando a exibição de todos os produtos individualmente.

Dessa maneira, ao utilizar a função *Divisão*, selecionamos apenas um ou mais valores com maior representatividade, o que simplifica a visualização e facilita a compreensão dos dados apresentados. Em nosso exemplo, colocamos o valor 3.

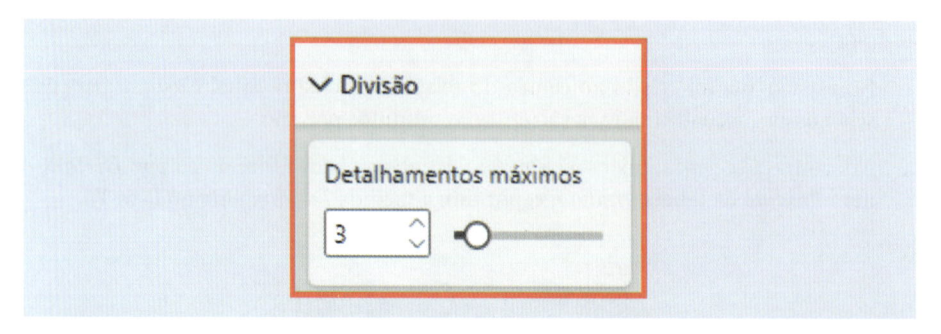

3. Ainda em *Formatar o visual*, navegue até as opções *Eixo X*, *Eixo Y* e *Legenda* para mudar a cor da fonte. Nas duas primeiras configurações, acesse a opção *Valores* para inserir a cor branca. No caso da *Legenda*, navegue até a opção *Texto* para colocar a cor da fonte.

4. Navegue agora até a opção *Linhas de Grade* e depois *Colunas*, para trocar as cores do gráfico.

5. Inserir na opção *Aumentar*: #0E7E49.

6. Inserir na opção *Diminuir*: #FF6F69.

7. Inserir na opção *Outros*: #FFCC5C.

8. Inserir na opção *Total*: #88D8B0.

9. Navegue agora até a opção *Rótulo de Dados* para habilitar esse recurso. Verifique a cor da fonte em *Valores*; passe para a cor branca.

Ao final da formatação, seu visual *Cascata* ficará parecido com o da imagem a seguir.

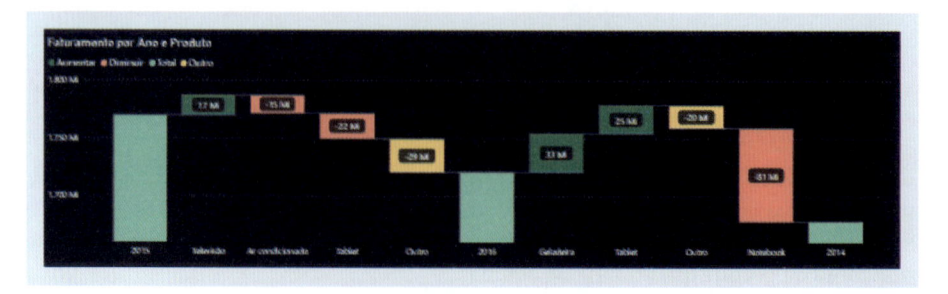

Visual Treemap

1. Troque o visual *Faixas* pelo visual *Treemap*.
2. Inclua em *Categoria* o campo *Produto* da tabela *Produto*.
3. Em *Valores*, inclua a medida *Total Unidades Vendidas*.

Note que seu gráfico ficou bem confuso para interpretação. Isso se dá porque há vários produtos no cadastro. Para especificar a visualização e facilitar a interpretação das informações, é possível colocar no *Painel de Filtros* um campo ou uma medida. Em nosso exemplo, colocamos a medida *Ranking por Produto* no campo *Filtros nesse Visual* e a configuração *Menor ou igual a 7*, isto é, somente serão exibidos os sete primeiros itens baseados na medida.

4. Para conseguir essa ação, procure a medida *Ranking por Produto* no campo *Pesquisa* do *Painel de dados*.

5. Clique e segure a medida, arrastando-a até o campo *Filtros nesse Visual*.

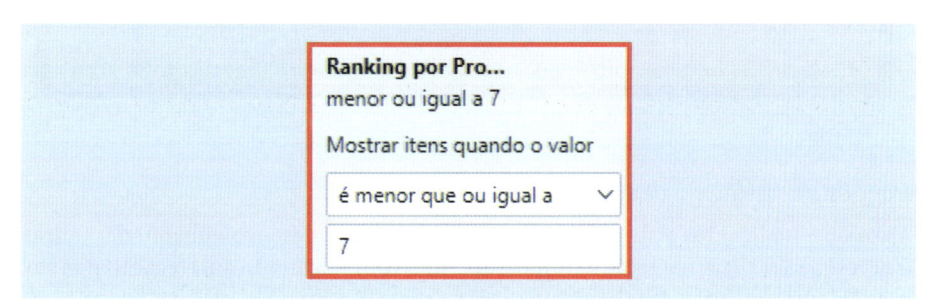

6. Acesse o painel de visualizações, opção *Cores*, em *Formatar o visual*. Foram inseridas as seguintes cores:

Notebook #740001	Geladeira #744EC2	Forno elétrico #8F9779
Ar-condicionado #AE0001	Tablet #FFA058	
Lavadora de louças #EEBA30	Televisão #738678	

7. Habilite a opção *Rótulo de Dados*.
   - *Valores*
     - Fonte: 9
     - Cor: Branco

Após a finalização da formatação, seu gráfico *Treemap* deverá ficar assim:

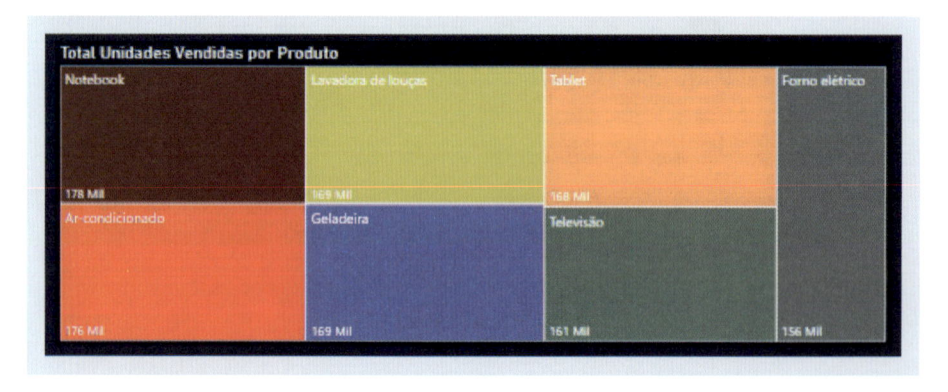

Ícone de navegação e indicador para limpar filtros

Visto que duplicamos a aba *Consolidado* para facilitar o desenvolvimento das outras, é necessário realizar algumas modificações no layout, incluindo a navegação por ícones. Na aba *Produtos*, atualmente temos a navegação para ela mesma e para a aba *Vendedor*.

No entanto, a fim de aprimorar a experiência do usuário, é necessário fazer uma alteração na navegação, substituindo a opção de navegação para a própria aba *Produtos* pela navegação para a aba *Consolidado*.

1. Apague o ícone *Produtos*.
2. Navegue até a guia *Inserir*, opção *Imagens*.

3. Encontre o ícone de *Consolidado.png* que está na pasta *\Curso Power BI\Capítulo 5 – Desenvolvendo dashboards\Arquivos utilizados\Ícones*.

4. Dimensione o ícone no menu.

5. Acesse o painel *Formato*, opção *Ação*.

6. Na opção *Tipo*, escolha *Navegação de Página*.

7. Em *Destino*, selecione a aba *Consolidado*.

8. Selecione a caixa de texto em que está escrito *Produtos*.

9. Acesse o painel *Formato* e, em seguida, clique na opção *Título* para trocar o escrito de *Produtos* para *Consolidado*.

É de extrema importância criar um indicador para a limpeza dos filtros, levando em consideração que, como mencionado anteriormente, esse recurso funciona como uma fotografia da aba em que foi criado. Em outras palavras, um indicador criado para a aba *Consolidado* dificilmente será aplicável à aba *Produtos*, uma vez que os visuais apresentados são completamente diferentes. Para criar um indicador, siga estes passos:

10. Navegue até a guia *Exibição*, opção *Indicadores*.

11. Certifique-se de que não há qualquer filtro selecionado antes de adicionar o indicador.

12. Clique em *Indicadores*, em seguida em *Adicionar*.

13. Clique nos três pontinhos do lado direito da palavra *Indicador 2* e, então, na opção *Renomear*.

14. Renomeie o indicador para *LimparFiltrosProdutos*.

15. Feche o painel *Indicadores*.

16. Selecione o ícone *Limpar Filtros* (pincel).

17. No painel *Formato*, opção *Ação*, troque o indicador que será acionado para *LimparFiltrosProdutos*.

Por fim, seu dashboard de *Produtos* deverá parecer com o da imagem a seguir.

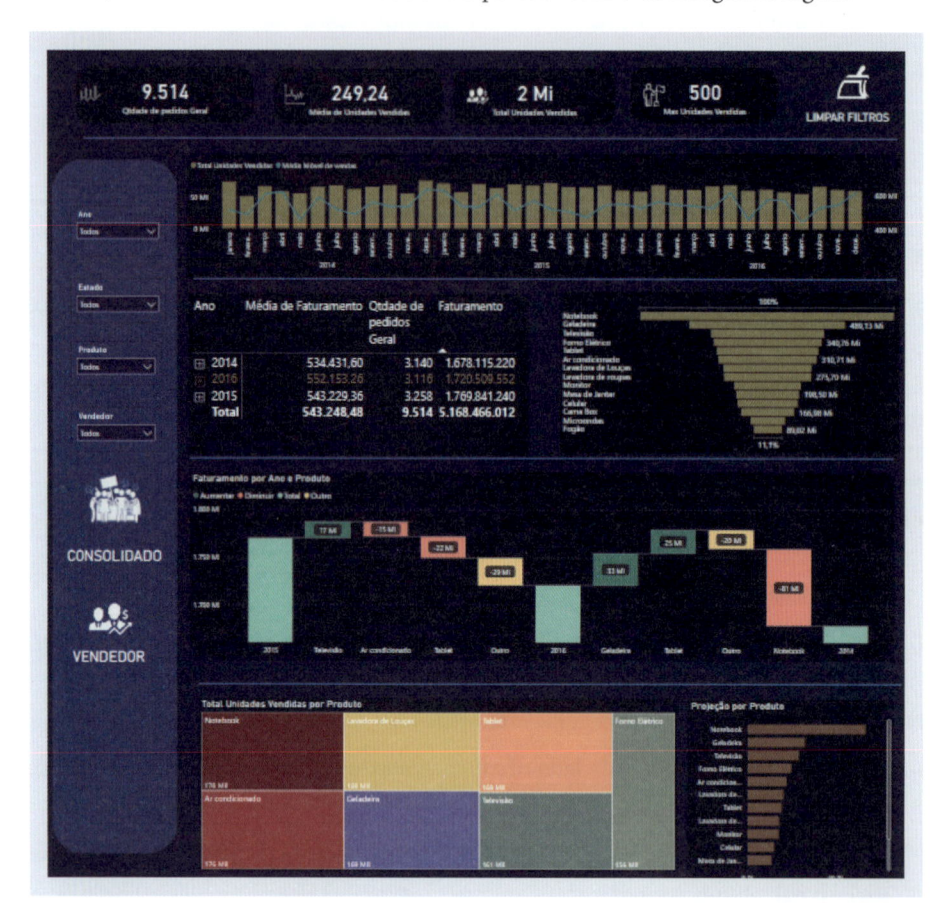

Aba Vendedor do dashboard

Agora que dispomos de várias abas que nos oferecem diferentes visões das informações, é hora de aprofundar nossa análise e aumentar a precisão dos dados com foco principal no vendedor, permitindo uma análise mais detalhada e minuciosa desse ator. Afinal de contas, ele tem uma grande influência nas estratégias da empresa.

Como optamos por duplicar a aba *Consolidado* para evitar começar do zero, podemos agilizar novamente o desenvolvimento de outro dashboard.

Iniciaremos fazendo a substituição das informações nos cartões.

Formatação de cartões

Faça as seguintes trocas:

1. No cartão do *Total das Unidades Vendidas*, coloque *Max Unidades Vendidas*.

2. No cartão da *Meta* coloque *Total Dias Uteis*.

Gráfico KPI

1. Exclua o gráfico *Linha* e coloque um visual *KPI*, com os seguintes campos e medidas: no campo *Valor*, insira a medida *Faturamento*; no campo *Eixo da tendência*, coloque o campo *MesAno* da tabela *Calendario*; e, finalmente, no campo *Destino*, coloque a medida *Meta*.

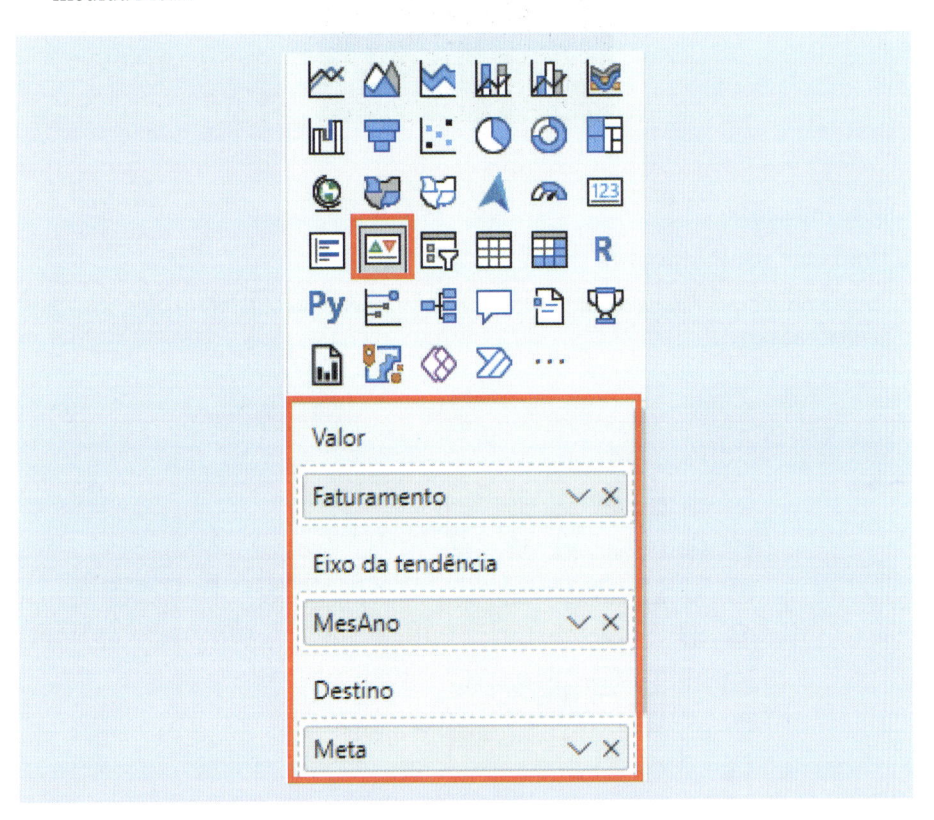

2. Clique no painel *Formatar o visual*, opção *Rótulo de Destino*.
3. Em *Valores*, troque a cor da fonte para branco.
4. Dimensione o visual *KPI* de modo que seja possível colocar mais um visual à direita.

Após a finalização das configurações, seu visual *KPI* deverá ficar similar ao da imagem a seguir.

Gráfico Indicador

1. Insira um visual *Indicador*.
2. Insira no campo *Valor* a medida *Faturamento*, e no campo *Valor de destino*, a medida *Faturamento_AA*.

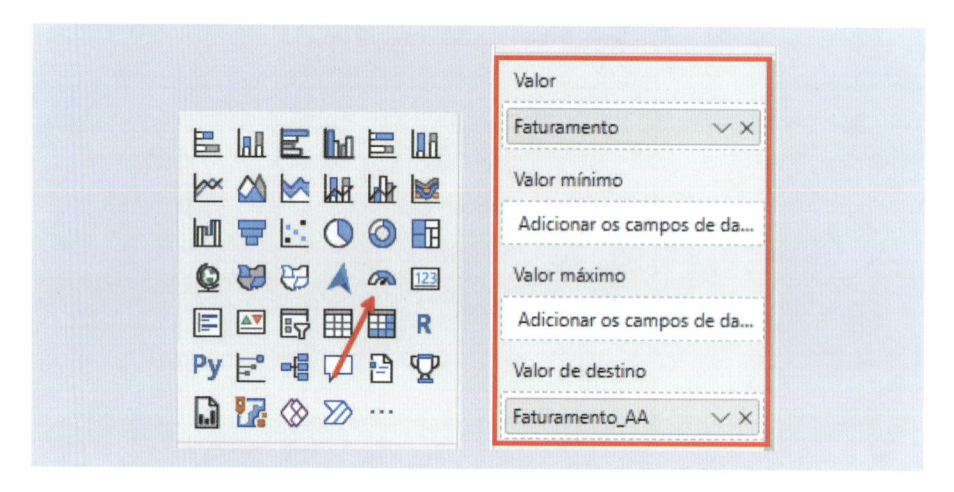

3. Acesse o painel *Formatar o visual*.
4. Acesse a opção de cores.
5. Mude a cor de preenchimento para #A38600.
6. Mude a cor do destino para #EA0718.
7. Acesse a opção *Rótulo de Dados, Valores*, e mude a cor da fonte para branco.
8. Acesse a opção *Rótulo de Destino*.
   - *Valores*:
     - Cor da fonte: Branco

9. Acesse a opção *Valor do Balão*.
   - *Valores*
     - *Cor da fonte*: Branco
10. Acesse o painel *Geral*.
11. Acesse a opção *Título*.
    - *Cor da fonte*: Branco
12. Acesse *Efeitos*.
    - *Cor da Tela de Fundo*: Preto
    - *Transparência*: 65%

Seu visual *Indicador*, ao fim do processo, deverá ficar parecido com o da imagem a seguir.

Gráfico Rosca

1. Mude o visual *Mapa* para o visual *Rosca*.
2. Em *Legenda*, coloque o campo *Estado* da tabela *Estado*.
3. Em *Valores*, coloque a medida *Faturamento*.

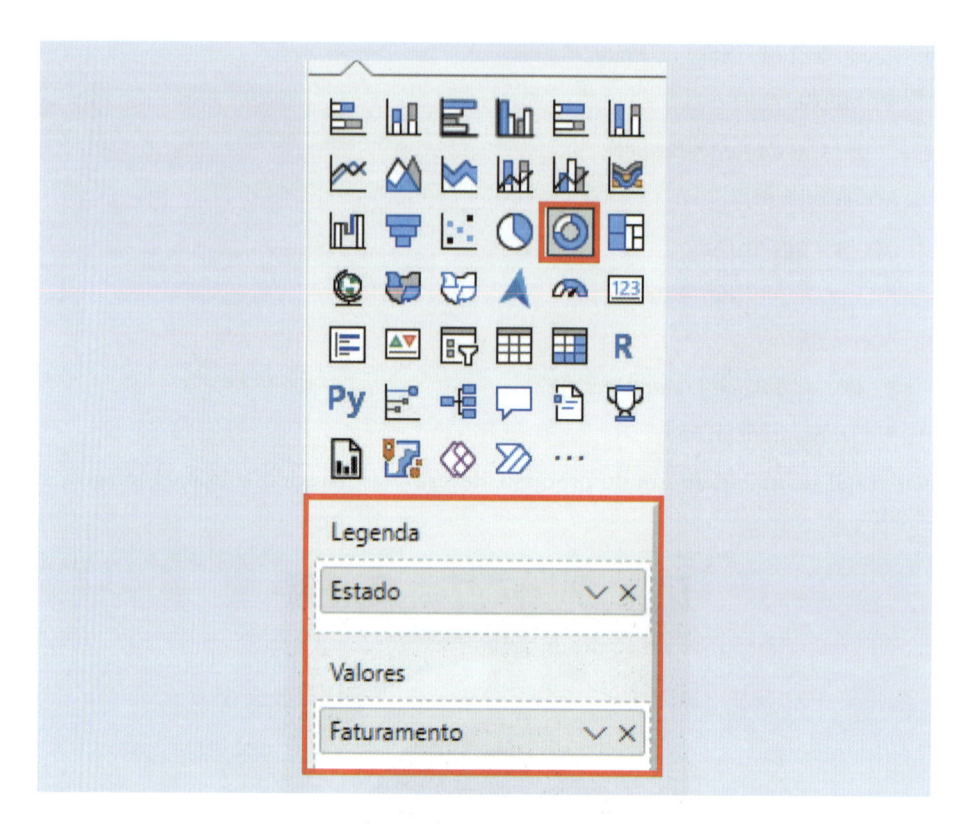

4. Acesse o painel *Formatar o visual* e mude as seguintes configurações:
   - *Legenda*:
     - *Texto*: Cor Branco
   - *Rótulo de detalhe*:
     - *Conteúdo do rótulo*
       - *Percentual do total*
   - *Valores*: Cor Branco
5. Acesse o painel *Geral* e mude as seguintes configurações:
   - Habilite o *Título*:
     - *Cor do texto*: Branco
   - *Efeitos*:
     - *Tela de Fundo*:
       - *Cor*: Preto
       - *Transparência*: 65%

Seu visual *Rosca* deverá ficar parecido com o da imagem a seguir.

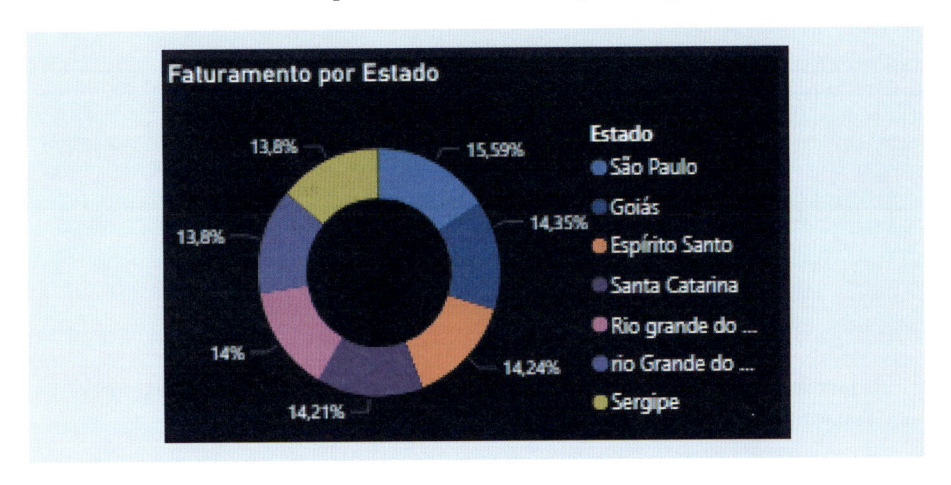

Faturamento por Estado

- São Paulo: 15,59%
- Goiás: 14,35%
- Espírito Santo: 14,24%
- Santa Catarina: 14,21%
- Rio grande do ...: 14%
- rio Grande do ...: 13,8%
- Sergipe: 13,8%

Gráfico de barras

1. Selecione o *Gráfico de barras* do *Vendedor*.
2. Troque a medida *Faturamento* pela medida *Projeção* no campo *Eixo X*.

Árvore hierárquica

1. Troque o visual *Faixas* no rodapé do dashboard pelo visual *Árvore hierárquica*.
2. Em *Analisar*, inclua a medida *Faturamento*.
3. Em *Explicar por*, coloque o campo *Produto* da tabela *Produto* e o campo *Estado* da tabela *Estado*.

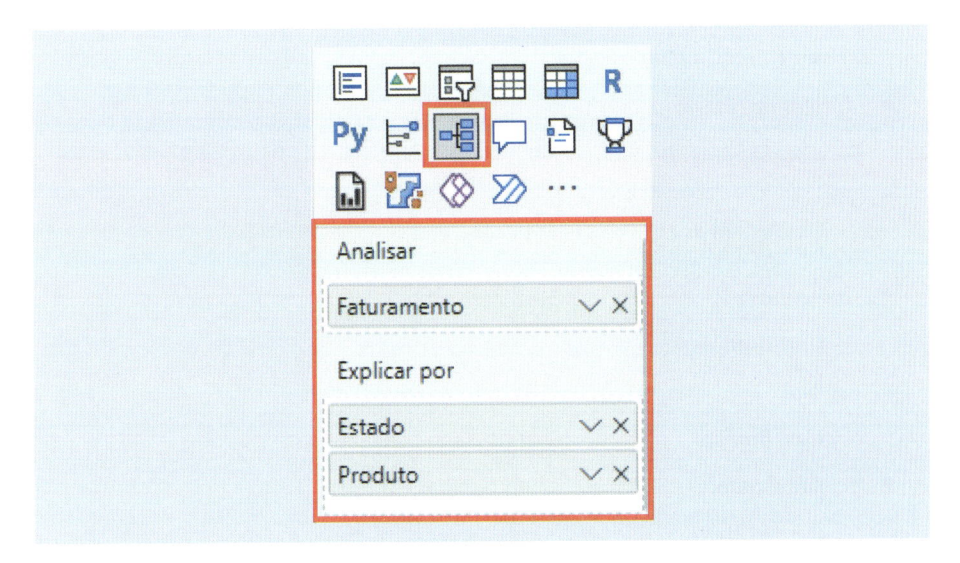

Analisar
- Faturamento

Explicar por
- Estado
- Produto

4. Para configurar como as informações serão expandidas, clique no símbolo + que aparece logo depois do *Faturamento*.

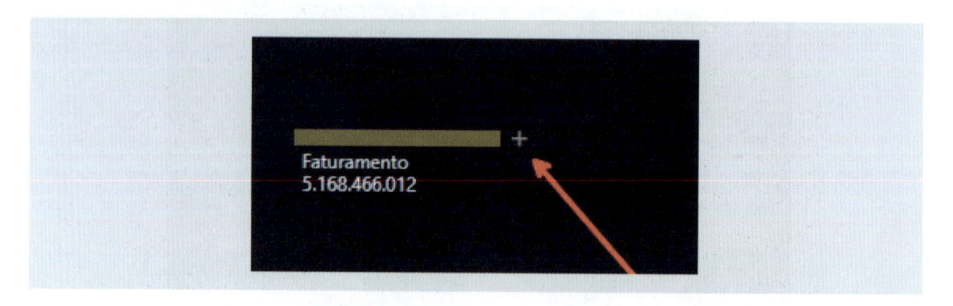

5. Na janela que se abre, clique na opção *Valor alto*. Isso significa que os valores serão classificados de modo decrescente.

6. Clique novamente no símbolo + ao lado do produto *Notebook*, opção *Valor alto*.

7. Clique no painel *Formatar o visual*.

Altere as seguintes configurações:

- *Árvore*:
  - *Conectores*:
    - *Linha selecionada*: Branco
    - Linha não selecionada: Branco
- *Barras*:
  - *Cores*:
    - Barra positiva
    - Cor: #A38600
- *Rótulos de categoria*:
  - *Cor da Fonte*: Branco
- *Valores*:
  - *Cor*: Branco
- *Cabeçalhos*:
  - *Cor*: Branco
- *Legenda*:
  - *Cor*: Branco
- *Tela de Fundo*:
  - *Cor*: #09124F

Ao final da formatação, seu gráfico *Árvore hierárquica* deverá ficar assim:

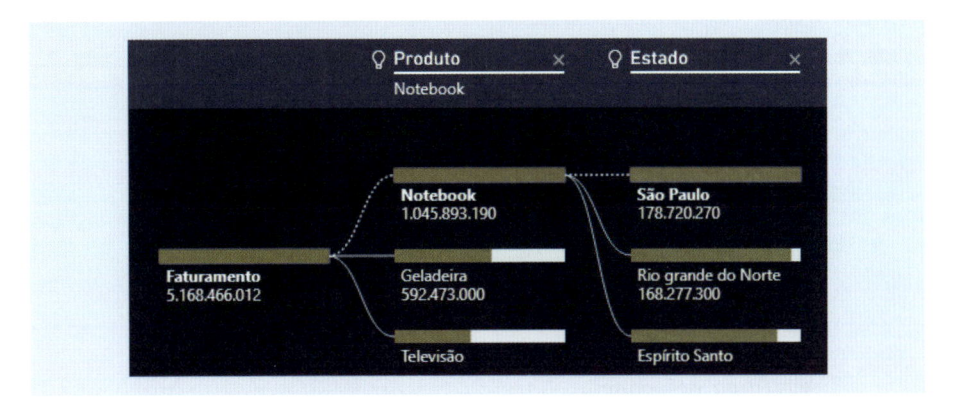

Gráfico Linha

1. Dimensione o gráfico *Árvore hierárquica* para a esquerda, de tal maneira que se possa colocar mais um visual para finalizar o dashboard.
2. Inclua um gráfico *Linha*.
3. No *Eixo X*, insira a hierarquia da data da tabela *Calendario*.
4. Aproveite para excluir o campo *Trimestre*.
5. No *Eixo Y*, inclua a medida *Qtdade de pedidos Geral*.

6. Acesse o painel *Formatar o visual* para que sejam feitas alterações em algumas configurações.
   - *Eixo X*:
     - *Valores*:
       - *Fonte*: Cor Branco
       - *Título*: desabilite
   - *Eixo Y*:
     - *Valores*:
       - *Fonte*: Cor Branco
       - *Título*: desabilite
   - *Linhas de Grade*:
     - *Horizontal*:
       - Cor Branco
       - *Largura (px)*: 2
     - *Vertical*:
       - Cor Branco
       - *Largura (px)*: 2
   - *Linhas*:
     - *Cores*: #73361C
7. Habilite os *Marcadores*.
8. Habilite *Rótulo de Série*.
   - *Valores*:
     - *Cor da série*: Branco
9. Acesse a opção *Geral*.
   - *Título*: Cor Branco
   - *Efeitos*:
     - *Tela de Fundo*:
       - *Cor*: Preto
       - *Transparência*: 65%

Painel de análises

Ao concluir essas formatações, temos a possibilidade de incorporar ainda mais funcionalidades a esse gráfico. Na verdade, essas funcionalidades analíticas podem ser aplicadas a outros tipos de visualizações, dependendo do visual em questão.

Tais opções estão disponíveis no painel de análise, que oferece recursos como linhas de tendência, linhas constantes, linhas mínimas, previsões e muito mais.

Em nosso exercício, incluiremos uma linha de previsão na qual o Power BI vai projetar os dados de acordo com o histórico deles.

1. Para tanto, acesse o *Painel de Análise* clicando no ícone de lupa do lado direito do painel *Formatar o visual*.

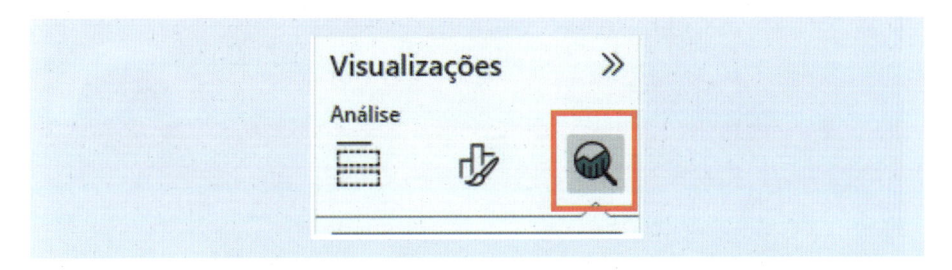

2. Encontre a opção *Previsão* e habilite-a.
3. Na opção *Linha de Previsão*, inclua:
   - *Cor*: #E1C233
   - *Transparência*: 65%

Os recursos disponíveis no *Painel de Análise* podem ser extremamente úteis ao fornecer análises imediatas, eliminando a necessidade de medida. Tais recursos são valiosos no dia a dia das empresas.

Realizadas as configurações, seu visual KPI deverá ficar como o da imagem a seguir.

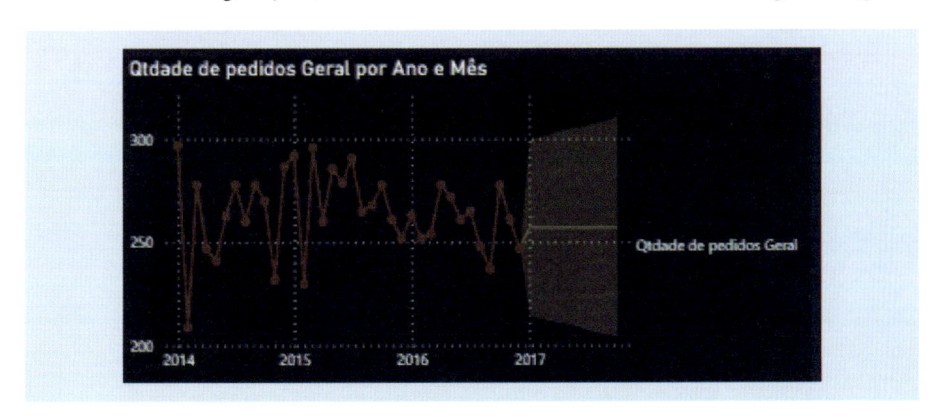

Seu dashboard com foco na performance dos vendedores está finalizado. Agora, precisamos publicá-lo e agendar horários de atualização.

O dashboard ficará como o da imagem a seguir.

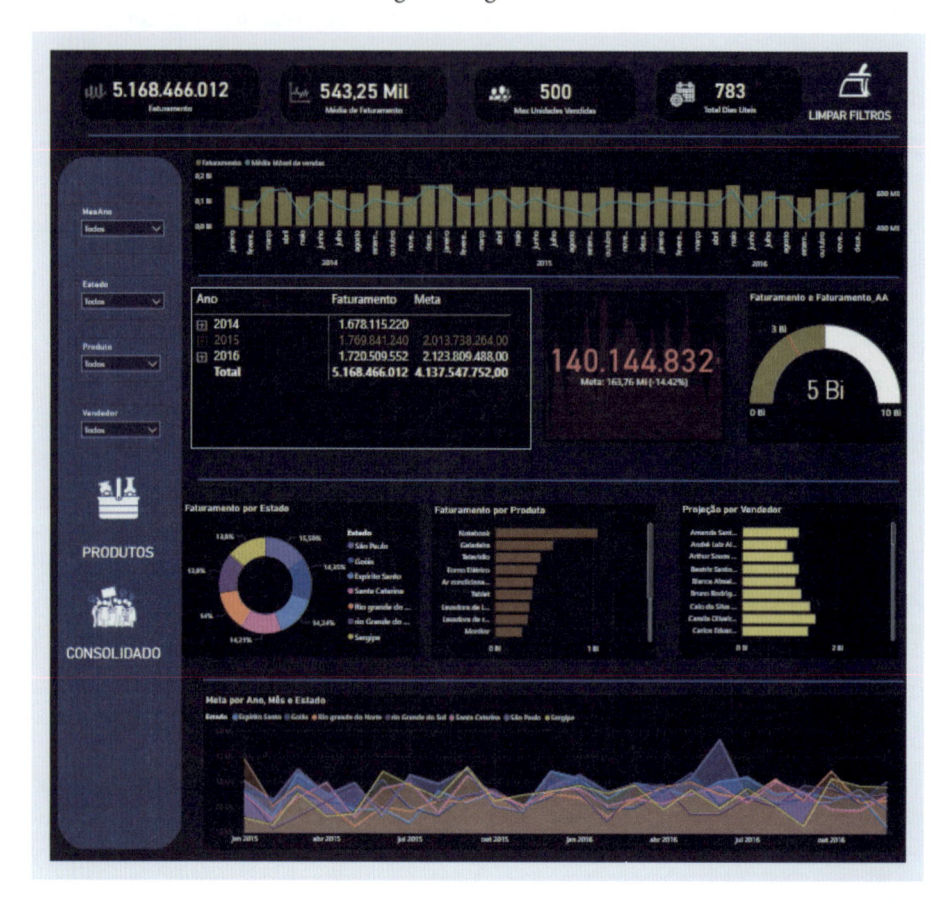

4. Salve o arquivo na pasta: \Curso Power BI\Capítulo 5 – Desenvolvendo dashboards\Arquivos utilizados\Atividade 1\Cap5_ex01.pbix.

Anotações

Anotações

6

Power BI Service

OBJETIVOS

» Apresentar o Power BI Service

» Compartilhar um relatório

» Exportar um relatório em diversos formatos

Introdução ao Power BI Service

O Power BI Service permite que você compartilhe seus relatórios e painéis com outras pessoas de maneira fácil e segura. Você pode definir permissões de acesso, colaborar em tempo real e até mesmo incorporar visualizações em outros aplicativos ou sites.

Ele também oferece recursos avançados de administração e monitoramento. É possível gerenciar usuários, definir políticas de segurança e criar grupos de trabalho para organizar e compartilhar conteúdo de modo mais eficiente.

Independentemente do setor ou do tamanho de sua organização, o Power BI Service é uma poderosa plataforma para a análise de dados. Com uma interface intuitiva e recursos robustos, você pode transformar seus dados em informações significativas que impulsionam o sucesso dos negócios.

Apesar de algumas funcionalidades semelhantes em relação ao Desktop, no Power BI Service não se tem acesso ao recurso de tratamento Power Query nem às funções DAX. E, obviamente, por se tratar de ferramentas com objetivos diferentes, suas interfaces são distintas.

O acesso ao Power BI Service, essa ferramenta valiosa, complementar ao Power BI Desktop, é realizado pela URL https://powerbi.microsoft.com/pt-br/ (em português). Após clicar no link fornecido, você será redirecionado para a página de login. Nessa etapa, é necessário inserir suas informações de usuário e senha para autenticação. Assim que concluída a autenticação, você terá acesso total aos recursos e funcionalidades do Power BI Service, que estarão vinculados ao tipo de usuário – ou seja, conta gratuita ou PRO.

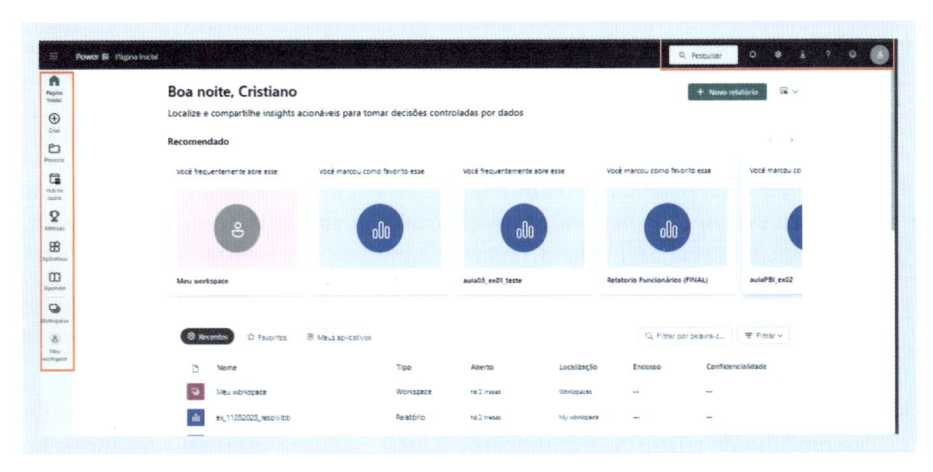

Nos itens destacados no canto superior direito, estão as seguintes funcionalidades:

- *Notificações*: exibe notificações sobre a conta, informações sobre atualizações e alertas configurados.

- *Configurações*: permite acessar opções sobre o armazenamento total utilizado, o portal da administração e opções sobre gateway e conexões, bem como gerenciar códigos de inserção (URL de acessos públicos gerados) e configurações de migração do Azure Analysis Services.
- *Download*: central de download dos recursos relacionados ao Power BI, entre eles Power BI Desktop, gateway de dados, Report Builder, Power BI Mobile e análise de atualizações do Excel.
- *Ajuda e Suporte*: principal ponto de ajuda do Power BI, tem todos os recursos de auxílio no uso da ferramenta à disposição do usuário. Por exemplo: documentação, comunidade, fóruns, entre outros.
- *Ajude a melhorar o Fabric (versão prévia)*: forma de contato que o usuário tem à disposição para propor melhorias no Power BI.
- *Dados do Perfil*: informações da conta logada.

Na lateral esquerda, estão as seguintes opções:

- *Página Inicial*: permite retornar para a página inicial do Power BI Service assim que necessário.
- *Criar*: permite criar relatórios, painéis, conjuntos ou fluxos de dados. Nessa opção, você pode começar do zero ou importar dados de diferentes fontes para começar a visualizá-los e analisá-los.
- *Procurar*: aqui é possível explorar conteúdo compartilhado com você, acessado recentemente ou configurado como favorito.
- *Hub de dados do OneLake*: local em que você pode encontrar e gerenciar seus conjuntos de dados (excluir, baixar e compartilhar), ver todos os conjuntos aos quais tem acesso, configurar atualizações automáticas, gerenciar permissões, entre outras opções.
- *Aplicativos*: coleção de dashboards e relatórios em um local fácil de encontrar. Ao selecionar essa opção, você pode explorar e utilizar aplicativos prontos em diferentes áreas, como vendas, finanças, recursos humanos, entre outras.
- *Métricas*: permite criar e acompanhar seu scorecard. É possível ainda configurar métricas personalizadas com base em seus dados e acompanhar o progresso em tempo real.
- *Hub de monitoramento*: é uma ferramenta que permite acompanhar e analisar o desempenho de relatórios e dashboards. Mostra quantas vezes seus relatórios foram visualizados, quem os acessou e como eles estão sendo utilizados, visando identificar padrões de uso, entender quais partes dos relatórios são mais populares e otimizar as análises para atender melhor às necessidades dos usuários.

- *Pipelines de implantação*: ferramenta para automatizar e gerenciar a implantação de relatórios e dashboards. Os pipelines permitem definir fluxos de trabalho para mover os artefatos de dados (relatórios, dashboards, consultas, medidas e visualizações), bem como realizar análises de um ambiente para outro, como de desenvolvimento para produção.
- *Aprender*: esta é uma seção de aprendizado oferecida pelo Power BI Service na qual você pode acessar recursos de treinamento, tutoriais e documentação oficial.
- *Workspaces*: são áreas de colaboração para compartilhar projetos específicos com outras pessoas e trabalhar neles. Você pode criar workspaces para equipes, departamentos ou projetos individuais, e compartilhar conteúdo relevante dentro desses espaços colaborativos, desde que sua conta seja do tipo PRO.
- *Meu workspace*: espaço exclusivo para você, para criar, organizar e armazenar os próprios relatórios, painéis e conjuntos de dados pessoais.

Relatórios, conjuntos de dados e painéis no Power BI Service

No Power BI Service, você encontrará três componentes essenciais: relatórios, conjuntos de dados e painéis. Embora todos estejam relacionados e trabalhem juntos para fornecer insights poderosos, é importante entender suas características distintas.

- *Relatórios*: são o ponto central da análise de dados no Power BI. Geralmente desenvolvidos e exportados pelo Power BI Desktop, eles são criados a partir dos conjuntos de dados e consistem em visualizações interativas, como gráficos, tabelas e mapas. Os relatórios permitem explorar e analisar os dados de maneira flexível, aplicar filtros e aprofundar-se em detalhes específicos. Podem ser compartilhados com outras pessoas e são altamente personalizáveis para atender a necessidades específicas.
- *Conjuntos de dados*: são a fonte dos dados usados para criar relatórios e, assim como estes, são exportados pelo Power BI Desktop por meio da publicação. Eles são compostos por tabelas, colunas e relacionamentos que representam suas informações. Os conjuntos de dados podem ser importados de várias fontes, como bancos de dados, arquivos locais ou serviços em nuvem.
- *Painéis*: são uma forma de organizar visualizações e relatórios em uma única página. Eles permitem agrupar e exibir as informações mais relevantes em um formato visual e fácil de entender. Com os painéis, você pode combinar visualizações de diferentes relatórios, adicionar imagens, texto e até mesmo criar KPIs (indicadores-chave de desempenho) personalizados.

	Nome	Tipo	Proprietário
	aula03_ex01_teste	Relatório	Cristiano Malaspina
	aula03_ex01_teste	Conjunto de Dados	Cristiano Malaspina
	Aula03_EX02_CRISTIANO_sabado	Relatório	Cristiano Malaspina
	Aula03_EX02_CRISTIANO_sabado	Conjunto de Dados	Cristiano Malaspina

Publicação de relatório

A publicação de relatórios no Power BI Service é o processo de disponibilizar relatórios para que outras pessoas possam acessá-los e interagir com os dados sem a necessidade de ter o Power BI Desktop instalado em suas máquinas.

Para publicar um relatório, basta seguir estes passos:

1. No Power BI Desktop, abra o arquivo *Cap.5_ex01.pbix* da pasta \Curso Power BI\ Capítulo 5 – Desenvolvendo dashboards\Arquivos utilizados\Atividade 1.
2. Na guia *Página Inicial*, acesse a opção *Publicar*.

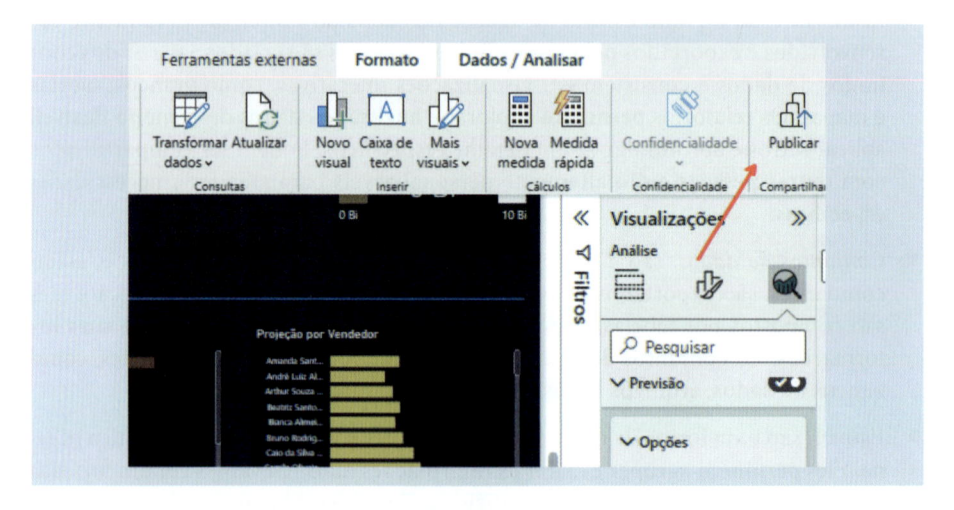

Caso alguma alteração tenha sido feita, o salvamento do arquivo será solicitado. Caso não esteja logado com sua conta do Power BI Service, serão solicitados o e-mail e a senha.

Insira seu endereço de email

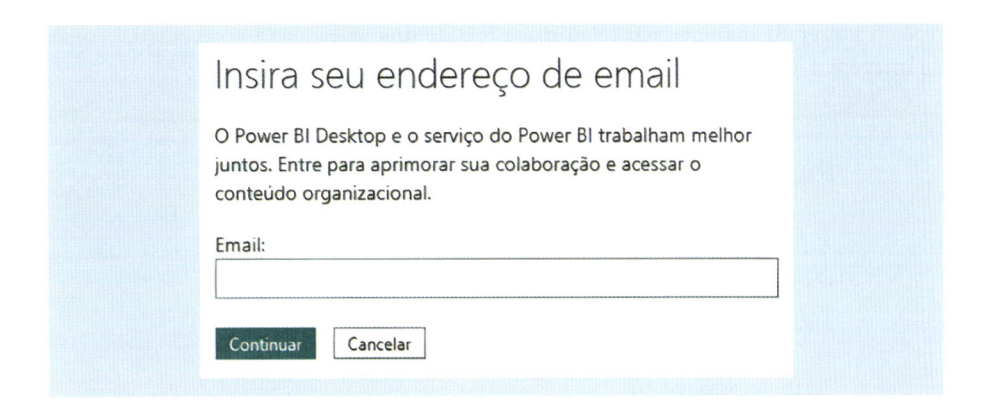

O Power BI Desktop e o serviço do Power BI trabalham melhor juntos. Entre para aprimorar sua colaboração e acessar o conteúdo organizacional.

Email:

[Continuar] [Cancelar]

3. A próxima tela exibirá a opção de seleção do *Workspace*. Conforme informado, na conta gratuita não será possível criar workspaces e, consequentemente, escolher outro formato que não seja o padrão. Caso sua conta seja paga, essa opção estará liberada. Clique no botão *Selecionar*.

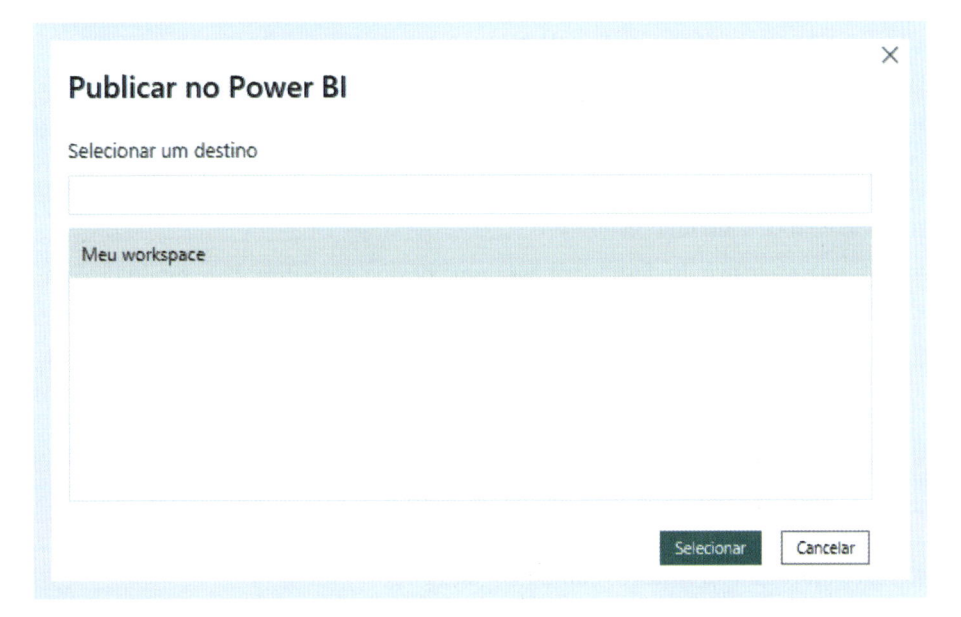

Publicar no Power BI

Selecionar um destino

Meu workspace

[Selecionar] [Cancelar]

Após o Power BI publicar seu relatório, a tela de finalização será apresentada, como na imagem a seguir.

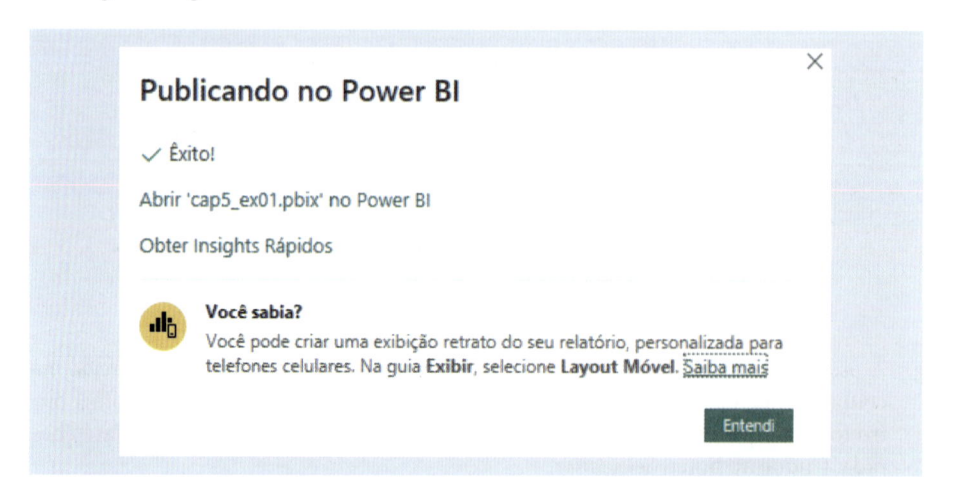

4. Clique na opção *Abrir Cap.5_ex01.pbix*.

COMPARTILHAMENTO E COLABORAÇÃO NO POWER BI SERVICE

O compartilhamento de dashboards no Power BI Service possibilita compartilhar visualizações de dados com outras pessoas. Você pode compartilhar um relatório de várias maneiras, e algumas delas são:

- Um link exclusivo do dashboard para uma pessoa específica. Esse modo de compartilhamento precisa de uma conta PRO, ou seja, uma conta paga.
- URL pública. Esse procedimento não prevê qualquer autenticação, isto é, qualquer pessoa que tenha esse link poderá acessar o relatório com os dados confidenciais da empresa.
- Assinatura de e-mails. Essa opção permite enviar versões estáticas de relatórios e dashboards por e-mail para que os usuários recebam informações importantes sem precisar acessar diretamente o Power BI Service.
- Via exportação de arquivos como PDF ou PPTX.

Link exclusivo ou por e-mail corporativo

A seguir, vamos aprender a compartilhar um relatório por meio de um link ou de um e-mail corporativo.

1. Com o relatório aberto no Power BI Service, clique na opção *Compartilhar* no centro da tela.

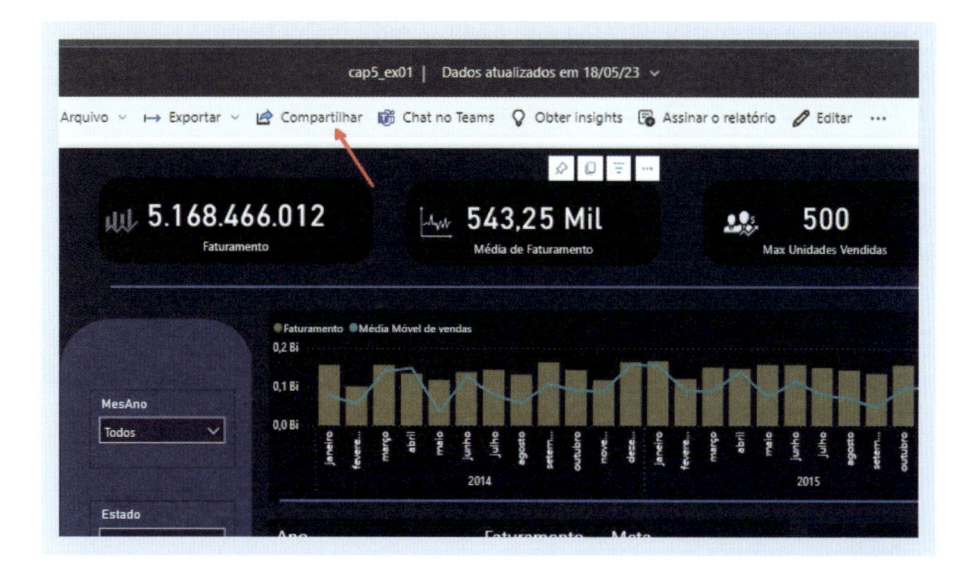

Se sua conta for gratuita, aparecerá a mensagem "Atualizar para o Power BI PRO".

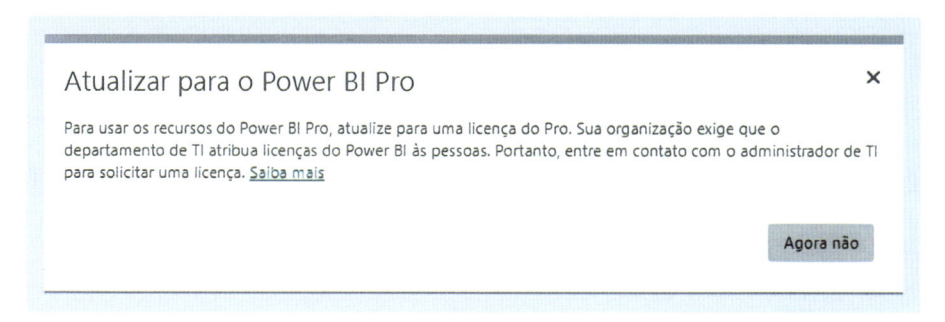

No entanto, se for do tipo PRO (ou seja, paga), surgirá a tela a seguir.

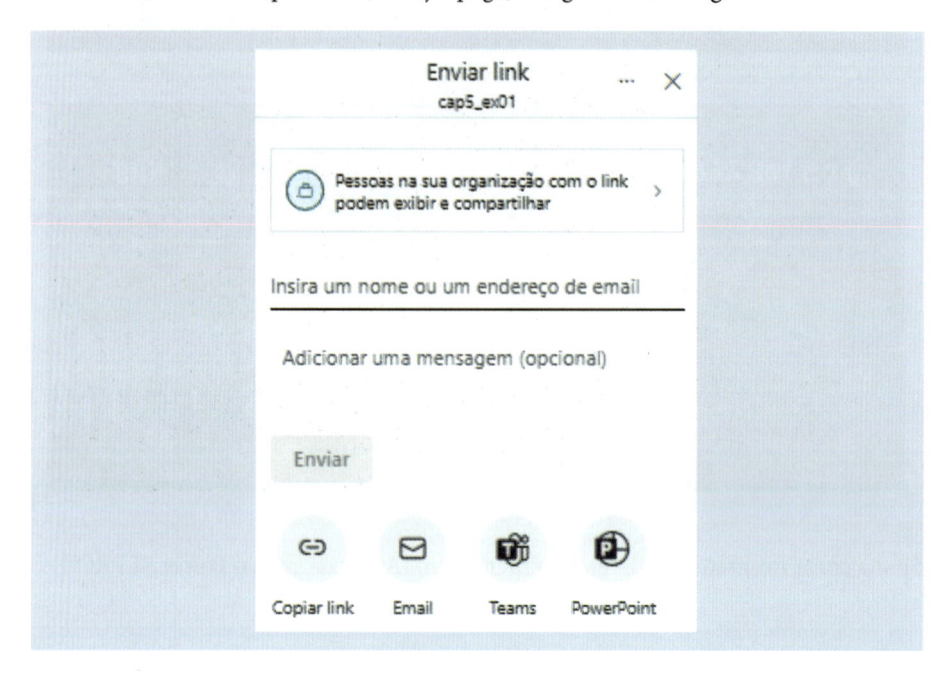

Nela, é possível inserir o e-mail da pessoa ou pessoas com que você deseja compartilhar o relatório. Ainda existem as opções de copiar um link, enviar por e-mail, compartilhar no Teams e inserir o relatório com todas as funcionalidades no PowerPoint.

URL pública

Nesse caso, o caminho é outro.

1. Clique no menu *Arquivo*, *Inserir relatório*, e depois em *Publicar na Web (público)*.

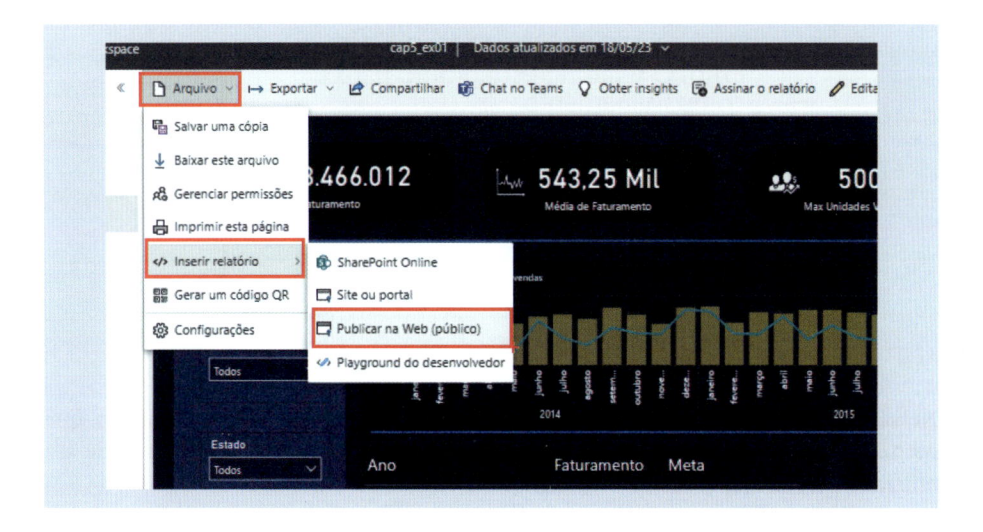

2. Clique em *Inserir código* e *publicar na Web (público)*. Esse procedimento não é recomendado pela Microsoft, pois expõe dados confidenciais. Qualquer pessoa que tiver o link poderá acessar o relatório. Caso sua conta seja gratuita, a mensagem a seguir aparecerá, indicando que esse recurso está desabilitado e permanecerá assim a menos que o administrador do Power BI faça a liberação. No ambiente corporativo, essa responsabilidade geralmente é da equipe de Tecnologia da Informação (TI).

Os procedimentos necessários são relativamente complexos e envolvem a inserção de registros na configuração de DNS corporativo do domínio de internet.

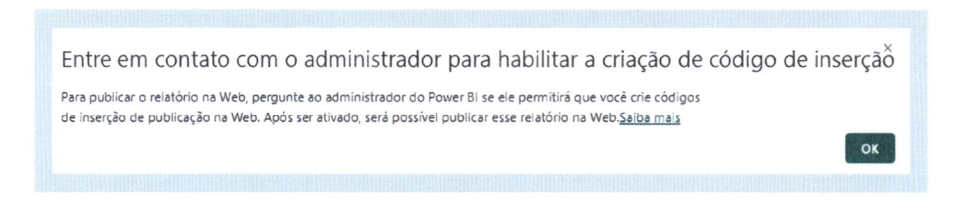

Entretanto, caso sua conta seja PRO, você precisará somente clicar nos botões *Inserir código* e *Publicar* nas telas de alerta que abrirão.

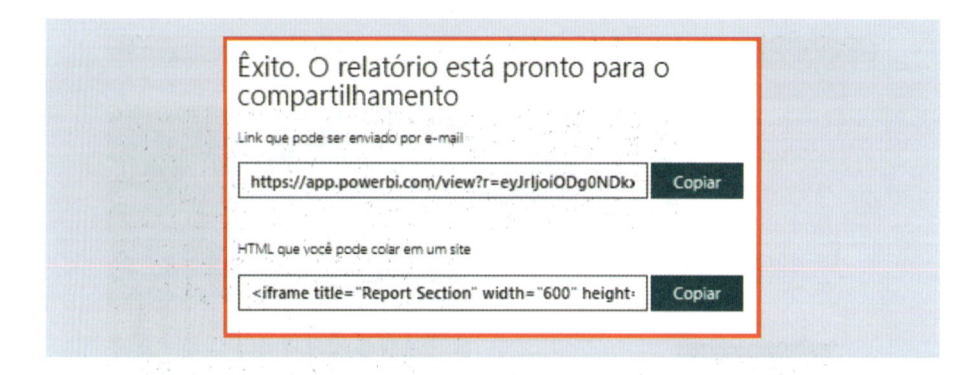

Nessa imagem, observe que há dois links distintos. O primeiro é o link público, que permite o acesso direto ao relatório. O segundo é um código HTML que pode ser utilizado para incorporar o relatório em uma página da internet.

Assinatura de e-mails

1. Com o relatório aberto no Power BI Service, acesse a opção *Assinar o relatório*.

2. Clique na opção *Adicionar Assinatura*.

Novamente, caso sua conta seja gratuita, aparecerá a mensagem de alerta "Atualizar para o Power BI Pro".

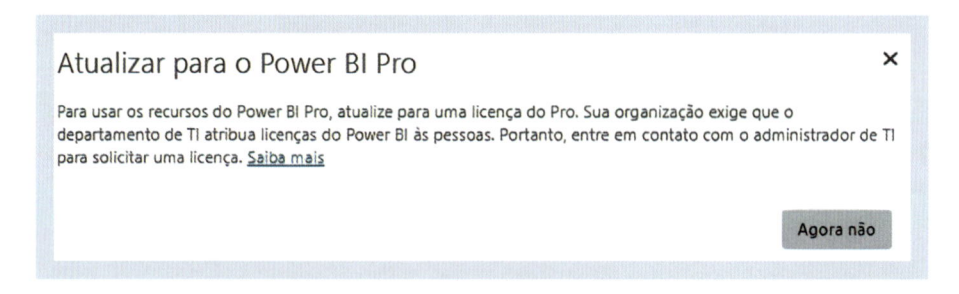

Se porventura você ainda não tiver solicitado o período de testes da conta PRO, uma opção para fazê-lo será exibida. No entanto, a conta utilizada para este exercício já fez a solicitação anteriormente, e o período de teste já expirou.

A imagem a seguir será exibida caso a conta seja PRO ou estiver no período de testes vigente.

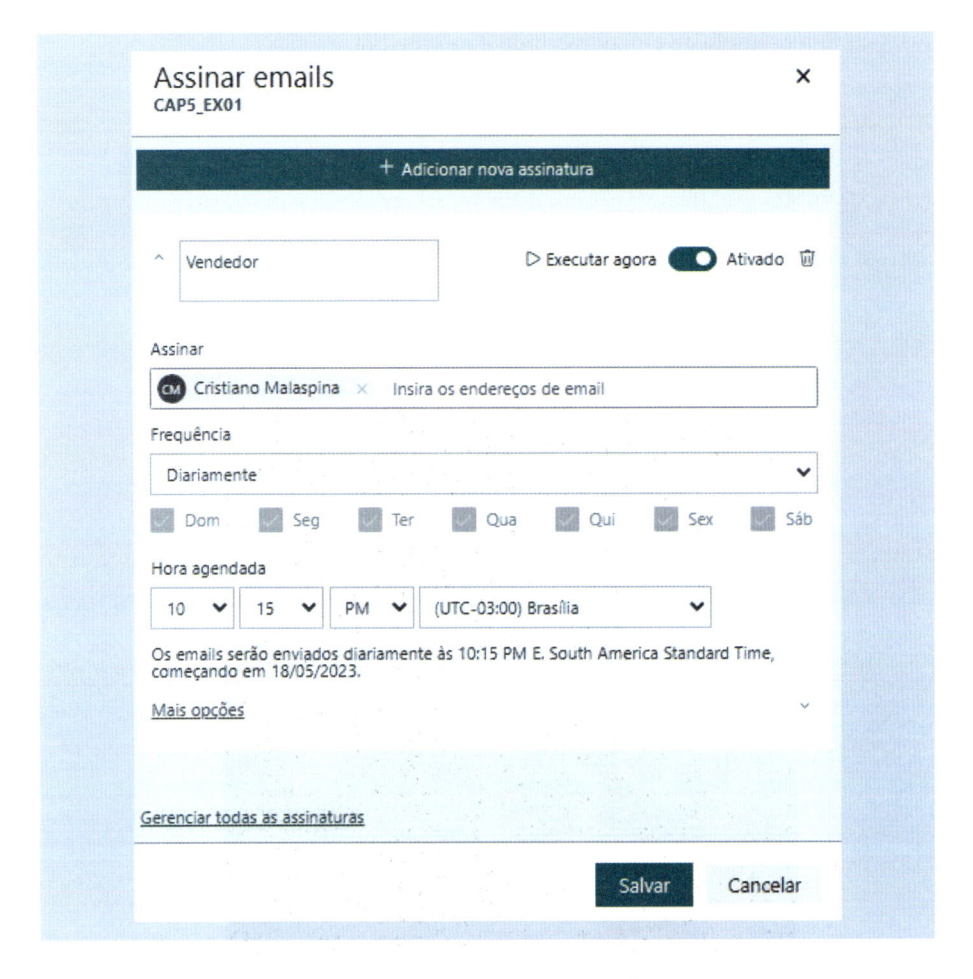

3. Defina um nome para a assinatura na primeira caixa de texto.
4. Na tela que é aberta, insira no campo *e-mail* os e-mails das pessoas que receberão o relatório. Os domínios dos e-mails terão que fazer parte da mesma organização.
5. Defina a periodicidade com que o relatório será enviado.
6. Defina o horário do envio.
7. Salve a configuração da assinatura.

A seguir, um exemplo de e-mail recebido da assinatura.

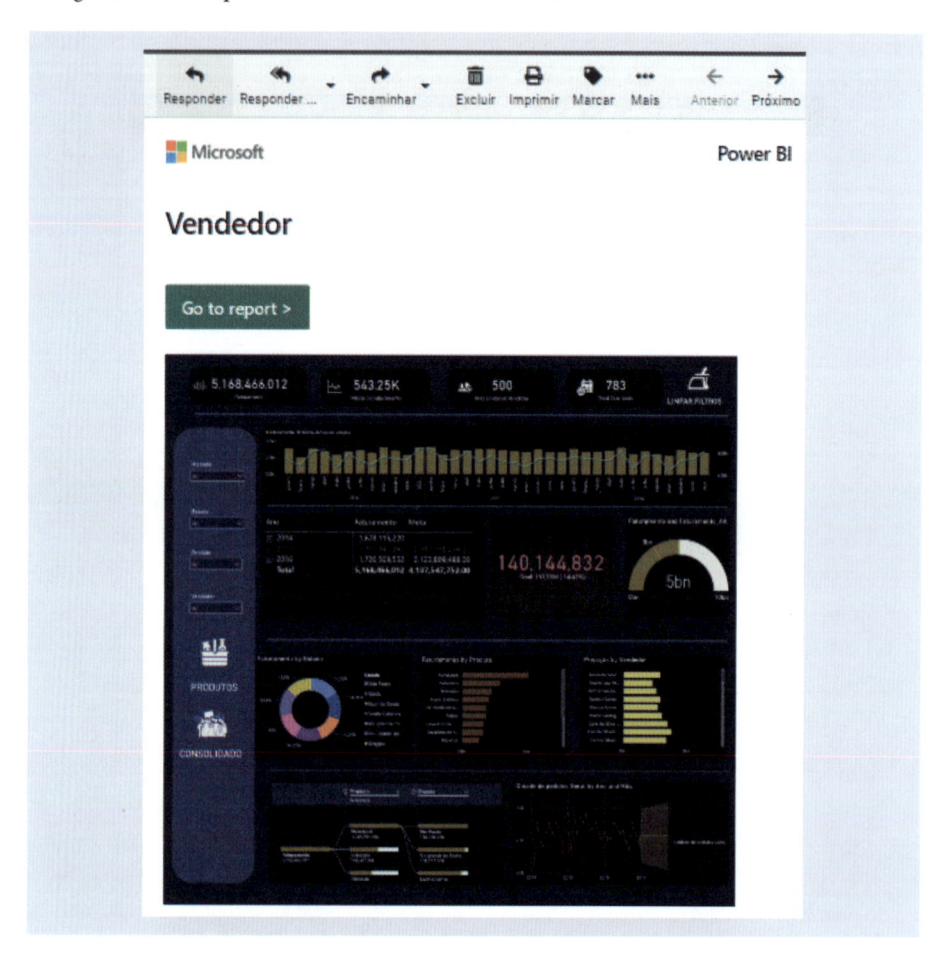

> **Observação:** A assinatura de e-mails também só está disponível na conta paga.

Compartilhamento no PowerPoint: imagem

Exportar um dashboard produzido no Power BI para o PowerPoint é uma maneira eficaz de compartilhar informações visuais e análises com outras pessoas que podem não ter acesso direto ao Power BI.

Ao exportar o dashboard, você pode criar uma apresentação de slides no PowerPoint com os elementos visuais do dashboard, como gráficos, tabelas e outros componentes interativos (por exemplo, imagens ou todo o dinamismo inserido no dashboard).

Para exportar um dashboard do Power BI para o PowerPoint, siga estas etapas:

1. Abra o dashboard no Power BI Service.

Certifique-se de que o dashboard esteja formatado da maneira desejada para a apresentação. Isso inclui a disposição de botões de segmentação, pois não podemos esquecer que, dependendo do layout do produto no dashboard, a experiência de utilização no PowerPoint pode não ser das melhores.

2. Com o arquivo aberto, navegue até a opção *Exportar*.
3. No menu que abrirá, escolha *PowerPoint* e, em seguida, as opções:
   a. *Inserir uma imagem*, caso você queira apenas uma imagem do dashboard em um slide do Power BI.
   b. *Incorporar dados dinâmicos*, caso você queira o relatório ativo dentro do PowerPoint.

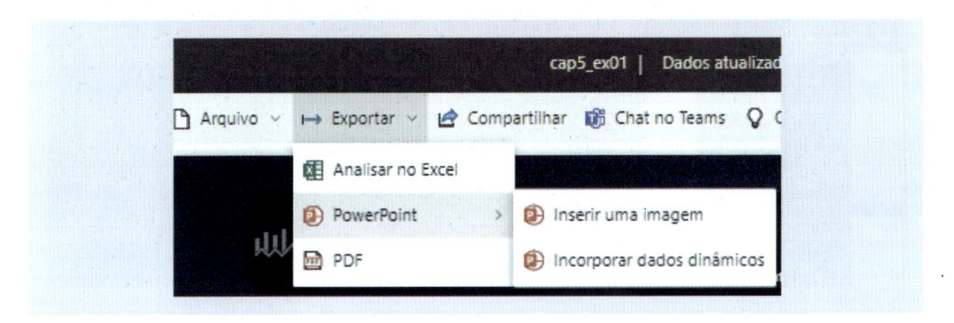

4. Selecione a opção *Inserir uma imagem*.
5. Na janela que abrirá, marque *Exportar somente a página atual*, caso não queira todo o dashboard, ou deixe essa opção desmarcada para que sejam exportadas todas as abas.

6. Após esperar alguns instantes para a exportação, escolha o local no qual deseja salvar o arquivo exportado no formato PowerPoint (*.pptx*) e clique em *Salvar como*.

O Power BI criará um arquivo do PowerPoint que contém o dashboard exportado. Agora você pode abrir o arquivo no PowerPoint para visualizar e compartilhar a apresentação.

É importante destacar que o dashboard exportado para o PowerPoint é uma imagem estática dos elementos visuais, não sendo interativo como no ambiente do Power BI. Portanto, os usuários não poderão interagir diretamente com os gráficos ou dados na apresentação do PowerPoint.

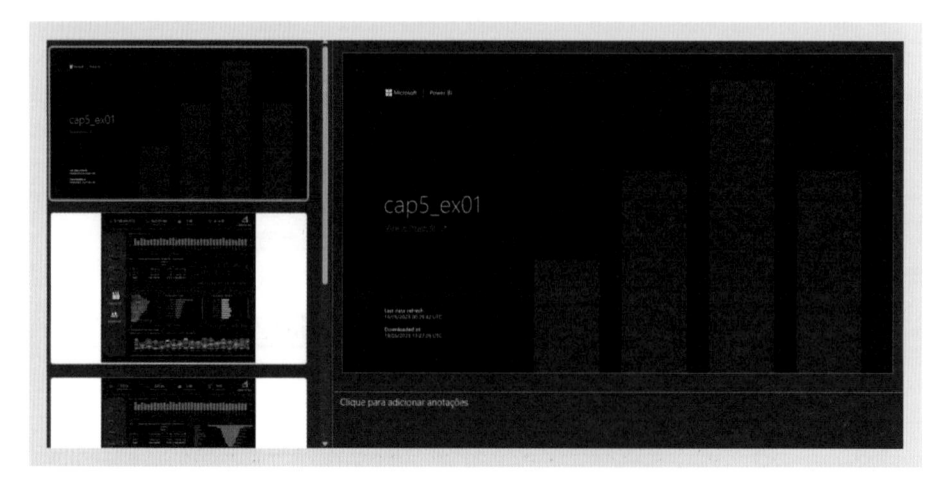

Compartilhamento no PowerPoint: relatório dinâmico

1. Repita o passo 2 para exportar o dashboard.
2. Agora, clique na opção *Incorporar dados dinâmicos*.

A tela aberta conterá a URL que deve ser inserida no PowerPoint por meio do plug-in da ferramenta.

Vale ressaltar que esse plug-in está disponível para versões de PowerPoint somente a partir de 2016 e principalmente no Office 365.

3. Clique em *Copiar* para enviar o link à área de transferência do computador.
4. Abra o PowerPoint.
5. Crie uma apresentação em branco.
6. Navegue até a guia *Inserir* e clique na opção *Power BI*.

Caso você não tenha essa opção, siga estes passos:

7. Clique na guia *Inserir*.
8. Clique em *Obter Suplementos*.
9. Na tela que abrirá, pesquise por *Power BI*.

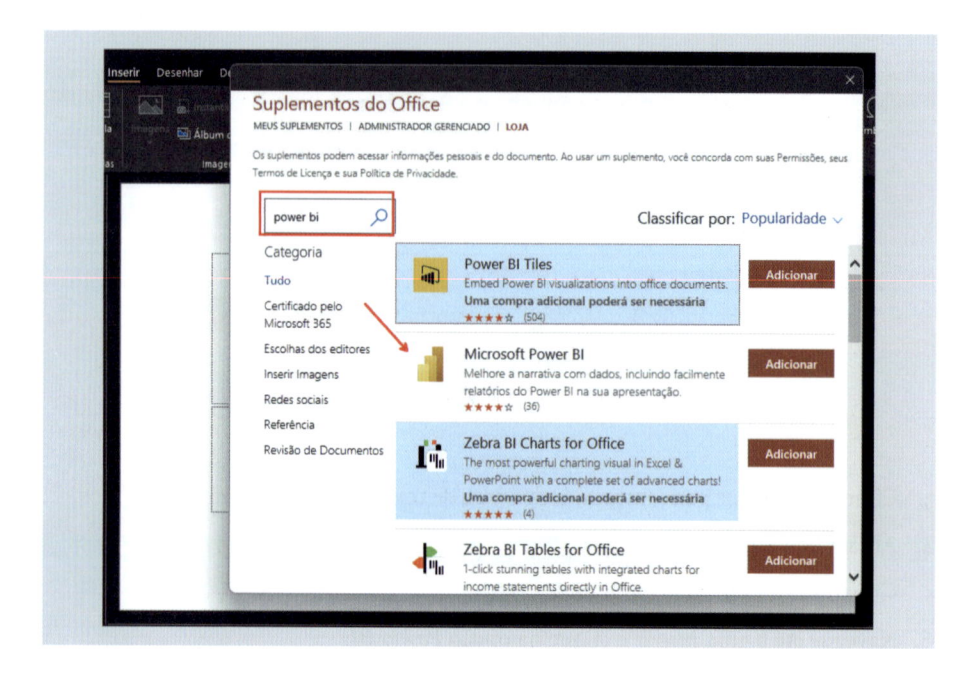

10. Cole o link copiado no espaço reservado na tela aberta.

11. Clique no botão *Inserir*.

Após a conexão com seu dashboard, você vai observar todo o dinamismo do relatório dentro do PowerPoint. Isto é, os usuários poderão interagir com os gráficos ou dados diretamente na apresentação do PowerPoint.

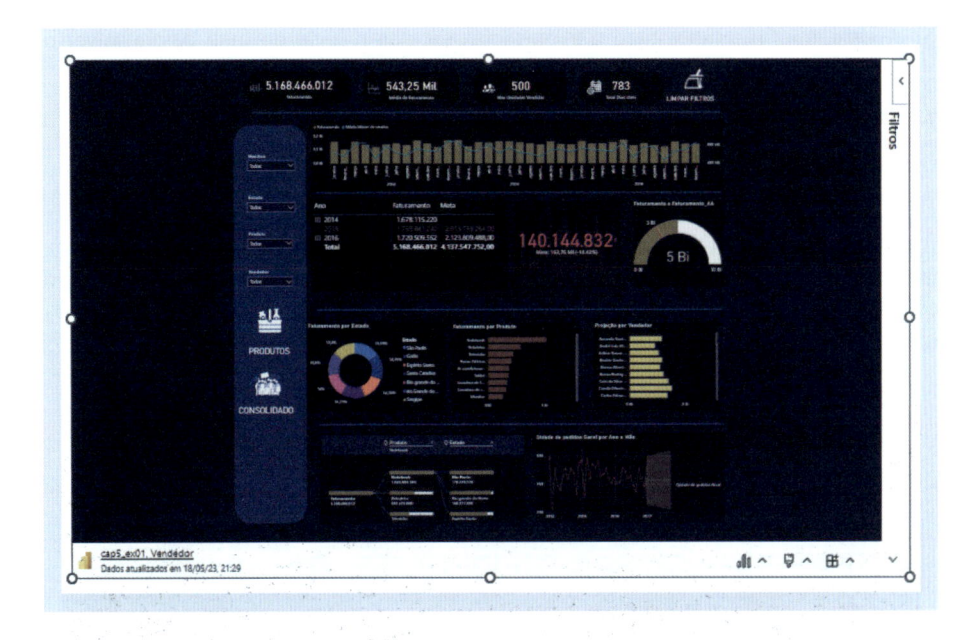

Compartilhamento de PDF

Para exportar um dashboard do Power BI para o formato PDF, siga estas etapas:

1. Abra o dashboard no Power BI Service.
2. Com o arquivo aberto, navegue até a opção *Exportar*.
3. No menu que abrirá, escolha a opção *PDF*.
4. Na janela que será aberta, marque *Exportar somente a página atual* caso não queira todo o dashboard, ou deixe desmarcada essa opção para que sejam exportadas todas as abas.

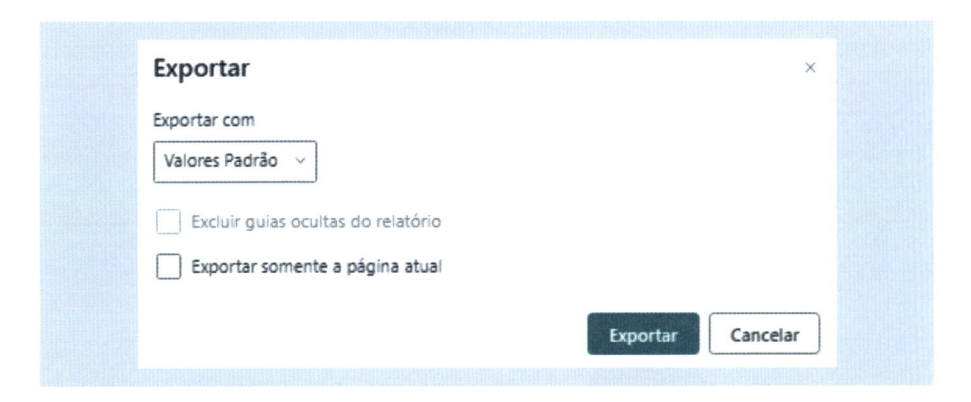

5. Clique no botão *Exportar*.

6. Após alguns instantes, para a exportação, escolha o local no qual deseja salvar o arquivo exportado no formato PDF e clique em *Abrir* ou *Salvar Como*.

7. Clique em *Salvar Como* e direcione para o local desejado.

O Power BI criará um arquivo em formato PDF com o dashboard exportado. Então você poderá abri-lo para visualizar e compartilhar a apresentação.

É importante destacar que, assim como a exportação de imagem, o dashboard exportado é um documento estático dos elementos visuais do Power BI e não é interativo como no ambiente desse programa. Portanto, os usuários não poderão interagir diretamente com os gráficos ou dados nesse arquivo.

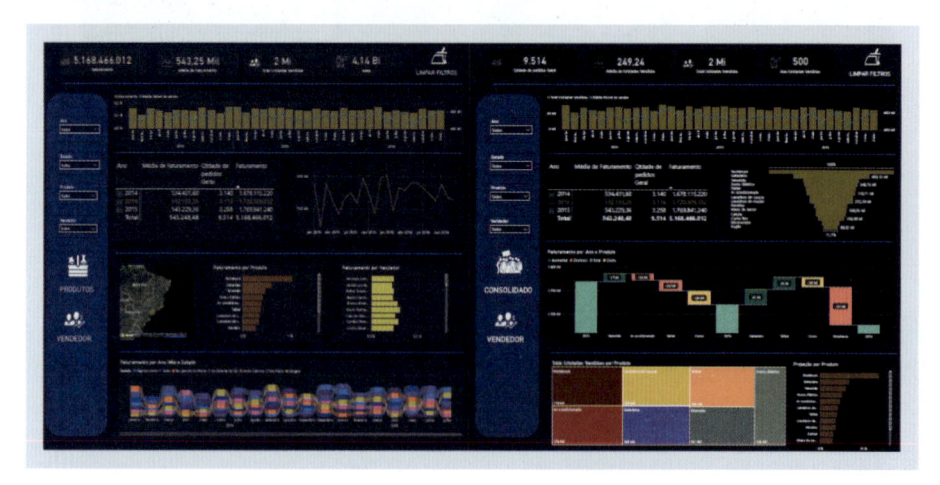

Anotações

Anotações

7
Agendamento automático da base de dados

OBJETIVOS

» Entender o gateway de dados
» Instalar e configurar o gateway de dados
» Configurar o agendamento de atualização da base de dados

Configurar agendamentos automáticos de atualização dos dados no Power BI Service é uma prática essencial para manter a qualidade e a relevância das informações apresentadas em seus relatórios e dashboards. Quando os dados não são atualizados regularmente, pode haver imprecisões ou informações desatualizadas em seus relatórios, o que prejudica a tomada de decisões e a análise de negócios. Ao configurar agendamentos automáticos de atualização dos dados, você garante que as informações apresentadas estejam sempre atualizadas e precisas.

Outra vantagem de configurar agendamentos automáticos de atualização dos dados é que você economiza tempo e esforço. Sem agendamentos automáticos, você precisaria atualizar manualmente seus relatórios e dashboards sempre que houvesse uma atualização de dados. Com agendamentos, no entanto, os dados são atualizados automaticamente em intervalos regulares, permitindo que você se concentre em outras tarefas relevantes. Além disso, há a questão da segurança dos dados. Quando você os atualiza manualmente, há um risco maior de erros humanos, como inserção de informações incorretas ou exclusão acidental de dados importantes.

Gateway do Power BI Service

O recurso do gateway do Power BI permite conectar os dados de sua organização que estão localizados em uma fonte de dados local (como um banco de dados ou um servidor) ao Power BI Service na nuvem.

O gateway do Power BI é uma ponte segura e bidirecional entre os dados locais e o serviço de nuvem desse programa. Ele se comunica com os dados locais e os transfere para o Power BI Service na nuvem, onde os dados são processados e transformados em relatórios e dashboards. Além disso, o gateway permite aos usuários do Power BI Service acessarem dados atualizados em tempo real, mesmo que esses dados estejam em uma fonte local.

Existem dois tipos de gateway do Power BI disponíveis: o gateway pessoal e o gateway de dados corporativos (padrão). O gateway pessoal é gratuito e é uma solução adequada para usuários individuais que desejam conectar dados locais ao Power BI Service. O gateway de dados corporativos é uma solução paga que é mais adequada para organizações que desejam compartilhar dados com vários usuários.

Download e instalação

A instalação do gateway do Power BI é um processo relativamente simples e pode ser realizado em poucos minutos.

1. Em primeiro lugar, acesse o site do Power BI (https://powerbi.microsoft.com/pt-br/) com seu navegador de preferência e faça login com sua conta.
2. Assim que logar, no canto superior direito, clique no símbolo de download para ter acesso ao procedimento de baixar o *Gateway de Dados*.

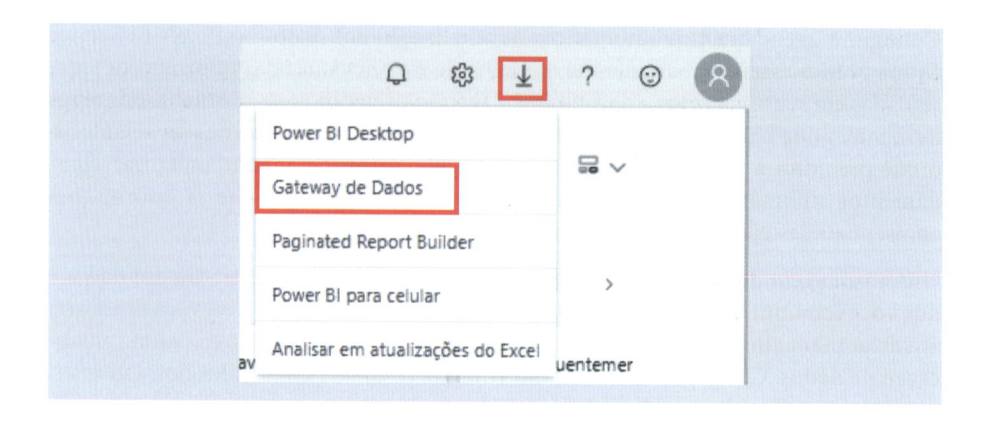

3. Ao acessar a opção *Gateway de Dados* no Power BI, uma tela será aberta para que você possa escolher qual tipo de gateway deseja baixar: o modo padrão ou o modo pessoal. Neste exemplo, utilizaremos o modo pessoal, que é mais simples e não requer compatibilidade com muitos serviços – ao contrário do modo padrão. Optar pelo modo pessoal pode ser mais conveniente para usuários que não precisam compartilhar fontes de dados com outras pessoas ou que têm requisitos mais simples de conectividade. Para saber mais sobre as diferenças entre os tipos de gateway, clique no link *Saiba mais* na tela que aparecerá.

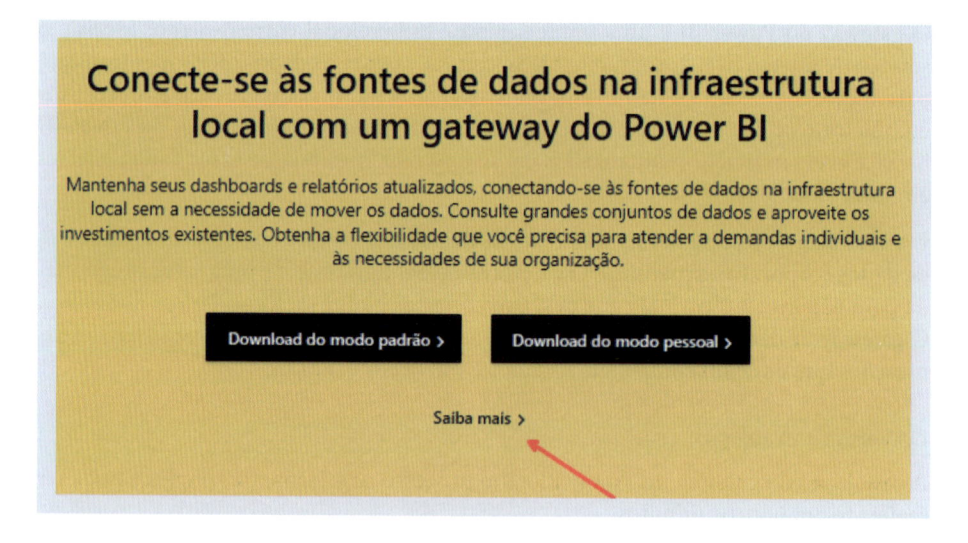

4. Após selecionar a opção *Download do modo padrão*, salve o arquivo em sua pasta *Downloads*.

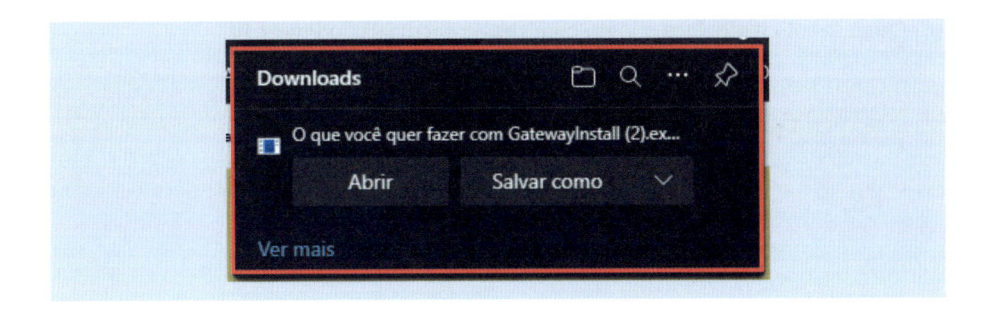

> **Observação:** Estamos utilizando o navegador Edge da Microsoft. Dependendo do navegador que você estiver usando, a tela de download de arquivos pode ser diferente da que aparece na imagem.

5. Após o download, acesse sua pasta *Downloads* e dê um clique duplo no arquivo baixado para iniciar a instalação do gateway.
6. Siga as instruções do assistente de instalação.
7. A primeira tela será o local em que instalaremos o aplicativo cliente. Escolha o local que desejar e marque a caixa *Aceito os termos de uso e política de privacidade* para continuar.

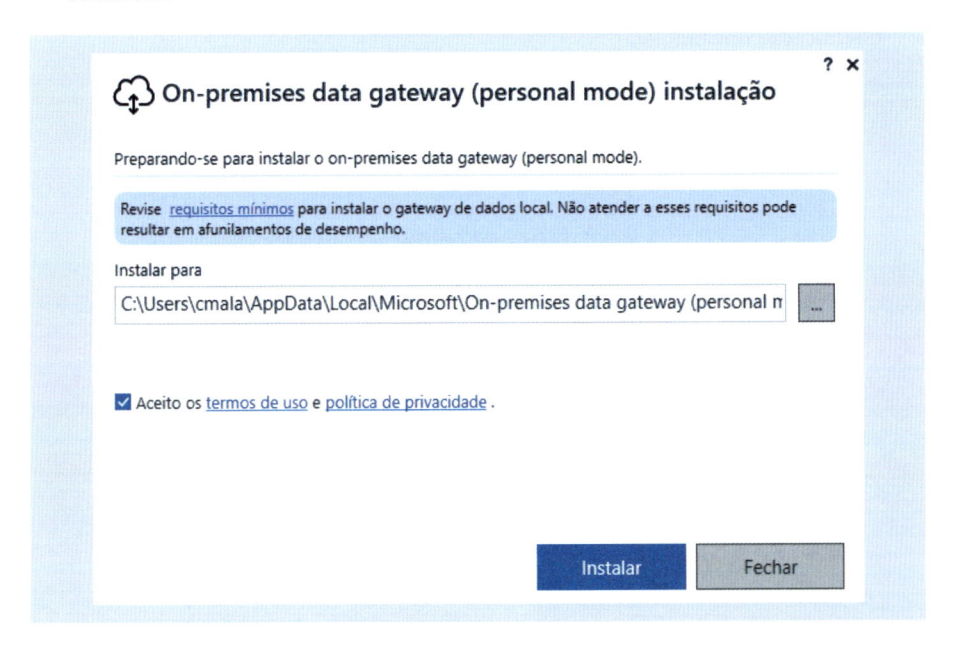

8. Clique em *Sim* todas as vezes que solicitado para aceitar que o aplicativo faça alterações em seu dispositivo.

9. Quando solicitado, faça o login com suas credenciais do Power BI.

10. Para mais segurança na autenticação, o processo de instalação poderá solicitar a autenticação novamente.

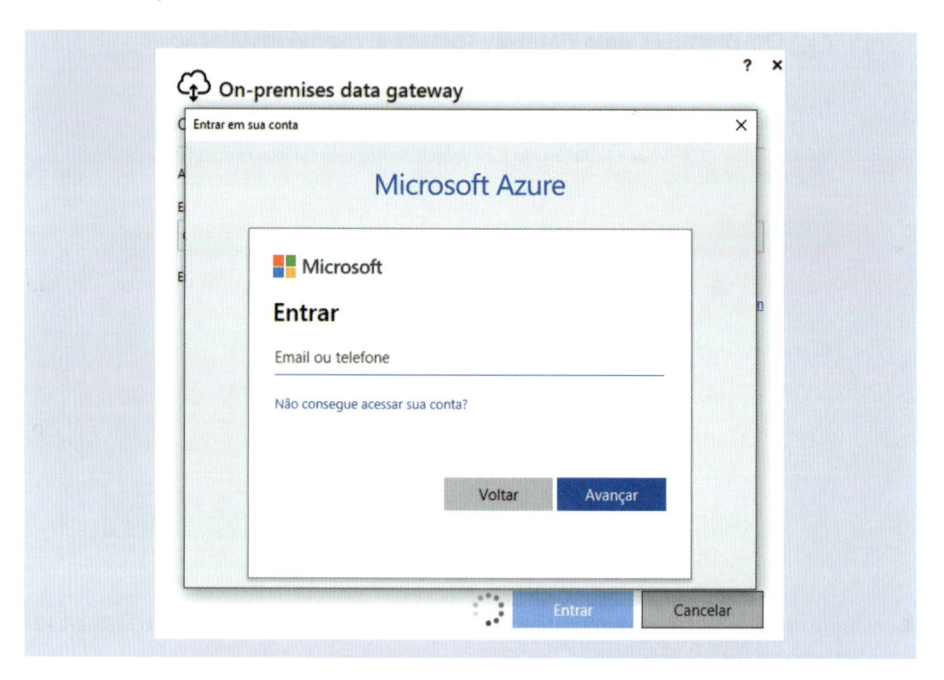

11. Após a devida autenticação, será solicitado o registro do gateway no computador em que ele está sendo instalado. Clique em *Avançar*.

A instalação foi concluída.

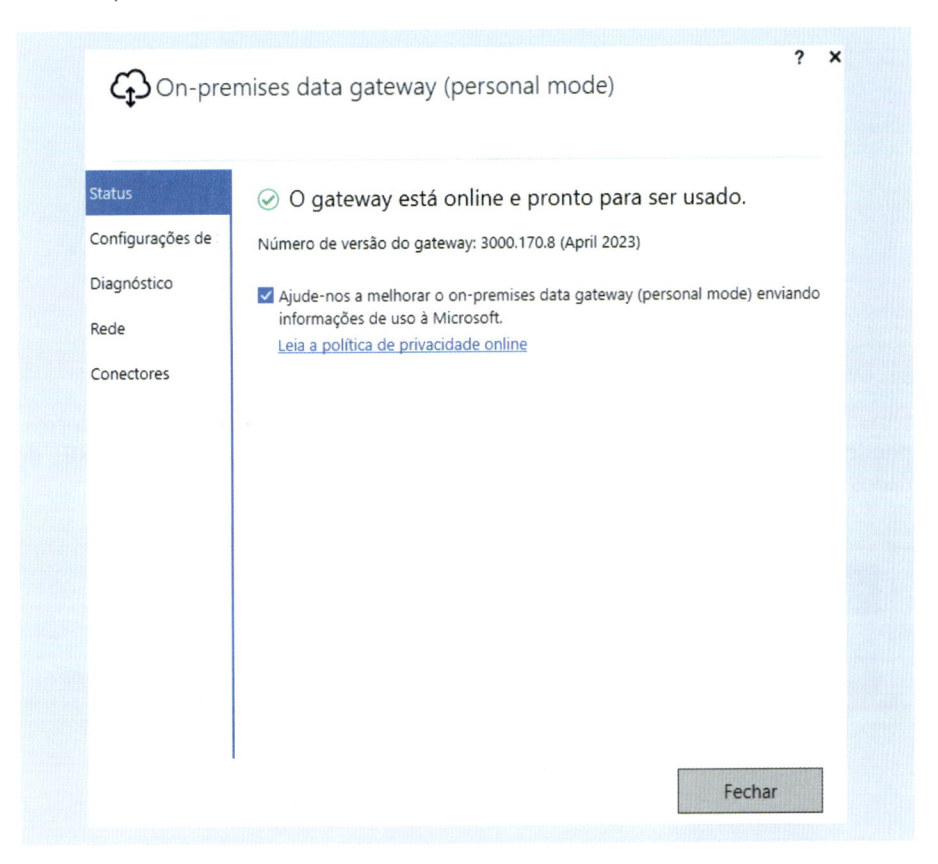

Configuração do gateway: fonte de dados

Após a instalação, você pode configurar as conexões de dados do gateway, permitindo que os dados locais sejam acessados e atualizados no Power BI Service.

O processo de configuração do gateway varia a depender do tipo de fonte de dados que você está usando, mas geralmente envolve a especificação do tipo de fonte de dados, do nome do servidor, do nome do banco de dados e das credenciais de acesso.

Para configurar nosso exercício, siga estes passos:

1. Abra o Power BI Service.
2. Encontre no menu lateral do lado direito da tela a opção *Meu workspace*.

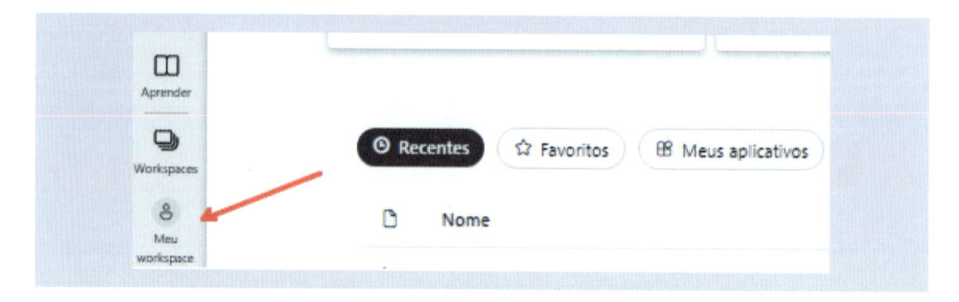

3. Encontre o *Relatório* na lista.

Observe que há dois registros distintos. O registro identificado pelo ícone azul corresponde ao relatório em si, enquanto o registro com o ícone laranja se refere à base de dados utilizada para gerar o relatório.

4. Clique nos três pontinhos do lado direito do registro da base de dados. Então selecione a opção *Configurações*.

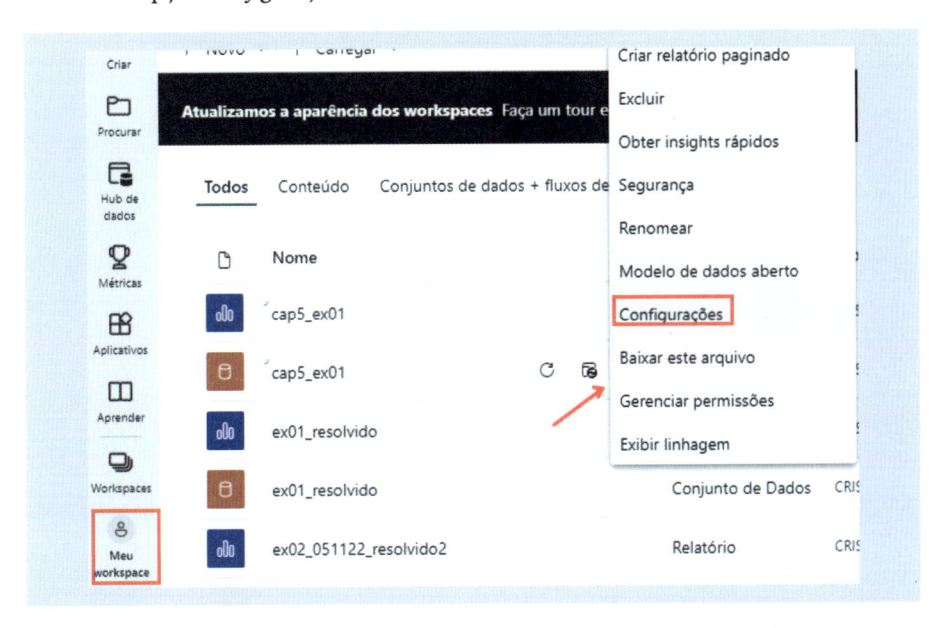

Dependendo das atualizações da Microsoft, sua tela pode ser exibida desta maneira:

Note que os ícones são acinzentados.

Agendamento automático da base de dados – 253

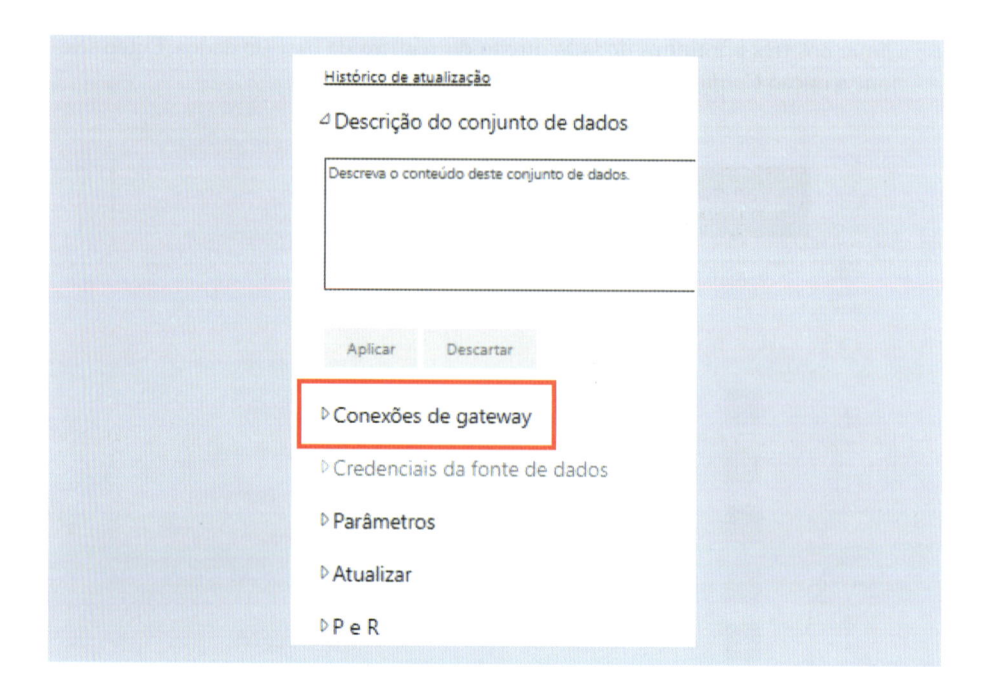

5. Expanda a opção *Conexões de gateway*.

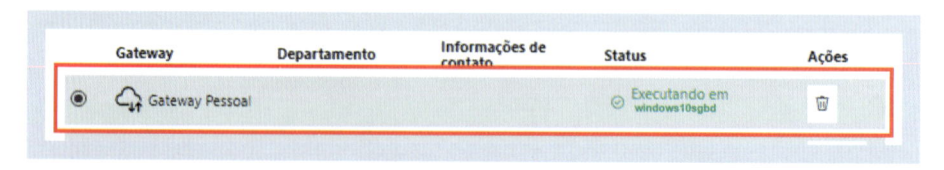

Observe que o status indica que o gateway está em modo on-line.

6. Selecione o gateway clicando no check do lado esquerdo. Após selecioná-lo, o botão *Aplicar* será habilitado logo abaixo da indicação do gateway.
7. Clique em *Habilitar*.
8. Expanda agora a opção de *Credenciais da fonte de dados*.

Note que existe uma mensagem acusando falha ao testar a conexão com a fonte de dados. Isso acontece porque é preciso configurar a fonte de dados e a autenticação de maneira adequada, possibilitando que o gateway acesse as informações de acordo com os horários agendados.

9. Clique na opção *Editar credenciais*.

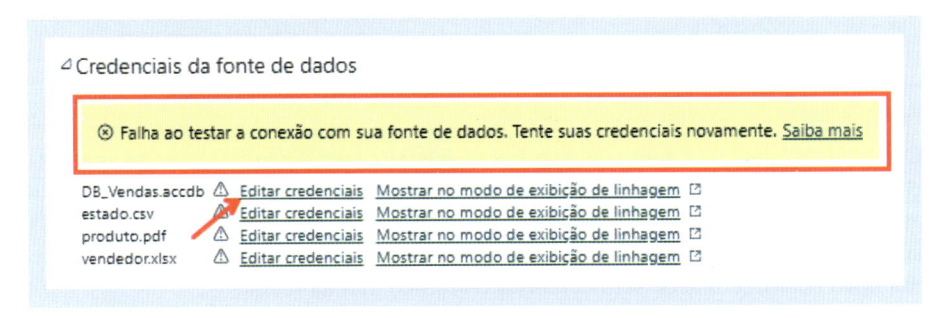

Ao acessar essa tela, apenas será necessário preencher o nível de privacidade para essa fonte de dados. Marque a opção *Organizacional*.

Entretanto, vale ressaltar que essas opções vão mudar de acordo com o tipo de fonte de dados.

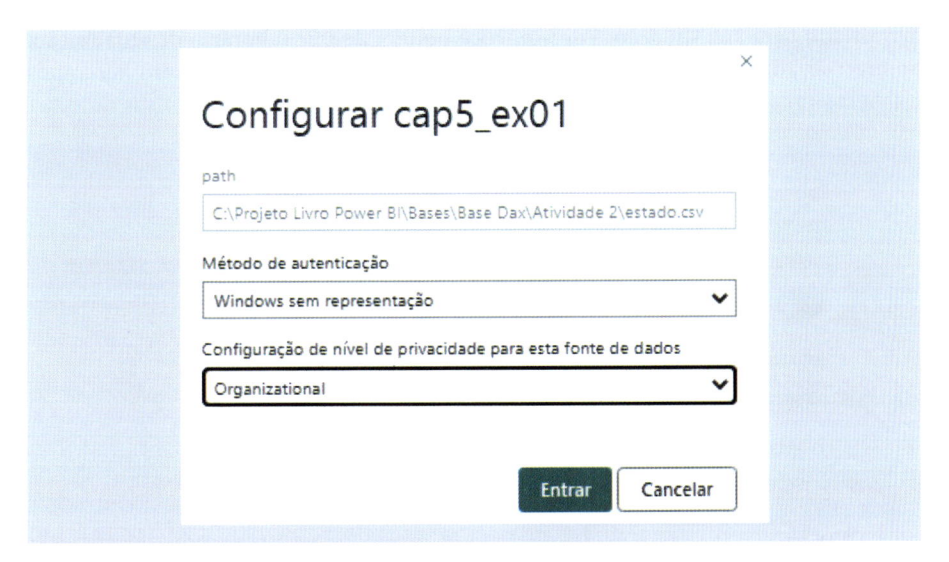

10. Repita o passo 9 para todos os arquivos.

Sua configuração de credencial deverá se parecer com a imagem a seguir.

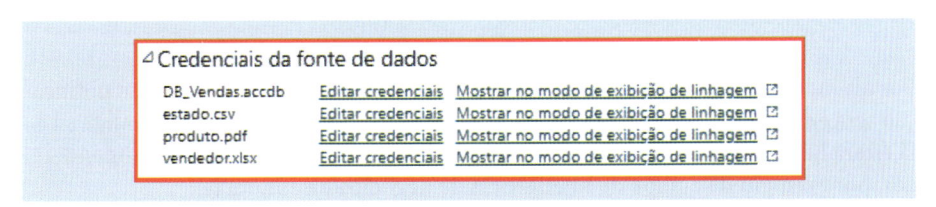

> **Observação:** Para configurar a fonte de dados, é necessário que o computador que está instalando o gateway esteja on-line.

Agendamento de horários de atualização

Depois de configurar a fonte de dados, é necessário agendar os horários de atualização para que o processo seja automatizado. Serão disponibilizados oito horários para atualizar a base de dados, porém é importante lembrar que apenas ela será atualizada automaticamente, e não todo o dashboard. Se houver alguma adição manual, como um novo botão, será necessário atualizar o arquivo manualmente.

1. Expanda a opção *Refresh* ou *Atualizar*.
2. Clique na opção *Desabilitado* para que ela passe a ficar habilitada e dar acesso aos horários.

Observe que, na seção *Atualizar frequência*, você terá a opção de escolher entre *Diariamente* e *Semanalmente*. Além disso, é possível selecionar o fuso horário mais apropriado para sua situação. Por fim, você poderá definir o horário de atualização. Se precisar adicionar mais horários, basta clicar no link *Adicionar outra hora* após estabelecer o primeiro horário.

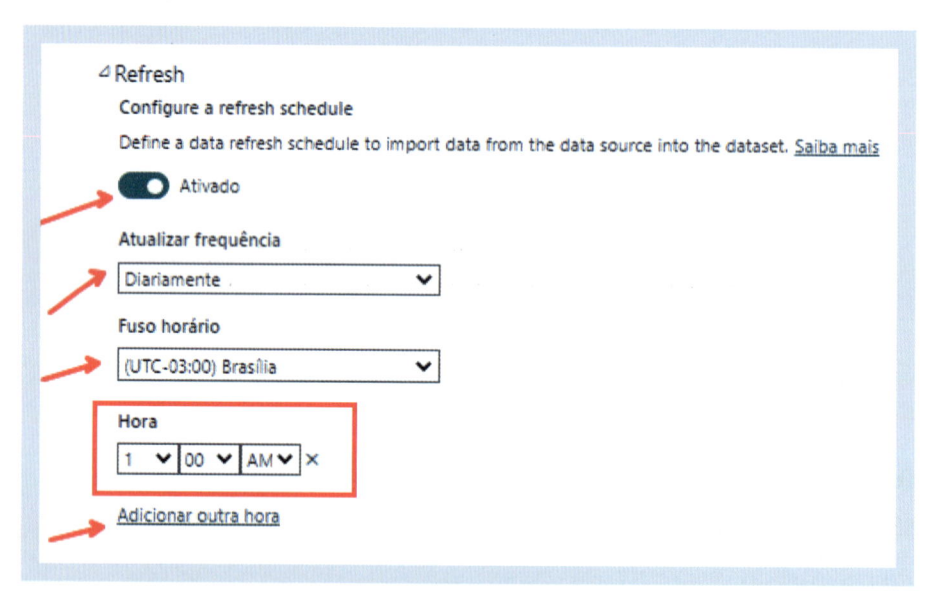

Por último, você terá a opção de configurar para quais endereços de e-mail a notificação será enviada caso ocorra uma falha na atualização. O proprietário da configuração já estará habilitado para receber a notificação, mas é possível adicionar outros endereços, por exemplo da equipe de inteligência de negócios da empresa.

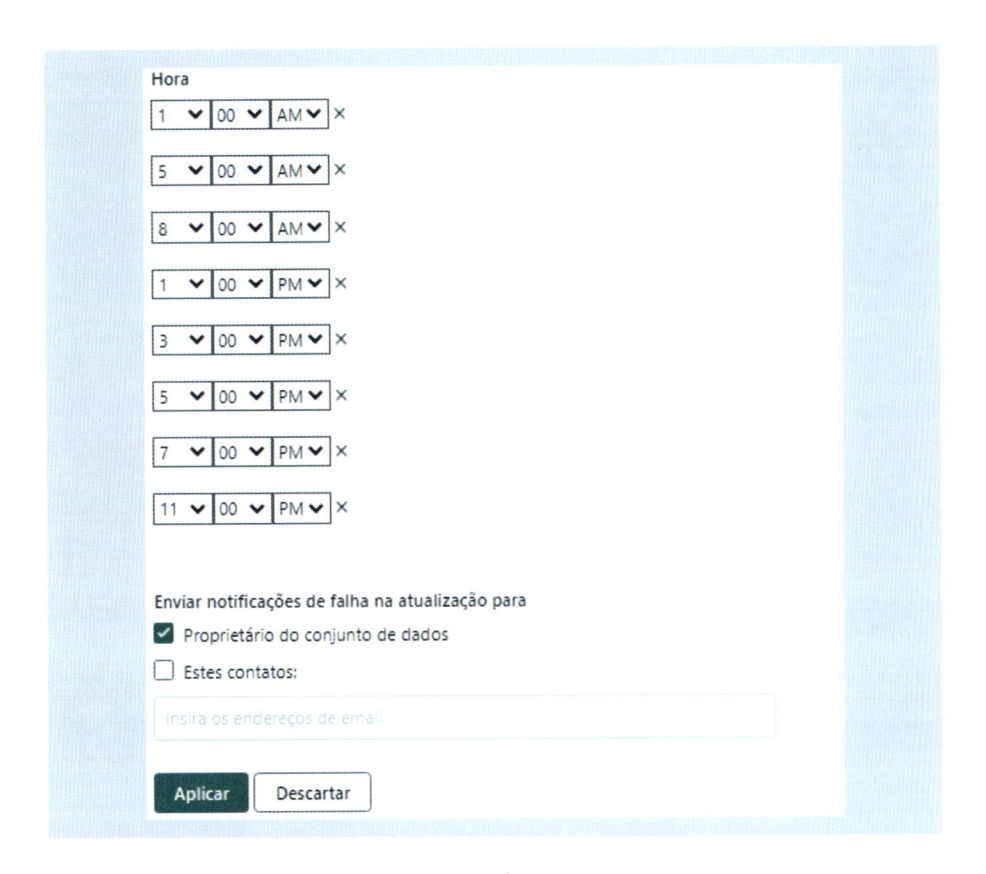

3. Clique em *Aplicar* para finalizar a configuração de atualização automática da base de dados.

A partir deste momento, todas as suas atualizações serão realizadas de maneira automatizada, o que proporciona maior eficiência e agilidade. No entanto, é de extrema importância manter um monitoramento constante do processo para garantir que tudo ocorra conforme o esperado e seja possível identificar a necessidade de ajustes ou melhorias.

Anotações

Referências

A10 ANALYTICS. O que big data, granularidade de dados e data analytics têm a ver com tomada de decisões? **A10 Analytics**, 25 jul. 2018. Disponível em: https://a10br.com/big-data-e-data-analytics-ajudam-na-tomada-de-decisoes/. Acesso em: 3 jun. 2024.

FOLLIS, Kate; BUCK, Alex; HOWELL, Jason. Visão geral do DAX. **Learn**, 20 out. 2023. Disponível em: https://learn.microsoft.com/pt-br/dax/dax-overview. Acesso em: 4 abr. 2024.

HART, Michele *et al*. Modo de análise no serviço do Power BI. **Learn**, 27 dez. 2013. Disponível em: https://learn.microsoft.com/pt-br/power-bi/consumer/end-user-drill. Acesso em: 3 jun. 2024.

INTRODUÇÃO a Views. **Devmedia**, 2006. Disponível em: https://www.devmedia.com.br/introducao-a-views/1614. Acesso em: 4 abr. 2024.

LINGUAGEM de fórmula Power Query M. **Learn**, 2023. Disponível em: https://learn.microsoft.com/pt-br/powerquery-m/. Acesso em: 4 abr. 2024.

O QUE É OLTP? **Oracle Brasil**, [2023]. Disponível em: https://www.oracle.com/br/database/what-is-oltp/. Acesso em: 4 abr. 2024.

SCHLEGEL, Kurt *et al*. Magic quadrant for analytics and business intelligence platforms. **Gartner**, 5 abr. 2023. Disponível em: https://www.gartner.com/doc/reprints?id=1-2CF2LJQ8&ct=230130&st=sb. Acesso em: 4 abr. 2024.

SPARKMAN, Maggie *et al*. Introdução a dashboards para designers do Power BI. **Learn**, 23 nov. 2023. Disponível em: https://learn.microsoft.com/pt-br/power-bi/create-reports/service-dashboards. Acesso em: 4 abr. 2024.

TOTVS. Guia definitivo sobre KPIs. **Totvs**, 1 mar. 2024. Disponível em: https://www.totvs.com/blog/negocios/o-que-e-kpi/. Acesso em: 3 jun. 2024.

Sobre o autor

Cristiano Malaspina é formado em tecnologia em processamento de dados pela Unaerp (1999), com pós-graduação em gestão empresarial com ênfase em TI pela FGV (2008) e educação profissional pelo Centro Paula Souza (2014) e business intelligence, big data e analytics pela Uniderp (2020).

Foi coordenador dos cursos técnicos em secretariado e em eventos no Centro Paula Souza, responsável técnico pela construção dos cursos business intelligence com Power BI e Power BI: funções DAX, no Senac São Paulo, e docente no Senac Ribeirão Preto por doze anos. Atualmente, é docente da Etec José Martimiano da Silva e presta serviços em Power BI para empresas de diversos segmentos, além de oferecer treinamentos em Excel e Project.